EDITORA AFILIADA

Dados Internacionais de Catalogação na Publicação (CIP)
(Câmara Brasileira do Livro, SP, Brasil)

Whitmont, Edward C., 1912-
  Sonhos, um portal para a fonte / Edward C. Whitmont e Sylvia Brinton Perera; tradução Maria Silvia Mourão Netto. – São Paulo: Summus, 1995.
  Título original: Dreams, a portal to the source: a clinical guide for therapists.
  Bibliografia
  ISBN 978-85-323-0493-3
  1. Sonhos I. Pereira, Sylvia Brinton   II. Título.

95-4451   CDD-154.634

Índice para catálogo sistemático:
  1. Sonhos: Análise: Psicologia   154.634

www.summus.com.br

Compre em lugar de fotocopiar.
Cada real que você dá por um livro recompensa seus autores
e os convida a produzir mais sobre o tema;
incentiva seus editores a encomendar, traduzir e publicar
outras obras sobre o assunto;
e paga aos livreiros por estocar e levar até você livros
para a sua informação e o seu entretenimento.
Cada real que você dá pela fotocópia não autorizada de um livro
financia o crime
e ajuda a matar a produção intelectual de seu país.

Edward C. Whitmont
e Sylvia B. Perera

SONHOS
um portal para a fonte

summus editorial

Do original em língua inglesa
DREAMS, A PORTAL TO THE SOURCE
Copyright © 1989 by Edward C.Whitmont e
Sylvia Brinton Perera
Originalmente publicado em 1989 pela Routledge
Direitos desta tradução reservados por Summus Editorial

Tradução: **Maria Silvia Mourão Netto**
Revisão técnica: **Denise Gimenez Ramos**
Capa: **Carlo Zuffellato/Paulo Humberto Almeida**

Summus Editorial
Departamento editorial
Rua Itapicuru, 613 – 7º andar
05006-000 – São Paulo – SP
Fone: (11) 3872-3322
http://www.summus.com.br
e-mail: summus@summus.com.br

Atendimento ao consumidor
Summus Editorial
Fone: (11) 3865-9890

Vendas por atacado
Fone: (11) 3873-8638
e-mail: vendas@summus.com.br

Impresso no Brasil

Quando consideramos a infinita variedade de sonhos, é difícil conceber que haja um método ou procedimento técnico que leve a um resultado infalível. Aliás, é bom que não haja métodos válidos, pois neste caso o significado de um sonho já seria limitado de antemão e perderia precisamente aquela virtude que torna os sonhos tão valiosos para os objetivos terapêuticos: sua capacidade de proporcionar novos pontos de vista.

É tão difícil compreender um sonho que por muito tempo criei e segui uma regra; quando alguém me conta um sonho e pergunta minha opinião, primeiro digo a mim mesmo: Não tenho idéia do que este sonho significa'. Depois disso posso começar a examinar o sonho.

C.G. Jung, *Collected Works*

Sumário

Agradecimentos 9

1. *Introdução à interpretação clínica dos sonhos* 11

2. *Trabalho com o sonho na prática clínica* 15

3. *A situação como ela é* 27
   O ego onírico, 28. Possibilidades de desenvolvimento
   por meio do trabalho com sonho, 33.

4. *Linguagem dos sonhos* 37
   Imagem, 37. Alegoria, 39. Símbolos, 40. Rébus, 41.

5. *Associação, explicação, amplificação: o campo onírico* 45
   Associações, 45. Explicação, 49. Emoções e reações
   corporais, Sonhos "triviais", 56. Fantasia, imaginação
   e dramatização,57. Afeto e qualidade do sentimento,
   61. Amplificação, 63. As reações do terapeuta,66.

6. *Compensação e complementação:*
   nível do objeto e nível do sujeito 67
   Compensação e complementação, 67. Níveis do objeto
   e do sujeito nos sonhos, 70. Dramatização, 72. Aplicação do princípio de compensação e de complementação
   aos sonhadores com egos fragmentados ou pouco
   desenvolvidos, 75.

7. *A estrutura dramática do sonho* 79
   Visão geral do drama onírico, 79. Estrutura dramática, 81.

8. *Motivos mitológicos* 91
   Reconhecendo os motivos mitológicos, 93. O contraponto
   entre material arquetípico e pessoal, 95. O trabalho
   com motivos mitológicos, 109. Alguns motivos espe-
   ciais, 111. O jogo da vida, 112. Nascimento, 114.
   Crianças, 116. Animais, 119. Interpretando o material
   mitológico, 121.

9. *Aspectos técnicos*... 121
Seqüência temporal, 125. A função de reavaliação dos
sonhos, 126. Os resíduos do dia, 132. Séries oníricas, 134.
Variações sobre um tema, 137. Pesadelos, 140.

10. *Prognósticos a partir de sonhos*................................ 141
Sonhos de morte ou enfermidade, 146.

11. *Imagens corporais*.. 151
Sexualidade, 153. Imagens dos orifícios corporais, 159

12. *Sonhos sobre terapia e figura do terapeuta*............... 163
A realidade do terapeuta, 165. Reações transferenciais, 167.
O terapeuta interior, 168. A dinâmica contratransferencial, 170. Induções do terapeuta, 175. Sonhos sobre o
processo da terapia, 177. Variações sobre o tema do
processo terapêutico, 181. Imagens de terapeutas alter-
nativos, 184. A transferência arquetípica em sonhos,
187. Sonhos sobre terapia apenas para o terapeuta,
192. Sonhos do terapeuta sobre o cliente, 193.

13. *Conclusão*... 195

Notas 197

Bibliografia.. 205

Agradecimentos

Este livro é feito de muitos anos de um trabalho analítico e de ensino em constante evolução. Agradecemos aos nossos pacientes e alunos pelo material proporcionado por suas respostas interativas. Aprendemos tanto com eles quanto com a literatura e com nossos outros professores.

Queremos agradecer a Andrew Whitmont, por seu insistente incentivo para que escrevêssemos este livro e por sua ajuda em tornar o material inicial um original possível de ser trabalhado.

Somos gratos a Patricia Finley, por sua minuciosa leitura do manuscrito e a Gertrude Ujhely, por sua inestimável e cuidadosa revisão do texto final.

Agradecemos também a Jerome Bernstein, Patricia Finley, Yoram Kaufman e Charles Taylor, pelas discussões acadêmicas sobre os muitos aspectos da aplicação clínica.

A permissão para publicar seus trabalhos com sonhos foi generosamente dada por amigos, colegas, alunos e analisandos que concluíram os processos analíticos em que esses sonhos apareceram. A todos somos muito gratos.

Capítulo Um

INTRODUÇÃO À INTERPRETAÇÃO CLÍNICA DOS SONHOS

Qualquer interpretação é uma hipótese, apenas uma tentativa de ler um texto desconhecido (Jung, *Collected Works*, 16, par. 322, daqui em diante *CW*).

Far-se-ia bem em tratar cada sonho como se fosse um objeto totalmente desconhecido. Olhe-o de todos os lados, tome-o em sua mão, leve-o com você, deixe que sua imaginação brinque com ele (*CW*, 10, par. 320).

Este livro se propõe a ser um manual introdutório para psicanalistas e terapeutas que pretendam integrar uma abordagem básica de interpretação de sonhos à sua prática clínica. É uma obra de referência para o analista em formação e que precisa de um manual deste tipo, como chegamos a perceber durante nossas aulas sobre interpretação de sonhos, no C.G. Jung Institute de Nova York. Seus objetivos são modestos. Ele mal chega a mencionar as ricas implicações filosóficas do sonhar e do fantasiar.[1] Não arrola material das abordagens comparativas em interpretação dos sonhos, tal como esta arte é praticada pelas diversas escolas da moderna psicoterapia ocidental.[2] Tampouco discute dados de pesquisa laboratorial sobre a necessidade do sono REM e seus padrões.[3]

Esse material experimental confirma a opinião de Jung, segundo a qual os processos oníricos não são distorções, são dotados de propósito, e sua finalidade é sintetizar experiências[4] em imagens, de modo criativo e significativo. Eles incentivam o aprendizado e ajudam a completar o processo individual de desenvolvimento.

Nossa abordagem, na verdade, muito deve ao fecundo trabalho de C.G. Jung. Seus *insights* mais profundos foram esclarecidos e desenvolvidos por profissionais, em anos e anos de trabalho clínico e pedagógico. Lamentavelmente, em sua maior parte, esse trabalho não foi resumido nem publicado.[5] Muitos outros, inclusive autores de várias "escolas" de psicologia, colegas, analisandos, estudantes e amigos contribuíram igualmente para nossa compreensão. A bibliografia dá apenas uma idéia parcial de nosso débito. A todos, nossa gratidão.

O sonho é, em si, uma expressão natural e necessária da força vital[6] — que se manifesta quando a consciência adormece e, às vezes, é lembrada e relatada[7] quando ultrapassado o umbral da vigília.[8] Tal como uma flor, um furacão, um gesto humano, seu propósito básico é a manifestação e a expressão dessa força vital. Ele nos proporciona imagens de energia, sintetizando passado e presente, experiências pessoais e coletivas.

Com o termo "interpretação" não estamos querendo significar uma mera tradução das visões do mundo noturno para a consciência do mundo diurno. Esse metódico dualismo não só é um artifício em psicologia e em física, mas nos vamos dando conta, progressivamente, de que é desnecessário. Assim como os processos REM servem para integrar informações complexas abaixo do limiar da consciência, a consciência do mundo diurno é impregnada e estruturada por imagens que a tornam significativa. Na verdade, percebemos pouco a pouco que — embora o sonhar e o relato verbal do sonho se localizem em áreas diferentes do cérebro[9] — "sonhar e estar desperto compartilham a mesma realidade, que é tanto espiritual quanto física".[10] Os dois estados podem ser compreendidos de várias perspectivas e ambos podem ser lidos metafórica ou simbolicamente.

O sonho como um todo pode ter muitos "usos" humanos. Como a água de um rio, que pode ser vertida em xícaras e usada para cozinhar ou mitigar a sede, canalizada em diques e encanamentos e usada para acionar turbinas, encher piscinas e acionar descargas, ou pode ser deixada intacta em seu leito e silenciosamente contemplada, sendo portanto "usada" para descansar, navegar, contemplar ou estimular fluxos criativos e artísticos. Dessa forma, a energia que flui nas imagens oníricas pode ter muitos usos. Entre outros, o sonho pode ser empregado para ter acesso a áreas inconscientes da vida, para receber mensagens específicas e temporalmente oportunas, de muitas espécies, que podem ajudar o sonhador a resolver problemas,[11] ter uma inspiração artística, desenvolver-se psicologicamente ou ainda para aprofundar experiências espirituais. Como assinalou um comentarista: "A função supraordenada dos sonhos é o desenvolvimento, manutenção (regulação), e, quando necessário, restauração dos processos, estruturas e organização psíquicas."[12]

Portanto, o sonho também pode ser usado na saúde. Uma vez que apresenta à dimensão consciente metáforas e símbolos do incessante fluxo energético que sustenta e dá forma à pessoa, o sonho mostra os padrões subjacentes com os quais precisamos, para nossa saúde, manter uma relação mais consciente. Do mesmo modo, ele também mostra imagens dos padrões mal-constelados, nos quais nossas vidas pessoais caem inevitavelmente. A interação fluente entre padrões sadios e "doentes" pode servir como um inestimável guia para o processo psicoterapêutico.

Para o terapeuta, todo sonho revela mensagens sobre estruturas ou complexos do sonhador, intrapsiquicamente, no passado e presente. Também transmite informações sobre as relações do sonhador com os outros, em que essas estruturas e complexos são projetados. Cada sonho fala ao clínico sobre dinâmicas psicológicas, padrões de desenvolvimento e possibilidades. Também transmite imagens das relações do sonhador com a dimensão espiritual, com o Self e com padrões e energias arquetípicas. O sonhador e seu terapeuta podem, enfim, aprender com aquilo que acontece em todos esses níveis e tomar conhecimento de aspectos até então desconhecidos da vida pessoal e transpessoal.

Para abordar adequadamente a interpretação dos sonhos, precisamos encontrar perspectivas que vão mais longe do que as criadas pela consciência dual e que se limita a oposições — exterior/interior, objeto/sujeito, dia/noite, vida/morte, funcional-descritivo/imaginário, atenção concentrada/abertura etc. Embora sejam oposições válidas para definir a consciência racional, precisamos também desenvolver uma consciência integradora,[13] que seja capaz de ler tanto os atos diurnos quanto os noturnos, eventos e visões noturnas e diurnas de muitas perspectivas, e integrando-os para nós e para o paciente-sonhador diante de nós em nossos consultórios. Essa capacidade está ligada à possibilidade de passar por muitas formas de consciência: mágico-afetiva, corporal, mitológica, alegórica, simbólica, racional. Desenvolvendo esses modos ou estilos particulares de consciência, torna-se possível passar de uma a outra, assim como buscamos passar de uma função tipológica situacionalmente relevante a outra. Dessa forma, é possível adquirir a maior gama possível de perspectivas da importância psicológica de uma situação — seja ela um acontecimento ou um sonho ou um evento onírico.

Para usar uma analogia comparável, mas simplificada, das possibilidades dessa abordagem multifacetada da vida diária, podemos considerar um ponto vermelho em uma árvore: ele pode ser visto como objeto físico, com um propósito físico específico (sinal de estrada), como foco de ação, atenção ou emoção, como ponto num padrão visual, como mensagem simbólica ou metafórica, como instigador de imagens mnemônicas, como revelação das propriedades da energia latente em suas moléculas, como expressão da fantasia de alguém (remanescente de uma pintura que alguém tentou fazer). Pode até mesmo ser percebido como parte de um esquema cromático em meio ao verde da mata. Pode ser funcional sob essas formas citadas — e outras mais. Para investigar isso adequadamente, o pesquisador precisaria manter-se aberto a todas essas possibilidades e descobrir quais delas parecem ser mais aplicáveis em uma certa situação.

Para se relacionar adequadamente com um sonho, portanto, precisamos da capacidade de circum-ambulá-lo a partir de muitos pontos de vista. Como disse o próprio Jung: "Para fazer justiça aos sonhos, temos que recorrer a instrumentos que só poderemos obter por meio de laboriosa investigação nos diversos domínios das ciências humanas."[14] E, acrescentaríamos, das artes e tradições espirituais igualmente.

Este livro é uma tentativa de apresentar algo dessa rica diversidade de abordagens — e de manejar a capacidade de ir e vir entre elas — ao terapeuta, que então pode começar a usá-las para explorar os vários níveis e significados de cada sonho.

Concentraremos nosso trabalho, especificamente, nos seguintes itens:

1. linguagem simbólica e metafórico/alegórica das imagens oníricas;
2. imagens oníricas relacionadas ao material associativo pessoal, ao material explicativo racional e coletivo e ao material amplificador;
3. relações várias entre o sonho e as posições conscientes do sonhador;
4. estrutura dramática do sonho;
5. como os sonhos representam relações entre imagens arquetípicas curativas e experiência pessoal;
6. imagem do corpo nos sonhos; e
7. imagens oníricas do analista e da análise como material revelador do relacionamento transferencial e contratransferencial.

O terapeuta deve estar consciente de todas essas áreas como procedimento do trabalho clínico de interpretação do sonho. Na realidade, este livro pode ser lido circularmente, cada capítulo serve de plataforma radial da qual considerar o sonho, que fica no centro.

Capítulo Dois

TRABALHO COM O SONHO NA PRÁTICA CLÍNICA

A arte de interpretar sonhos não se aprende em livros. Métodos e regras são bons quando podemos prescindir deles para trabalhar (*CW*, 10, par. 325).

A compreensão clínica do sonho requer tanto arte como técnica. A arte consiste em uma habilidade para perceber o sonho como uma apresentação dramática multifacetada, como se fosse permitido a alguém testemunhar uma cena do jogo da vida. Esse desempenho requer um espectador cheio de respeito, empatia, inteligência sensível, intuição e noções de expressão simbólica. O terapeuta tem ou não tem essas habilidades artísticas e espirituais. Se, porém, ele possuir essas dádivas, elas poderão ser ainda mais aperfeiçoadas com um aprendizado disciplinado. O profissional pode aprender, conforme for estudando essa arte, a aumentar sua percepção das muitas facetas e níveis da estrutura dramática integrada do sonho, a determinar seu tema onírico principal e suas sutis variações, sua perspectiva da realidade psicológica do sonhador, trabalhar com seu simbolismo, seus núcleos de significado e padrões de energia, com a qualidade de sua expressividade emocional. Apreciar poesia, contos de fada, literatura, música e imagens das artes visuais é um bom treino para a arte de analisar o sonho.

Pois essa abordagem artística da interpretação do sonho se vincula à percepção de fatores similares àqueles que interferem na análise da literatura, pintura ou música. Ela requer — entre outras coisas — sensibilidade para o conteúdo temático e para as qualidades específicas de caráter, ação e para as inter-relações entre figuras, formas e ambiente. Requer sensibilidade para os ritmos dos eventos oníricos (rápido, lento, fluente, fragmentado etc.); para as cores e tonalidades emocionais; para as qualidades de coerência e incoerência e para discrepância nos temas, imagens, ações, figuras; para a proporção e o espaço; para a consonância e dissonância tanto no sonho como entre ele e a realidade consensual e as posições conscientemente adotadas pelo sonhador; para as qualidades das relações no próprio sonho e entre as imagens do sonho e a consciência do sonhador.

Por outro lado, também podem ser dadas certas orientações práticas para adquirir habilidade na interpretação do sonho; mas elas devem ser vistas apenas como orientações gerais. Como na escala e no esboço em artes plásticas, elas servem para aperfeiçoar a técnica. Contudo, não substituem a capacidade artística inata, que tanto a análise de um sonho quanto um desempenho musical ou dramático requerem. Além disso, as habilidades adquiridas com a prática de técnicas sempre devem submeter-se à *arte* da interpretação. A primeira "regra", portanto, é o paradoxo de todas as artes de cura: a aplicabilidade dos princípios básicos deve ser determinada pelo sentimento, pela sensibilidade e pela intuição.

Como expressões de estados "alterados" de consciência, préracionais, os sonhos são tão variáveis quanto a própria natureza. Na verdade, são *lusus naturae*, um jogo da natureza, que nunca pode se ajustar a sistemas rígidos. Pelo contrário, nossa capacidade de pensamento racional é que tem de aprender a adaptar-se à protéica variabilidade dos processos vitais que os sonhos representam. O pensamento racional ou "secundário" deve aprender a adaptar-se às tonalidades do sentimento e das imagens dos sonhos, a refletir no devaneio e a experimentar intuitivamente, tão seriamente quanto o músico ao executar uma sonata, até que os significados emerjam.

Enquanto o ponto de vista comportamentalista menospreza os sonhos como "desordem dos neurônios", uma outra visão, igualmente simplista, popular, considera as mensagens oníricas literal e concretamente. A escola freudiana clássica geralmente reduz a multiplicidade das imagens de conteúdo manifesto a sinais que apontam para a satisfação de conflitos libidinosos traumáticos e reprimidos.[1]

É digno de nota que a comunidade psicanalítica está atualmente em processo de reavaliar a abordagem freudiana clássica dos sonhos e do sonhar.[2] Muito do novo material "redescobre" idéias básicas de Jung concernentes à função do sonho e a uma parte de sua metodologia de interpretação do sonho sem, a nosso ver, dar ao fato o crédito devido. Muitas vezes, é como se o trabalho seminal de Jung tivesse que se defender, primeiro contra a negação de sua existência ou contra a detração, e depois contra a afirmação de que é óbvio ou que é uma descoberta recente dos revisionistas psicanalíticos. Porém, mais importante do que esses qüiproquós sobre precedência, é a impressão de que as várias "escolas" de psicanálise — todas elas valorizando os processos inconscientes da psique — estão num movimento de aproximação, na medida em que exploram a evidência colocada diante delas, com integridade e respeito, pelos pacientes individuais sob seus cuidados.

A abordagem junguiana, desde o princípio, baseou-se no ponto de vista de que o sonho é uma declaração alegórica e/ou simbólica sobre a situação psicológica do sonhador, declaração precisa e objetiva, talhada para a consciência do sonhador e/ou de seu analista. Como uma radiografia ou, talvez, mais acertadamente, como um quadro pintado por um grande mestre, o sonho revela uma mensagem em múltiplos níveis sobre a situação psíquica do sonhador, vista de uma perspectiva até então desconhecida ou inconsciente. Arte, perícia e prática são necessárias para ler as nuanças sutis; mas, invariavelmente, os profissionais descobrem que o sonho, com uma precisão inacreditável, descreve a situação psicológica que confronta o sonhador exatamente como ele é. Aliás, quando se trabalha cuidadosamente um sonho, descobre-se que tanto a estrutura dramática geral como cada imagem nessa estrutura espelham aspectos do estado psicológico do sonhador e apresentam um quadro simbólico dos padrões de energia psíquica relevantes no momento. Nenhum pequeno aspecto do sonho é extrínseco; todos, juntos, constroem para transmitir uma mensagem temática e profunda.

Dessa forma, na prática clínica, cada sonho proporciona diagnóstico, prognóstico, material apropriado e o momento para abordar a realidade psicológica atual do sonhador e para abordar e compensar os pontos cegos na consciência do sonhador — e/ou de seu analista. Em diagnóstico, as imagens e a estrutura do sonho evidenciam a força do ego e podem revelar a qualidade da relação entre as várias formas de consciência e o inconsciente somático e psicológico. Em prognóstico, o sonho chama a atenção para aquilo que confronta a consciência, assim como para prováveis desenvolvimentos clínicos e, muitas vezes, para como a consciência atual e as capacidades do sonhador e do analista tendem a se referir a esse confronto. O momento oportuno das intervenções se viabiliza porque cada sonho é parte de um processo orientador em uma incessante dialética entre posições consciente e inconsciente.[3] Sendo assim, o terapeuta capta sinais das metáforas e dos símbolos dos sonhos concernentes às questões que devem ser abordadas, e como e quando devem sê-lo. A realidade psicológica e os pontos cegos da consciência são indicados porque cada sonho aponta para um complexo inconsciente e para o dinamismo arquetípico sob as camadas emocionalmente carregadas do complexo.

Cada sonho pode ser visto como uma seta dirigida à ampliação da consciência. Proporciona comentários, correções e contribuições para resolver problemas. Assim, fortalece, integra ou equilibra a posição desperta do sonhador (e/ou do analista) e, nesse sentido, serve como um importante veículo para apoiar o desenvolvimento psicológico. Ele também pode ser visto com evidência de uma fonte, no sonhador, que vê e apresenta metáfora e símbolo em função do *insight* psicológico potencial — uma fonte que comenta, corrige e ensina.

Na realidade, há muitas evidências sugerindo que os sonhos são manifestações do centro orientador e ordenador da personalidade, o Self, em termos junguianos. Tanto os sonhos como os eventos exteriores podem ser proveitosamente relacionados como mensagens simbólicas procedentes de uma fonte que sustenta e dirige o processo de individuação ao longo da vida do sonhador. A arte e a habilidade da interpretação do sonho, quer o intérprete esteja ou não ciente disso, é um ato de reverência para com esse transcendente poder dirigente. Trabalhar com sonhos em terapia serve para dar acesso a essa fonte.

O processo do trabalho com sonho pode, com o passar do tempo, proporcionar um extraordinário senso de estar contido em uma matriz constante, sustentadora e orientadora, que supre o sonhador a partir de uma fonte incessante. Dessa forma, o sonho ajuda a esclarecer e ensinar, e também ajuda a criar uma confiança básica e um ego seguro o suficiente para ser capaz de responder às mutáveis mensagens do Self. Em vários momentos, os sonhos dão apoio a todos os aspectos do desenvolvimento psicológico — inclusive os das relações objetais e da construção do ego, assim como àqueles relacionados às dinâmicas inconscientes e às figuras e questões internas e externas. Em psicoterapia, os sonhos servem até mesmo para ajudar a resolver a relação de transferência com o analista pessoal, uma vez que aponta constantemente para a dinâmica da relação de transferência, assim como para uma autoridade interna — um centro de apoio e ordenação que engloba a identidade pessoal ou ego.[4]

O sonho não apenas aponta inevitavelmente para os pontos cegos do sonhador e do analista, como também, para usar a expressão de Emerson, é "uma resposta hieroglífica à questão que formularíamos."[5] Ele apresenta sua mensagem na linguagem de imagens metafórico/alegóricas e simbólicas. Por ambas as razões, o trabalho com os próprios sonhos é repleto de dificuldades. O sonhador é invariavelmente incapaz de ver seus pontos cegos ou de perceber a natureza das "perguntas" que deve "propor". Com muita freqüência, o sonhador só se identifica com a perspectiva do ego onírico e com suas respostas emocionais às imagens apresentadas. Outras vezes, o sonhador não consegue discernir entre os aspectos do sonho que se referem à realidade objetiva "externa" e entre os estados e complexos subjetivos "internos" ou projetados.

O trabalho com sonho, conseqüentemente, requer uma testemunha, alguém que proporcione uma perspectiva a partir de outro contexto, diverso daquele do sonhador, e com o qual o sonhador possa inicialmente ser confrontado. Para que o trabalho com os sonhos tenha a máxima eficácia, se faz necessária uma situação diádica ou grupal. Além disso, um outro que espelhe e desafie pode servir de tela de projeção das reações do sonhador. A testemunha, analista ou grupo terapêutico, ajuda a inferir associações e explicações, e a enraizar a mensagem do sonho, ao chamar a atenção para as áreas relevantes da psicologia e do comportamento do sonhador que são visíveis para os outros, mas caem no ponto cego do sonhador.[6] Em geral, as imagens demandam uma tradução simples, em um comentário sobre o material psicológico pessoal e/ou relações com pessoas e eventos externos. Em outras ocasiões, as imagens podem repercutir silenciosamente nas insondáveis profundezas da psique enquanto sonhador e analista as recebem.

Além dessa interação compartilhada, o sonhador pode achar úteis várias técnicas imaginativas. Meditar sobre as imagens do sonho, dramatizá-las de acordo com a Gestalt ou o psicodrama, dialogar com as figuras e os objetos oníricos, desenhar as imagens do sonho e outras imaginações ativas, todos são modos de viver com o sonho para se abrir para seus significados.[7]

Por outro lado, para certos pacientes, já inundados por material inconsciente por causa do seu nível de regressão ou do nível inadequado de seu desenvolvimento precoce, essas técnicas podem agravar seu senso de fragmentação e alienação. Esses pacientes podem não ser capazes de lidar com as figuras do sonho como aspectos delas mesmas. A única parte com que podem se relacionar como aspecto delas mesmas é o ego onírico (se houver um), e, às vezes, nem mesmo isso. Qualquer confronto com a parte negativa de sua personalidade (sombra), nesse estágio, é contraproducente, a menos que a energia da sombra possa ser considerada valiosa — fortalecedora do ego e integradora —, quando enraizada em material pessoal e reivindicada pela fraca ou fragmentada posição consciente. Por isso, essas pessoas podem sentir-se desorientadas se solicitadas a se identificar com uma figura onírica no jogo de papéis. Geralmente, não conseguem relacionar-se com as ambivalências em sua própria psicologia, representadas no drama onírico; nem assimilar a mensagem total do sonho. Com esses analisandos, o trabalho com os sonhos em geral requer que o próprio analista compreenda a mensagem do sonho e use partes dele no contexto clínico pertinente.

No entanto, mesmo para os melhores e mais experientes terapeutas, o trabalho com sonhos requer diálogo com outra pessoa. Apesar da extensa experiência com sonhos, confrontos e verificações entre colegas costumam revelar detalhes essenciais e aplicações pessoais que seriam ignorados. Entre os médicos há o ditado popular — "O doutor que trata de si mesmo tem um tolo como médico" — que também se aplica aqui, pois o sonho nos indica uma dinâmica inconsciente e nós não podemos, por definição, ter consciência dela facilmente.

Um exemplo histórico[8] da falácia do sonhador ao confiar em sua própria perspectiva é o sonho de Aníbal, chefe guerreiro dos exércitos de Cartago contra Roma. Antes da Segunda Guerra Púnica, Aníbal teve um sonho em que foi convidado para o concílio dos deuses. Lá, Júpiter Capitolino, o maior dos deuses, desafiou-o a declarar guerra contra Roma. Encorajado pelo sonho, Aníbal fez exatamente isso. Mas foi fragorosamente derrotado. Sua própria interpretação desejosa do sonho deixara de considerar que Júpiter Capitolino era o nome da divindade guardiã de Roma. Ele fora aconselhado por um deus de Roma, não de Cartago. Por isso, o sonho não pressagiava vitória, mas confrontava Aníbal com sua própria motivação pessoal de querer ir à guerra. O sonho mostrava-lhe que se sentia desafiado e invejoso do poder de Roma, representado na imagem do deus romano. Ele estava tão preso à sua posição consciente que não foi capaz de ler a advertência do sonho. Os modernos sonhadores têm a mesma inclinação a uma visão tendenciosa quando não contam com a presença questionadora e especular de um outro, que possa esclarecer a qualidade compensatória da mensagem do inconsciente.

Embora este livro tenha sido escrito primeiramente para terapeutas, a arte da avaliação clínica não é seu tema. Nosso propósito é entender o sonho como ele é; pois só com essa compreensão inicial, paralelamente à avaliação clínica, empatia e experiência, o terapeuta chega a uma decisão clínica relativa ao enfoque específico a adotar e a quanto discutir, propor jogos ou interpretar o sonho conforme a capacidade para assimilar. No entanto, é igualmente verdadeiro que, para o terapeuta chegar à plena compreensão de qualquer sonho, são indispensáveis as associações e a participação emocional do paciente.

A cada sonho, cabe ao terapeuta encontrar o nível e o enfoque interpretativo que possam ser mais significativamente assimilados pelo sonhador. Quando há resistência, isso costuma significar que a abordagem é inadequada ou simplesmente errada. Então, ou a interpretação não se aplica ou errou o alvo, e é errada em si ou em termos de como é apresentada. Com toda probabilidade, a própria resistência é um componente do complexo ou da área problemática à qual o próprio sonho se refere. Quando há resistência, ajuda mais voltar e recomeçar a trabalhar novamente com o sonho, detendo-se cuidadosamente nas imagens oníricas como descrições da dinâmica psíquica, e esperar até que essas metáforas possam ser assimiladas. Às vezes, o trabalho com um sonho em particular deve ser abandonado por algum tempo. Em caso algum é permitido forçar. Competição e dominação apenas refletem uma contratransferência, que deve ser trabalhada.

Com alguns clientes, o trabalho de interpretação do sonho pode ser nada desejável ou possível, ou apenas possível de formas especialmente modificadas. Por um lado, sonhos apresentados às dúzias toda semana ou com uma "absurda mistura de imagens"[9] podem ser uma defesa contra a consciência de afetos e da relação de transferência. Nesse caso, é aconselhável tomar apenas um fragmento ou sonho curto e trabalhar exaustivamente para enraizar suas imagens na realidade emocional atual da pessoa e nas suas questões vitais, para as quais o material onírico aponta.

Quando o trabalho é com pessoas tão seriamente feridas em seu desenvolvimento que estão cindidas de suas associações emocionais ou incapazes de processar material simbólico, essas inevitáveis lacunas devem ser mantidas na consciência do terapeuta. As interpretações que então forem propostas a um cliente em regressão severa ou pouco desenvolvido podem servir como forma de contenção de afetos temíveis e cindidos, e como forma de espelhamento terapêutico. Nesses casos, um trabalho conjunto com o sonho pode ser usado não tanto para inferir seus sutis significados emocional e simbólico para o sonhador, mas por suas mensagens ao terapeuta e por seu insuperável valor como foco de uma atenção compartilhada e uma atividade agradável, criativa. Esse jogo em conjunto com as imagens do sonho é uma atividade terapêutica análoga à arteterapia.

O sonhador, no contexto terapêutico, pode reagir a salvo às imagens oníricas e explorá-las com o analista. Pode-se "fazer jogos" com elas: elas podem ser tomadas, descritas, sumariadas, reordenadas e descartadas, e novamente retomadas para então se chegar a um senso de domínio e identidade estável em relação a elas. Essa atividade criativa e segura na companhia do analista constrói a capacidade para uma relação de compartilhamento — tanto com a pessoa exterior quanto com o material onírico sempre novo que brota do solo interior do ser e conhecer. Refletir sobre o conteúdo dos "próprios" sonhos com a colaboração de outro empático, fazer associações, enraizar imagens oníricas específicas em eventos análogos e padrões correspondentes da vida diária, encontrar explicação objetiva, compartilhar reações — tudo isso fornece método e material para construir um relacionamento terapêutico "seguro o bastante",[10] em que, eventualmente, possam aflorar afetos genuínos e individualidade. Repetidamente, esse trabalho com o sonho dá um senso de conteúdos individuais valiosos e a consciência da capacidade para lidar com imagens.[11] Com o passar do tempo, essa atividade conjunta é de imensa ajuda para transmitir e desenvolver um senso de uma identidade fluida e articulada, constante e, não obstante, separada — uma individualidade sentida, para a qual a compreensão simbólica e os jogos são tanto possíveis como prazerosos.

As considerações terapêuticas em cada caso individual devem determinar como e quando usar aspectos específicos do trabalho com o sonho para cada paciente em particular. O material apresentado neste livro deixa essas questões a cargo das próprias habilidades e da orientação do terapeuta. Embora os instrumentos de interpretação do sonho sejam em si sempre importantes, o terapeuta deve procurar compreender e encontrar um uso curativo para tudo que o cliente apresenta. E, embora os sonhos sejam apenas uma das muitas vias potenciais para transformações terapêuticas de vida, são de um valor inestimável como via para o dirigente e guia do processo terapêutico, o Self do analisando.

Na prática clínica, mesmo sendo importante e gratificante um cuidadoso exame de cada sonho, é comum não haver tempo suficiente, nas sessões, para que cada detalhe seja examinado e interpretado. Como disse Jung, em seu seminário sobre o estudo dos sonhos, não é preciso "dizer [ao sonhador] tudo (...), só indicações".[12] A força numinosa do próprio sonho sustentará e ajudará o processo terapêutico, atuando nos níveis profundos da psique do cliente, antes e após a sessão analítica. Na realidade, alguns sonhos podem, inclusive, ser retomados em diferentes momentos, ao longo da vida do sonhador, para serem novamente escavados em busca de seus ricos, novos e relevantes padrões de imagens.

Porém, em caso algum, basta simplesmente ter um *insight* sobre o significado do sonho, assim como não basta entender as mensagens do sonho como indicação de que "o inconsciente sempre sabe mais ... [o que então] compromete o poder da decisão consciente".[13] Compreender as mensagens do sonho tão plenamente quanto possível, em todos os níveis de consciência, é só um passo preliminar. Além do *insight*, é preciso enraizar ativamente os padrões simbólicos de imagens de cura na experiência daquele sonhador em particular, na qual ele possa pôr em prática e concretizar o *insight*. Isso implica escolher viver e testar séria e responsavelmente seus significados nas tarefas e relações do cotidiano. Essa percepção ajuda a reunir vários aspectos do funcionamento psicológico, incorporando o sonhador-ator-adormecido-desperto no indivíduo completo que "está destinado a ser".

Como as imagens oníricas são simbólicas, não semióticas, o profissional deve acautelar-se contra a "compreensão" prematura do "significado" do sonho, assim como deve evitar depender de todo e qualquer tipo de equivalências fixas (ou seja, o pedaço de pau é um falo; caverna é a Grande Mãe; sótão é o intelecto ou o futuro). Saber imediatamente o que um sonho pretende significar, geralmente, consiste numa projeção do próprio viés do terapeuta ou em contratransferência, em vez de uma compreensão genuína e muitas vezes necessariamente mútua.[14] Como todas as manifestações do "outro lado", o sonho tende a ser de múltiplos níveis e oracular, portanto, ambivalente (e até polivalente) e resistente a uma abordagem racional simplista, preto no branco.

Um conhecimento precipitado ou sem as adequadas associações do sonhador, mesmo se parcialmente correto, tende a deixar passar implicações sutis. Por exemplo, uma moça, que se descrevia como "frígida" e com pouca experiência sexual, sonhou:

> Estou trancada num quarto com prostitutas, que guardam a chave em uma caixa pequena.

Sua explicação associativa para a figura das prostitutas foi "promiscuidade sexual". Pode-se conjecturar que seu estado psicológico está "trancado" com desejos promíscuos, e que estes guardam a chave de seu problema de "frigidez", que poderia ser visto como uma formação reativa. O analista em treinamento que propôs essa interpretação para sua cliente encontrou uma aceitação passiva e ligeiramente depressiva.

Uma vez que essa interpretação não obteve um assentimento emocional, e uma vez que não correspondia à impressão de seu supervisor analítico sobre a psicodinâmica dessa cliente, o supervisor lembrou ao analista que era importante considerar as evidências comprobatórias ou refutadoras — tanto em outros sonhos como nos detalhes ainda não trabalhados do mesmo sonho. O detalhe desconsiderado aqui era a caixa, em que a chave ficava guardada — metaforicamente, uma pista óbvia. Quando perguntada sobre isso, em um momento apropriado da sessão posterior à sessão de supervisão, a sonhadora disse que lhe lembrava uma pequena caixa que pertencera à sua tia solteira, Lydia. Indagada então a respeito de mais associações e lembranças explicativas sobre a tia e sua caixa, a cliente descreveu-a como uma mulher rígida, regida por princípios, que mantinha todos os seus pertences em uma ordem impecável e com idéias extremamente compartimentalizadas sobre o que era certo ou errado. Para a tia Lydia, a sexualidade estava definitivamente em uma caixa preta. De que cor era a caixa da tia? De madeira castanha. E como era a caixa no sonho? Nem marrom, nem preta: era vermelha escarlate. Como uma variação de lembrança consciente é, em geral, altamente significativa (ver adiante), a cor em questão pedia mais averiguações. "Vermelho escarlate" desencadeou uma resposta altamente emocional. A cliente lembrou-se de que, aos 13 anos, essa mesma tia lha dera de presente de aniversário o livro de Hawthorne, *The Scarlet Letter*, e que em outros momentos sua tia lha fizera sermões sobre a iniqüidade do adultério e do sexo, aparentemente identificando-os. Tudo isso causara uma profunda impressão na jovem adolescente. Mesmo tendo outras opiniões conscientemente, ela sentia que sensações sexuais ou emocionalmente intensas eram sinônimo de adultério, prostituição e pecaminosidade. Lembranças de condicionamento familiar prévio para promover a repressão sexual começaram a despontar na terapia.

O detalhe da caixa escarlate, portanto, destrancou o complexo. Longe de ser uma formação reativa contra desejos promíscuos, o próprio problema da frigidez revelava-se como resultado direto de um condicionamento repressivo e sádico, que a trancara em concepções e sentimentos sexuais "devassos". Por outro lado, sua identificação com prostituição, em sua tendência de condescender com autoridade e negar sua própria experiência, se manifestara em sua passiva aquiescência à interpretação inicialmente incorreta do terapeuta. Uma importante dinâmica de transferência e contratransferência se patenteou para o terapeuta. Ele negligenciara o detalhe que, no sonho, era apresentado como chave, por uma interpretação que poderia ter trancado a sonhadora em um espaço psicológico tão falso e limitado quanto o complexo centrado na tia.

Para começar a fazer adequadamente um trabalho profundo com um sonho, o terapeuta deve respeitar o material de imagens do sonho em seu contexto e permanecer na expectativa até que emerja uma resposta-afeto associativa correspondente do sonhador. Nesse sentido, não basta, ao fazer associações sobre uma determinada figura do sonho, descobrir que ela era "uma amiga do ginásio". Questões que persistem devem encontrar a qualidade pessoal, emocionalmente carregada, real, ou o evento ou lembrança que correspondem à pessoa. Essa dinâmica afetiva da imagem simbólica pode ser então usado na construção do padrão "rébus"* que iremos descrever adiante.

---

* Rébus: ideograma no estágio em que deixa de significar diretamente o objeto que representa para indicar o fonograma que corresponde ao nome desse objeto (NT).

Como é muito fácil emaranhar-se prematuramente em interpretações aparentemente óbvias, é imperativo atentar para a advertência de Jung: "O analista que quiser evitar a sugestão consciente, [deve] considerar que uma interpretação de sonho não tem valor enquanto não for encontrada a fórmula que implica o consenso do paciente".[15] O único critério confiável é o consenso do sonhador — consenso não necessariamente consciente, posto que assim viria colorido por convicção racional, anseios, medo ou resistência. Para que o consenso seja confiável, deve proceder daquilo que poderíamos chamar de um visceral, corporal "Ah!!" ou "Sim, é isto!". Essa validação cinestésica traz a confirmação profunda do "Self corporal",[16] que sabe, mesmo quando o "eu" consciente não sabe. Enquanto essa reação não tiver aparecido, o ponto de vista do analista sobre o significado de um sonho só pode ser considerado uma possibilidade hipotética à espera de confirmação ou infirmação do Self do sonhador. É inevitável também que sonhos subseqüentes confirmem, modifiquem ou desafiem uma interpretação e a compreensão que o sonhador tem de um sonho. Especificamente, uma interpretação inadequada do terapeuta ou uma má compreensão do sonhador podem provocar repetições do mesmo tema onírico, geralmente de forma mais numerosa, mais drástica ou mais dramática.

Analisar a estrutura dramática do sonho (ver adiante) também ajudará o profissional a evitar ser impressionado por detalhes particulares que podem ter impressionado o sonhador, ou a evitar perder de vista as imagens no contexto geral. Uma vez que cada detalhe conta uma história ou indica um drama, nenhum detalhe pode ser apropriadamente valorizado se o terapeuta não levar em consideração a estrutura dramática geral. Uma figura sábia pode aparecer num contexto impraticável ou fomentar discórdia; um vilão ou intruso pode ser prestativo; um invasor perigoso pode estar trazendo uma mensagem importante.

O contexto geral do sonho e a ação onírica transmitem a mensagem. Um exemplo desse corretivo contextual foi dado por um rapaz que participava de um seminário em psicologia e cujo sonho foi:

> Encontro um exótico guru que me mostra os feitos notáveis de um lindo e mágico pavão. Primeiro, a ave exibe suas magníficas penas, depois faz vários truques de magia, que culminam em seu vôo para longe, com minha carteira e meu caderno de anotar sonhos.

Muito impressionado com essa figura "maravilhosa" e lisonjeado pela promessa de poderes mágicos que leu no sonho, o jovem comentou sobre os paralelos alquímicos e hindus que descobriu para as imagens. O terapeuta começou a refletir sobre o fato de o pavão não ser apenas uma imagem de sabedoria, mas também de vaidade, e que um roubo (embora o sonhador não o tenha reconhecido) representava a crise do drama — um ato de punguismo. Silenciosamente, conjeturou sobre as implicações transferenciais disso e inibiu sua interpretação inicial do sonho, que já não era muito entusiástica, dando-se conta de que sua autoridade poderia enredar a relação terapêutica no "complexo de guru" do sonhador. Cautelosamente, começou a indagar sobre os elementos do sonho e encontrou uma intensa resistência inicial. Quando enfim perguntou ao jovem como se sentiria se perdesse seu diário de sonhos e sua carteira, o rapaz confidenciou que odiaria o trabalho de repor seus cartões de crédito, mas que gostaria de ver seus problemas magicamente resolvidos por alguém. No silêncio que se seguiu, o sonhador ponderou sua própria resposta e percebeu-a, dando um profundo suspiro. Seu corpo assentia com a mensagem, tão contrária ao seu entusiasmo inicial. A estrutura dramática do sonho apresentava outra mensagem: que seu fascínio pelo que idealizava como um grande poder mágico era, na realidade, um furto de suas próprias posses pessoais, de sua verdadeira identidade, de seu crédito (a carteira com seus documentos pessoais e cartões de crédito) e de seu trabalho (diário de sonhos) para estabelecer uma ligação individual com o inconsciente.

A lógica coerente das próprias imagens oníricas tem uma importante vitalidade e deve ser sempre respeitada. No entanto, deve-se também considerar se o contexto onírico usa uma lógica racional ou uma mágica. Se uma ponte termina no meio do ar, acima de um rio, alguma coisa está faltando; se a ponte é um arco-íris que se dissolve em uma terra mítica, uma outra ordem pode aplicar-se. Se imagem do sonho é um motor de carro estragado e o ego onírico não conhece mecânica, o significado implícito no sonho é que seria mais apropriado encontrar uma oficina do que tentar consertar o motor com recursos amadorísticos ou recorrendo a alguma esperança de onipotência mágica. Em outras palavras, o sonhador precisa procurar ajuda, porque não está qualificado para lidar com o problema. Da mesma forma, se o sonho mostra a necessidade da intervenção de uma equipe hospitalar, esta seria uma mensagem para o terapeuta desse sonhador, significando que o terapeuta precisa de retaguarda ou de supervisão (ver adiante, Capítulo 5).

É muito importante que cada sonho seja trabalhado respeitando-se sua intenção dramática específica, suas imagens e suas implicações afetivas e sentimentais. Somente esse trabalho cuidadoso pode dar aos detalhes seus lugares e significados apropriados e, assim, revelar a mensagem do sonho.

Capítulo Três

A SITUAÇÃO COMO ELA É

> O sonho é uma auto-representação espontânea, em forma simbólica, da situação do inconsciente (*CW*, 8, par. 505).

> Em cada um de nós existe também um outro que não conhecemos. Ele nos fala em sonhos e nos diz quão diferente ele nos vê do que nós nos vemos. Quando, poranto, nos encontramos numa situação difícil, para a qual não há solução, ele pode acender uma luz que muda radicalmente nossa atitude (*CW*, 10, par. 325).

Jung chamava o sonho de "produto natural e altamente objetivo da psique ... [uma] auto-representação do processo vital psíquico".[1] É a experiência de um processo psíquico involuntário não controlado pela disposição ou atitude consciente e que "mostra a verdade e a realidade internas do paciente, como elas de fato são, não como suponho que sejam, e não como eu gostaria que fossem, porém tais como são".[2] Portanto, ele "retifica a situação e acrescenta o material que estava faltando e que lhe pertence propriamente, melhorando assim a atitude. Essa é a razão pela qual precisamos da análise dos sonhos para nossa terapia".[3]

Todo sonho apresenta imagens que podem transmitir informações ao sonhador e/ou seu terapeuta sobre coisas desconhecidas, mas de importância vital sobre o sonhador, seu terapeuta ou sobre o processo da terapia. O sonho compensa ou complementa uma deficiência na posição consciente do sonhador e/ou na posição do terapeuta para com o sonhador ou a análise.

Desse modo, todo sonho pode ser visto como uma mensagem de uma inteligência superior, até arcaica, decidida a propor novas atitudes significativas.[4] Essa entidade hipotética foi chamada de Self por Jung. Ele a definiu como uma "dimensão existente *a priori* e da qual o ego evolui ... não sou eu quem me crio; antes, eu aconteço para mim".[5] O Self de Jung é um postulado simbólico, uma descrição "adequada" de uma dinâmica, em si, indemonstrável (*Unanschaulich*), análoga aos modelos operacionais não-demonstráveis da física nuclear.[6]

Para diferenciar o Self postulado por Jung do conceito de self da psicanálise, que se refere à personalidade condicionada, empírica e que inclui os complexos psicológicos, irei empregá-lo com maiúscula e referir-me a ele como Self Orientador. Este Self Orientador deve ser visto como fonte e dirigente do impulso para a individuação, da ânsia arquetípica de "tornar-se o que se é" (*Píndaro*).[7] Deve também ser visto com fonte e dirigente dos eventos da vida e do material onírico, que fornece inestimáveis mensagens tanto metafórico/alegóricas com simbólicas, que ajudam o processo de individuação daqueles que aprenderem a lê-las.

O EGO ONÍRICO

Às vezes, o ego onírico pode representar o *real senso de identidade do sonhador*, como observador ou agente. No sonho, "vejo meus filhos brincando na rua e advirto-os para que fiquem no jardim; em vez disso, eles correm para a rua", o ego onírico atua exatamente como o sonhador tende a fazer. Aqui, o sonho aponta o efeito contraproducente de seu comportamento usual e de suas boas intenções.

Em outro exemplo, um homem sonhou:

> Um carpinteiro me traz um bote para que eu conserte; ele me assegura que posso fazer o trabalho em minha loja nova.

Como o sonhador estava inseguro sobre suas novas habilidades, e cético sobre como a tarefa ficaria depois de concluída, o sonho apresenta a segurança do Self para o ego onírico, de que ele pode fazer o trabalho. Se, por outro lado, as associações do sonhador com a figura do carpinteiro forem negativas e ele tiver muita certeza de suas próprias habilidades, o sonho será mais provavelmente uma advertência.[8] Em ambos os casos, o ego onírico é similar ao sonhador real, mas recebe uma segurança ou uma advertência do inconsciente.

Com maior freqüência, e considerando que o sonho apresenta imagens da perspectiva do Self Orientador, quando a pessoa do sonhador aparece, ela pode não corresponder ao senso de identidade empírico do sonhador, tal como ele se conhece. Pelo contrário, o sonhador — ou aquilo que é geralmente chamado ego onírico — *aparece como o Self Orientador o vê*. O ego onírico pode ser apresentado em termos de potencialidades, tendências ou fraquezas até então desconhecidas, inconscientes. Por exemplo, um homem que, conscientemente, considerava-se uma pessoa cuidadosa e prestativa, sonhou:

Pedem-me para salvar uma criança ferida. Em vez de ir até a cena da dor, mando meu lenço.

Protestando que, na realidade, nunca faria uma coisa dessas, pois não era essa a imagem que tinha de si, o homem fora confrontado com um ponto de vista do Self Orientador sobre esse tipo de solidariedade. Com alguma dificuldade, mas com um grande "Ah!" de assentimento, ele enfim chegou a compreender que o sonho apresentava-lhe uma imagem verdadeira, em que seu ego recusa assumir responsabilidade, substituindo o verdadeiro cuidado com sua própria criança interior por um gesto de gentileza. Um trabalho posterior com este sonho permitiu que ele também visse que tratava as outras pessoas com esse "cavalheirismo superficial".[9]

Em geral, as qualidades do ego onírico podem ser avalidas pelo tom da narrativa, pelo tipo e qualidade das atitudes e ações, e pelo modo de se relacionar com outros aspectos e figuras do sonho. Isso pode ser também relevante como descrição do ego do sonhador. A firmeza ou integridade do ego do sonhador está baseada na consciência das necessidades morais e emocionais, e também na capacidade e prontidão para correr o risco de decisões e ações apropriadas. As imagens do sonho expressam essa capacidade ou fracasso em termos de uma habilidade executiva: administrar, relacionar-se, dirigir (carroça, automóvel etc.), cavalgar, velejar, pilotar, explorar, dar apoio, cuidar, guardar etc.

Em outros momentos, um sonho pode indicar como o Self vê a *identificação (fusão)* do sonhador *com um ideal do ego ou com uma grandiosidade inflada*. Por exemplo, uma mulher sonhou:

Sou uma princesa nadando numa piscina de um hotel idílico, de repente ameaçada por um moleque de rua sujo e raivoso.

Traduzindo as imagens do sonho após dramatizar um diálogo entre a princesa e o mendigo, ela acabou comprendendo que, quando se vê como "exaltada e sensível, cuidada pelos outros a ponto de não ter de levantar um dedo" (sua associação com a princesa), num "hotel com piscina" muito desejado, que é um espaço "isento de conflitos, sereníssimo, dotado de amenidades exclusivas", ela negligenciava os ataques da sombra "menino de rua".[10] O "menino de rua" é uma imagem para sua agressividade "suja" e negligenciada — e, por isso, não admitida. Essa figura vincula a sonhadora com uma energia "dura, sem frivolidade, confrontadora", que ela teme, pois põe em risco sua auto-imagem de princesa doce, desprotegida, cuidada — a queridinha do papai e do marido.

Conscientemente, antes do sonho, essa mulher via-se apenas como uma pessoa ferida pela rejeição da mãe e trabalhando virtuosamente para manter seus papéis de boa mãe e professora. O sonho desafiou essa visão ao apresentar uma outra pessoa, até então inconsciente. Esse sonho forneceu, em uma só imagem irrefutável e perfeitamente oportuna, um confronto com um ego-ideal que coibia seu desenvolvimento.

A apresentação objetiva, pelo sonho, do ego-ideal e da sombra agressiva, tanto capacitou a aliança terapêutica a apoiar a assimilação do difícil material, quanto a um trabalho conjunto entre paciente e terapeuta para enraizar e personalizar as imagens confrontadoras apresentadas pelo Self Orientador.

Um homem sonhou: "Eu sou um leão". Isso representa a visão de seu Self de uma força leonina potencial, ainda negativamente constelada. Seu ego onírico é mostrado fundido com o *self* infantil grandioso e com o ego-ideal, de tal maneira que eliminava a identidade pessoal. Quando qualidades de princesa ou leão são aspiradas e possíveis de serem assimiladas, o ego onírico encontrará essas entidades como figuras separadas e se envolverá em alguma ação com elas em vez de se identificar com elas. A ação onírica pode mostrar perseguição por essas figuras ou a necessidade de o ego onírico alimentá-las etc.

Voar sem avião, respirar debaixo d'água e outras capacidades incomuns do ego onírico podem referir possíveis experiências fora-do-corpo, como aquelas relatadas por sobreviventes de experiências de quase morte. Elas podem ser potencialidades. Mas essas representações do ego onírico podem também referir dissociações escapistas ou inflações, com poderes irreais, de acordo com o contexto associativo do sonho.

Às vezes, o ego onírico é meramente um observador passivo. Os eventos são observados como se houvesse um vidro, sem um envolvimento ativo. Essa postura distante, não-participativa, implica uma atitude de distanciamento das questõe descritas no sonho. Um grau extremo pode até mesmo indicar traços de dissociação na personalidade do sonhador.

Em outras oportunidades ainda, o sonho apresenta o sonhador com *fragmentos de identidade* difusos ou conflitantes, parecendo flutuar numa relação ainda incerta com o sonhador, e o processo do trabalho onírico espelha essas facetas do que virá a tornar-se um senso relativamente estável, limitado e constante de individualidade. É mais provável que isso ocorra com o paciente limítrofe, que tem pouca coerência consciente. Neste caso, é como se existisse uma não-consciência da identidade individual, ação, afetividade e intenção à qual os sonhos se apresentem.[11] As imagens oníricas então atuam como

30

espelhos para os fragmentos da psique, com os quais, no ambiente facilitador da terapia, pode ser criado/descoberto um senso integrado de presença/ser, ao qual os sonhos cheguem como se viessem de uma fonte fluente, visionária. Essa fonte, para o paciente, pode ser análoga ao seio mau ou ao seio bom — dependendo da qualidade persecutória ou nutridora das imagens.

Um exemplo desse trabalho de emergência ocorreu com uma moça limítrofe, que se queixava de "não conseguir distinguir o dia da noite" e que só focalizava as imagens oníricas quando especificamente solicitada a fazê-lo pelo terapeuta. Numa das primeiras sessões, ela mal conseguia lembrar, e com pouca intensidade afetiva:

> Deitada à beira d'água, talvez adormecida. As ondas vêm e vão.

Ela não tinha noção de sua presença pessoal na cena, só do movimento das ondas. Na sessão seguinte, recordou;

> Alguém em pé diante de um arquivo, colocando cartões pontiagudos, como facas, em uma certa ordem. Alfabética? Meus dedos sangram.[12]

Meses mais tarde, ela lembrou espontaneamente de um terceiro sonho:

> Há uma barata suja numa terrina. Talvez haja comida; talvez uma colher esteja mexando.

Em nenhum caso a sonhadora foi capaz de fazer associações, e em nenhum sequer ocorreu a palavra "eu". O ego onírico não está presente como um ser global, só é sugerido como testemunha inconsciente ou como partes feridas ("dedos"). Há "alguém" desconhecido ou perigoso, que cria ordem (talvez uma imagem da paciente ou da parte ordenadora da paciente ou de alguém mais, inclusive o terapeuta em-busca-de-consciência). A identidade global emerge, enfim, sob a forma de uma "barata suja" — um núcleo do ego ainda identificado com a atitude furtiva de esconder-se para sobreviver. Mas as imagens oníricas forneceram metáforas vívivas e descritivas da situação psicológica da paciente e deram ao terapeuta material para cuidar da passividade difusa até um estágio bem mais adiantado do trabalho, quando "os [sonhc] que não têm [sonhador] adquirem um sonhador ou são por ele adquiridos".[13]

Outros sonhadores se descobrem efetivamente em pedaços nos sonhos. Por exemplo:

Há fragmentos desmembrados flutuando numa caverna escura, úmida, que talvez sejam partes minhas.

Ou:

Estou em pedaços, todo retalhado ao lado de uma árvore.

O processo de fragmentação, assim como a questão toda da corporificação pela reunião das partes de uma identidade proprioceptiva na terapia são apontados por essas imagens de um ego onírico inadequada ou impropriamente corporificado.

Esses exemplos podem vir de pacientes limítrofes, severamente perturbados e fragmentados, mas as imagens em si podem acontecer nos sonhos de outros pacientes, como resultado de transtornos emocionais circunstanciais ou de um trabalho analítico que tenha aberto feridas regressivas, e aparecer como desmembramento na identidade do ego. A soturna imagem onírica "uma figura voando, carregando minha cabeça. O resto de mim não está em parte alguma" foi sonhada por uma mulher que estava cogitando experimentar LSD. Serviu como advertência sobre seus medos e sobre um possível desfecho negativo.

Em outros momentos, o ego onírico aparece como imagem do Self. "Nos sonhos, revestimo-nos com a aparência daquele ser humano mais universal, mais verdadeiro e eterno, que habita nas trevas da noite primordial. Ali ele ainda é a totalidade, e a totalidade está nele, indistinguível da natureza e desprovido de toda dimensão egóica."[14]

No sonho do presidente Lincoln, na noite anterior ao seu assassinato, o ego onírico entrou na sala leste para descobrir a solenidade e a pompa de seu próprio funeral oficial. Quando perguntou "Quem morreu na Casa Branca?", disseram-lhe: "O presidente... foi morto por um assassino!".[15] Aqui, o ego onírico parece simbolizar a identidade transcendente, testemunhal, que se põe à margem dos eventos da vida. Se o sonho não tivesse previsto sua própria morte, poderíamos entendê-lo como se o ego onírico estivesse precisando desidentificar-se do papel presidencial, que está morrendo. Mas, como o sonhador foi morto, o cadáver presidencial é a imagem de sua *persona* existencial, sua missão de vida e identidade, que estão prestes a morrer. Aqui, o testemunho do ego onírico refere-se àquele "ser humano mais universal, verdadeiro e mais eterno", que chamamos de Self.

No caso de o ego onírico ouvir uma voz imperativa num sonho, é importante encontrar, por associações ou imaginação, de quem essa voz poderia ser e quais são suas características. Esse pronunciamento pode representar uma imagem auditiva do Self, mas também pode ser a voz de um complexo ou de uma sombra enganadora ou prejudicial.

POSSIBILIDADES DE DESENVOLVIMENTO POR MEIO DO TRABALHO COM SONHO

Em geral, é essencial comparar a posição e a ação do ego onírico, no drama do sonho, com as atitudes e o comportamento conscientes do sonhador, para descobrir as discrepâncias e um foco para o passo seguinte no desenvolvimento psicológico. Nas situações em que a posição consciente é pouco desenvolvida ou fragmentada, o sonho dará apoio e foco ao desenvolvimento, apresentando material que deve ser abordado na ocasião (ver Capítulo 6).

Receber novos *insights* tanto pode ajudar como desafiar uma posição do ego coerente ou inflexível. Em ambos os casos, é preciso que a posição consciente seja aberta e disposta a assimilar as metáforas e os símbolos do sonho às experiências conscientes — sentindo, pensando, agindo e vivendo segundo os novos *insights*. Só então o sonho pode efetivamente aprofundar o desenvolvimento da personalidade e ajudar nas relações interpessoais. Então, a compreensão deve ocorrer não só abstratamente, mas também como uma experiência personalizada, emocional e sentimental. Deve também levar a testar e atuar de modo adequado na realidade — ou seja, a modificações de comportamento efetivas, responsáveis. Pois aquilo tudo que é visto ou realizado no sonho ainda deve ser transformado em "real" na vida desperta.

Resolver uma tarefa ou realizar algo, chegar a um certo nível de compreensão num sonho, não implica nem substitui, necessariamente, sua realização na vida diária. Da mesma maneira, as recompensas e calamidades que podem nos acontecer num sonho são apenas possibilidades, não sendo ainda fatos de nossa existência desperta. Os eventos oníricos apontam o caminho. Indicam um desenvolvimento provável ou certo, dada a situação como ela é agora. Nesse sentido, os sonhos incentivam ou advertem. No sonho, o sonhador pode correr um risco e resolver uma tarefa difícil, ou dar um passo errado e cair de um penhasco. Esses desfechos são metáforas, chamando atenção para algo que já aconteceu ou está em vias de acontecer, estranhas à consciência. Quando o sonhador não entende — antes da mensagem do sonho — a natureza dessa ocorrência, a imagem onírica é um chamado para um exame dos fatos psicológicos ou exteriores. Mas o desfecho apresentado no sonho pode ser modificado

33

ou evitado à medida que a consciência e a capacidade do sonhador se transformam.

O desfecho dramático do sonho, portanto, deve ser considerado condicional: *dada a situação como ela é agora* (a saber, a cena ou exposição do sonho, que discutiremos a seguir), *isto ou aquilo tem possibilidade de se desenvolver*. Como a situação presente pode mudar, em virtude de o sonhador assimilar a mensagem do sonho e mudar as atitudes que até então mantinha, os efeitos subseqüentes apontados pelo enredo do sonho também estão sujeitos a mudança. Ocorrem sonhos subseqüentes, num diálogo com as atitudes modificadas do sonhador.

Nada, no desfecho de um sonho, portanto, deve ser considerado fixo ou inalterável, a menos que seja explicitamente demonstrado que o é, pela estrutura dramática do próprio sonho e pelo teor simbólico ou alegórico das imagens. Os desenvolvimentos apresentados como imagens de eventos naturais espontâneos e incontroláveis (terremotos, tempestades, inundações, árvores que caem etc.) são isso mesmo, eventos aparentemente fadados a acontecer, que inevitavelmente ocorrerão, a menos que existam fatores antes apresentados e que sejam capazes de atenuá-los. Sob que forma — eventos exteriores ou crises psicológicas — e em que momento ocorrerão, considerando a natureza do tempo onírico, é uma outra questão. Mas, regra geral, o desfecho concreto de um drama onírico depende da resposta e da atitude do ego desperto aos elementos apontados pelo sonho. Aqui é encontrado o elemento da relativa liberdade humana.

Além disso, alguns sonhos com desfechos aparentemente sinistros são imagens dos medos do sonhador, como os vê o Self Orientador, mais do que conseqüências da ação. Portanto, é importante determinar se um dado sonho mostra a situação psicológica da perspectiva do Self a respeito de um drama que se desenvolve ou se está transmitindo a perspectiva do Self sobre as expectativas e pressuposições de conseqüências do sonhador, ou ambas.

Um exemplo da necessidade dessa distinção e suas sutilezas foi um pesadelo em que o homem sonhou o seguinte:

> Cumprimento um mendigo com um aperto de mão e depois caio ao chão com um ataque do coração.

O trabalho com o sonho revelou o medo que o sonhador tinha de sua desprezada, e portanto desconhecida mendicância interna. Acolhê-la em sua vida seria para ele equivalente a suportar a dor de um ataque do coração; por isso, tinha tentado manter cindidas da sua consciência as emoções da dependência. Quando convidado a retomar o drama onírico e imaginar o desfecho desse ataque do coração, o sonhador descobriu que seria "terrivelmente doloroso, mas não fatal; mas exigiria um novo estilo de vida". O sonho era simbolicamente prognóstico, pois após o encontro possibilitado por essas imagens com suas necessidades de dependência ainda batante cruas, o sonhador passou por uma agonizante regressão para revelar emoções que, no decorrer da terapia, mudaram radicalmente sua vida. Isso foi análogo a uma morte e um renascimento de sua identidae percebida. Quando retomou esse sonho, vários anos depois, o sonhador reconheceu que a extensão de seu medo era comparável ao grau de mudança que seu processo de individuação exigira dele.

Raramente, ou nunca, o sonho dirá ao ego desperto o que fazer. Mesmo quando um problema é resolvido no sonho, isso só mostra uma possibilidade disponível. O sonho mostra qual é a realidade psicológica contra a qual o sonhador se coloca, o que acontece num trabalho a favor ou contra sua atitude e posição atuais, e quais os efeitos mais prováveis dessa posição ou abordagem particular. Fica em aberto para o sonhador tirar suas próprias conclusões, tomar decisões e agir. Dessa maneira, ocorre uma dialética incessante entre o consciente e a dinâmica inconsciente. Para melhor e/ou para pior, a liberdade consciente de resposta é respeitada e preservada.

A "situação como ela é", vista da perspectiva do Self Orientador, inclui tanto potenciais e tendências interiores de desenvolvimento, como conseqüências inerentes à situação psicológica atual, "como ela é", do sonhador. Ela também inclui material pertinente à vida exterior do sonhador e às suas relações. Apresenta o que deve ser conscientemente relacionado, para que sejam possíveis a transformação e integração, tanto no nível do "sujeito" como do "objeto". Por isso, os sonhos podem nos admirar, forçando-nos a perguntar sobre nossas atitudes subjetivas ou sobre situações exteriores em que nos encontramos — perguntas que não percebíamos que precisávamos fazer ou fomos muito relutantes ou inconscientes para considerar. Um sonho que nos admire ou vire uma situação familiar de ponta cabeça pode nos chocar o bastante para considerarmos ou reconsiderarmos aspectos da realidade externa ou de relações que tínhamos ignorado.

Um exemplo desse tipo foi um sonho descrito por Jung, de um de seus pacientes.[16] Esse jovem, comprometido com uma moça de boa e respeitável formação, foi se consultar por causa de um sintoma neurótico que lhe aparecera após seu noivado. Contou um sonho em que a noiva aparecia como prostituta. Jung sugeriu que ele simplesmente fosse procurar saber da reputação da moça. O que ele descobriu pode ter sido aquilo que, em seu coração, talvez até já sou-

besse, mas que, conscientemente, era incapaz de admitir para si —
daí a somatização em uma gagueira. A descoberta bastou para que
ele rompesse o noivado. Quando viu a situação como ela era e reparou-
a, o sintoma desapareceu. Hoje talvez preferíssemos trabalhar com
esse sonho mais profundamente, e no nível do sujeito, indagando
se a própria *anima* desse jovem — e, portanto, sua própria emotivi-
dade — não estaria pouco disposta ou pronta para assentar e criar
raízes. Teria ele cedido aos planos de casamento pensando em alguma vantagem, prostituindo-se e reagindo a essa auto-traição com afetos presos a um sintoma somático? Aparentemente, naquela ocasião,
bastou-lhe apenas projetar falta de integridade e compromisso por
meio de uma escolha inconsciente e de rejeição da noiva, e culpá-la,
escapando assim ao noivado. Um trabalho mais profundo em sua
psique, aparentemente, não foi então sua meta, apenas o alívio de
um sintoma.

Capítulo Quatro

LINGUAGEM DOS SONHOS

É característico que o sonho quase nunca se expresse de modo logicamente abstrato, mas sempre na linguagem da parábola ou do símile. Essa peculiaridade também é um traço característico das linguagens primitivas... Da mesma forma como o corpo conserva traços de seu desenvolvimento filogenético, também a mente humana os apresenta. Por isso, nada há de surpreendente quanto à possibilidade de que a linguagem figurada dos sonhos seja um vestígio arcaico de nosso pensamento (*CW*, 8, par. 474, 475).

IMAGEM

A experiência do sonho acontece num estado alterado de consciência, "abaixo" do nível da consciência desperta. Ele é "processo primário" ou de outra dimensão, para além de nossas categorias racionais de espaço e tempo. Ele integra afetivamente um poderoso material passado, presente e futuro, usando informação familiar e desconhecida, que pode inclusive proceder dos estratos arquetípicos, com os quais o sonhador não tem familiaridade. No entanto, nossa percepção do sonho ocorre em termos de nossa consciência "aqui e agora", que é primordialmente imaginal. Para se vincularem à nossa capacidade consciente, os sonhos chegam, por assim dizer, traduzidos em uma linguagem de imagens sensoriais. A rede de referência "lógico" dos sonhos é, portanto, a das percepções sensoriais. Essas imagens podem ser visuais, auditivas, proprioceptivas ou cinestésicas; embora sua tendência predominante nos sonhos seja a visual. Elas ocorrem num espectro que vai das sensações corporais às imagens mitológicas e idéias abstratas. Tal como no balé ou na pintura, os conceitos e a história ainda estão imersos na matriz imaginal, que expressa padrões de energia não-racionais.

Essa forma imaginal de comunicação é "primária"[1] sob várias conotações. É primária porque nela "um *a priori* inconsciente se precipita em forma plástica"[2], vindo assim na direção de nossa capacidade perceptiva. Essa é uma atividade fundadora de outras formas de consciência. Cronologicamente, ela é primária por ser semelhante ao modo de percepção da criança; como modo primário de comunicação, é similar ao do artista.

Como forma de comunicação, nós também encontramos essas imagens nos antigos e sagrados escritos pictográficos — por exemplo nos dos antigos chineses e nativos americanos, e nos hieróglifos do antigo Egito. Essas imagens hieroglífico-sagradas têm sua própria "lógica"[3] e geralmente transmitem mais sutilezas em seus significado do que pode ser imediatamente verbalizado. Nesses outros contextos culturais, elas constituíam uma linguagem para os iniciados, embora as formas pictográficas fossem em geral visíveis para todos. Similarmente, as imagens dos sonhos estão disponíveis para todos, mas seus significados só se abrem para aqueles iniciados na capacidade de compreender suas imagens metafóricas, alegóricas ou simbólicas.

Nós consideramos a forma da imagem alegórica quando suas mensagens podem ser traduzidas para conceitos racionais e verbalizações. Consideramo-las simbólicas quando elas apontam para "algo supra-humano e só parcialmente concebível".[4]

Para ter acesso a esse nível de comunicação, é necessária uma combinação entre sintonia artística, emocional, intuitiva e lógica racional. Quando "sintoniza" o sentimento do sonho, a testemunha deve sentir e intuir seu sentido, mais do que cogitar em termos só lógicos. Ela deve penetrar empaticamente no reino próprio ao sonho, suas dimensões metafórica, simbólica e dramática. Como segundo passo, a testemunha regressa desse devaneio para a consciência racional, para integrar seus produtos com aqueles de nossa compreensão psicológica. E, mesmo aí, só podemos aplicar nossa comprensão psicológica àqueles aspectos do sonho que são alegóricos. Perante os aspectos genuinamente simbólicos, só o sentimento-intuição e a noção do numinoso podem possibilitar uma orientação.

Geralmente, considera-se que o sonho usa qualquer imagem significativa para o sonhador e para seu terapeuta. Até certo ponto, portanto, as limitações do terapeuta limitam o âmbito da imagem dos sonhos de seu cliente. O mesmo sonhador pode ter sonhos diferentes ao trabalhar com terapeutas diferentes ao mesmo tempo. Parece que o sonho recebe estímulo de uma dimensão da relação compartilhada ou campo — o mesmo campo que também induz a transferência e a contratransferência. Dessa forma encontramos o "tato" aparente da fonte onírica, que, às vezes pelo menos, "tenta" neutralizar os pontos cegos do terapeuta, e lhe fala numa linguagem imaginal, acessível. Conforme este vai silenciosa e individualmente alargando sua capacidade para lidar com as imagens simbólicas e seu repertório amplificador, o analisando poderá ser similarmente ajudado a alargar o seu próprio[5] — mesmo sem ser preciso discutir os níveis simbólicos do material na sessão. Em outros momentos, a discussão aberta do material simbólico pode ser muito pertinente. Muitos sonhos são lembrados apenas como uma imagem isolada, que pode ser experienciada visual, auditiva ou cinestesicamente. Esse material pode ser muito adequado a um trabalho clínico, quando os diversos vetores da abordagem no campo onírico (ver Capítulo 5) são cuidadosamente aplicados. A imagem isolada torna-se o centro de uma rede de perspectivas convergentes que podem revelar, para o sonhador, seus significados psicológico-analógico e simbólico.

ALEGORIA

As imagens oníricas tornam-se metáforas — descrições de uma coisa em termos da imagem de uma outra — quando são entrelaçadas numa trama de associações, explicações e amplificações que elas evocaram.[6] Essa trama, por sua vez, dá contexto e significado psicológico às imagens.

Quando essas imagens metafóricas assinalam contextos que podem ser compreendidos e expressos racionalmente, são consideradas alegóricas. Quando seu contexto ou significado estão além da possibilidade de compreensão racional, falamos de símbolos.

Os aspectos alegóricos de um sonho descrevem situações objetivas, "exteriores" ou subjetivas, "interiores" levadas à atenção psicológica de quem sonha. Quando discutidas em cada detalhe (o que nem sempre pode ser clinicamente necessário ou aconselhável, em dada situação), esses aspectos alegóricos atuam como imagens radiográficas tanto dos eventos exteriores e relações psicologicamente significativas no momento, quanto das estruturas e situações psicológicas internas que o Self Orientador apresenta para exame nessa ocasião particular. Por meio da analogia, elas revelam aquilo que o olho nu da consciência diurna não consegue ver diretamente, mas ainda pode apreender psicológica e racionalmente — assim que é alertada para o "vocabulário" da linguagem metafórica.

Num sonho, a imagem do ego onírico encontrando uma "moeda de centavo enlameada" evocou no sonhador lembranças associativas de ter achado uma moeda desse valor num campo em que lembrava "ter chovido muito; e ele se sentia com saudade de casa e deprimido". Explicando, essa moeda de centavo é o mais baixo valor, costumeiramente considerada descartável e barata. O sonhador estava no processo de retomar a ligação com alguns de seus antigos companheiros, cheio de esperança de que ali encontraria apoio e camaradagem. A imagem onírica corrige, em termos alegóricos, sua superestima do potencial do encontro, ao lembrá-lo da depressão solitária e do valor baixo.

As descrições alegóricas referem-se a fatos ou dinamismos psicológicos racionalmente compreensíveis, que foram negligenciados ou mantidos fora do alcance da consciência. Embora a mensagem possa usar a metáfora, a licença poética e os exageros dramáticos, suas imagens referem-se a uma situação que pode ser verbalizada em termos da consciência racional. Pode e precisa ser claramente interpretada, compreendida e enraizada concretamente na atual situação de vida do sonhador. Nós podemos — e precisamos — encontrar o significado psicológico da imagem alegórica.

Seu conteúdo ou tema refere-se a eventos no "nível do objeto" exterior ou a complexos, eventos e dinâmicas psicológicas no "nível do sujeito" interno. Depende da avaliação clínica o nível a ser considerado numa dada situação. Mas, em geral, isso pode ser esclarecido pela referência à teoria da compensação: analista e paciente podem determinar em que nível de compreensão a mensagem do sonho desempenha melhor uma função compensatória ou complementar (ver Capítulo 6).

SÍMBOLOS

Em contraste com a alegoria, os símbolos assinalam aquilo que só pode ser visto "através de um vidro embaçado". Segundo a definição de Jung, o símbolo é "a melhor descrição ou fórmula de um fato relativamente desconhecido; no entanto, esse fato é reconhecido ou postulado como existente".[7] É "uma expressão reconhecidamente antropomórfica — e portanto limitada e só em parte válida — de algo supra-humano e só em parte concebível. Pode ser a melhor expressão possível, mas não deixa de estar muito aquém do nível do mistério que tenta descrever".[8] Exemplo disso seria um arbusto em chamas — uma imagem que remete bem além dela mesma, para o mistério do fogo que se consome e da renovação como aspectos da "obscuramente pressentida natureza do espírito."[9]

Os símbolos apontam para um sentido existencial ou até supra-pessoal, para o reino do espírito. A inclusão dessa dimensão transcendente como elemento básico na vida psíquica expressa a necessidade de um significado na vida, através e além da experiência das necessidades sensoriais e instintivas. Por conseguinte, qualquer abordagem da dimensão simbólica permanece no reino da intuição percebida e requer uma sensibilidade artística e espiritual, tanto do sonhador como do intérprete do sonho. As imagens simbólicas assinalam conteúdos que, na melhor das hipóteses, só podemos conhecer parcialmente. Tentamos circum-ambular seus possíveis ou prováveis significados com uma atenção reverente e meditativa, para nos sintonizarmos com sua energia arquetípica inerente e com seus padrões de significado. Pode-se chamar a atenção para a sensibilidade que isso exige, mas é impossível descrevê-la ou ensiná-la em termos técnicos.

Há momentos em que as palavras de Jung sobre as imagens simbólicas são oportunas. Ele escreveu o seguinte:

> Imagem e significado são idênticos, e, quando a primeira toma forma, o segundo fica claro. Na realidade, o padrão não requer interpretação: configura-se como uma exigência terapêutica.[10] [Quanto às imagens arquetípicas] ... quando aparecem, elas têm um caráter nitidamente numinoso, que só pode ser descrito como "espiritual", se "mágico" for forte demais.[11]

Então, a poderosa força do transpessoal atua diretamente sobre a psique do sonhador, e a silenciosa contemplação das imagens numinosas pode ser a melhor acolhida terapêutica para elas, pelo menos no início. Num outro momento, é essencial constatar seu significado espiritual e psicológico, e como podem encarnar.

RÉBUS

Lidar com a alegoria, por outro lado, faz parte da perícia da interpretação dos sonhos. Pode ser comparada ao trabalho de compreensão de um rébus.

Rébus é uma representação de uma frase por figuras. Essas figuras podem sugerir, mais ou menos claramente, sílabas, palavras ou idéias. No rébus, a imagem é traduzida em palavras pela "lógica" do som, sem se levar em conta a ilogicidade da própria ordem das figuras. À primeira vista, portanto, o rébus pode parecer uma confusão de seqüências sem sentido, ao passo que, depois de traduzidas em termos de seus sons, transmite um significado inteligível.

Do mesmo modo, costumeiramente, o sonho não produz mensagens conceituais claras; a seqüência de imagens que nos mostra costuma parecer confusa ou, pelo menos, desprovida de lógica conceitual, pois os sonhos "obedecem" suas próprias leis. Quando aparece uma linha temática, por exemplo, a seqüência das imagens, aparentemente temporais dentro do próprio sonho, indica algo que freqüentemente acaba virando uma relação causal entre elas. E cada imagem deve ser compreendida nos termos de seu próprio significado psicológico para o sonhador.

41

Consideremos, por exemplo, o seguinte sonho:

Estou sentado à minha escrivaninha. Encontro uma pílula com a imagem de um cervo impressa nela. Então meu pai coloca sobre a escrivaninha um sinal de PARE. Ele se transforma numa flor e eu descubro um diamante brilhando no seu centro.

Tudo isso tem muito pouco, ou quase nenhum sentido explícito. Contudo, como no rébus, um significado psicológico pode ser encontrado mediante uma forma de tradução das imagens individuais pelas associações do sonhador e do sentido geral das imagens como convenções coletivas (ver Capítulo 5).

Tomando o exemplo acima citado: o cervo é um animal, e por isso, uma expressão coletivamente válida da energia vital, atuante sobretudo num nível instintivo e não reflexivo. Sua imagem *simboliza* uma qualidade da energia primordial. Esse sonhador *explicou* o cervo como tímido e fugidio (outra pessoa que sonhasse com essa figura poderia ter uma reação diferente diante das qualidades emocionais particulares que o cervo representa para ela — tais como devorador de arbustos, vítima de caçadores etc.). O sonhador pode também recordar de um momento particular em que encontrou o cervo. Essas *associações pessoais* poderiam modificar ou apoiar a explicação.

A pílula pode lembrar o sonhador da aspirina que está usando para aliviar uma dor. Até aqui, então, a seqüência sugere alguma coisa na linha da timidez e da rapidez, instintivas e irrefletidas, impressas no analgésico (ou como emblema). Compreendido e traduzido em conceitos psicológicos, tudo isso poderia significar que a timidez e a rapidez estão atuando como fonte ou recurso para alívio da dor nessa pessoa.

A escrivaninha fez o sonhador lembrar, por estar tentando ser escritor, de sua própria mesa de trabalho; à figura do pai ocorreu-lhe associar o homem de negócios autoritário, de mente estreita, que menosprezava as fantasias do sonhador e sua ambição literária como nada de prático. Por meio desta imagem, portanto, é mostrado ao sonhador que há talvez uma mente estreita, prática e autoritária demais em sua própria psicologia, um aspecto de seu complexo paterno que interpõe um "pare" às suas iniciativas literárias. Seqüencialmente, esse "pare" vem após sua fuga para evitar a dor. Podemos concluir que, quando ele foge para seus escritos para evitar a dor do confronto, sua própria expressão criativa fica paralizada. Isso pode ser positivo ou negativo, dependendo do resto do sonho. O fato do "pare" vir do complexo paterno introduz as questões mais amplas da dor e da fuga relacionadas ao menosprezo da autoridade paterna. O próprio escrever pode ter servido a propósitos defensivos. Todos esses aspectos devem ser explorados mais a fundo com o sonhador.

Uma vez que o significado das imagens é determinado em grande parte pelos significados apresentados pelo sonhador, as interpretações devem variar de modo correspondente. Vamos supor outro sonhador, para quem o sinal "pare" não implica simplesmente deter um movimento, mas algo como "Pare, veja e ouça, e depois vá adiante", como é de fato nos sinais das ruas. Esse significado poderia mudar a implicação do sonho. O ceticismo do pai e sua introjeção no sonhador podem ser então vistos como um fator de cautela, não tanto de obstrução. Mesmo que o sonhador pudesse ver seu pai real ou o sistema paterno de valores como demasiado autoritários ou restritivos, o sonho ainda assim pode sugerir que essas influências restritivas e esses hábitos introjetados — que até então resultaram primordialmente em evitação e evasão (o cervo na pílula) — talvez possam agora ser consciente e deliberadamente utilizados como cautela e contenção, para um procedimento mais efetivo e seguro.

A imagem da flor é tradicional e coletivamente associada a crescimento e desabrochar. O fato do sinal "pare" virar flor sugere que essa parada para dar uma olhada em volta deve ser entendida como uma parte, talvez essencial, do crescimento e da evolução dessa pessoa, do seu processo pessoal de desabrochar. O desenvolvimento da contenção e da circunspecção voluntárias pode ser visto como uma disciplina desejável para esse sonhador impulsivo e impaciente (necessitado de um sinal de "pare"), e como uma alternativa para sua timidez supersensível e retraída. Isso seria como lembrar um motorista para prestar atenção aos sinais de trânsito, em vez de esperar um avanço sem obstáculos ou evitar completamente guiar um carro.

O diamante é uma imagem de substância indestrutível, dureza, grande valor (explicação). Tradicionalmente, vem representando o centro da personalidade, o Self imortal. Por exemplo, a imagem da "jóia no lótus", na tradição oriental, indica o valor transcendente encontrado no efeito disciplinador da meditação e da devoção. A amplificação do contexto arquetípico aponta a presença de uma dinâmica simbólica, não mais apenas alegórica. Em nossa seqüência, o surgimento do diamante na flor poderia então sugerir que, em vez de apenas patológica ou neurótica, a consciência da ânsia de fuga e o desenvolvimento consciente de sua transformação como "pare, veja e ouça" podem constituir a tarefa vital central e criativa da maturação da personalidade — meios pelos quais essa pessoa em particular pode encontrar e desenvolver sua verdadeira natureza: a tarefa da individuação.

Por outro lado, se o sonhador for superidentificado com sistemas filosóficos orientais e, para si mesmo, interpretá-los mal em função de seu escapismo, as implicações acima podem se inverter. Isso acontece porque a função compensatória do sonho (ver adiante) deve ser levada em conta. Então, a jóia no lótus pode ser apenas uma imagem alegórica para representar suas teorias budistas. A pétrea rigidez do diamente na vida da flor a desabrochar seria equivalente ao "PARE", mensagem paterna. Nesse sentido, o sonho teria de ser compreendido como um processo de confrontar o sonhador com a razão de seu impasse; ou seja, que suas definições religiosas ou filosóficas servem de racionalizações para não prosseguir. Por implicação, a mensagem seria: movimente-se, arrisque-se. Ou, se fica claro que a aspirina é vista como um anátema e/ou veneno para um adepto da cura por métodos naturais, a interpretação novamente torna-se mais negativa. O cervo na aspirina e o sinal de "pare" sobre a escrivaninha podem sugerir que tanto a timidez como a evitação da dor são, para o sonhador, posturas "venenosas"; ambas conluem para opor um obstáculo intransponível às suas manifestações criativas.

A enumeração de tantas variações possíveis na interpretação dos mesmos motivos de um sonho, muitas vezes diametralmente opostas e dependentes das reações pessoais do sonhador e de suas respostas emocionais a elas, mostra porque uma interpretação rápida e sem a participação do sonhador deve ser sempre evitada. Para um trabalho adequado com algum sonho, é sempre preciso, primeiro, avaliar cuidadosamente as associações do sonhador, seus padrões de valores e, acima de tudo, sua posição consciente e visão de mundo, pois o mais provável é que sejam contrapostas, completamentadas e/ou compensadas pelo sonho. Só depois que essas variáveis tiverem sido consideradas é possível fazer justiça tanto ao sonho como ao sonhador.

Capítulo Cinco

ASSOCIAÇÃO, EXPLICAÇÃO, AMPLIFICAÇÃO: O CAMPO ONÍRICO

O sonho é uma indicação demasiado vaga para ser compreendida, enquanto não for enriquecida por associações e analogias e, desse modo, amplificada até tornar-de inteligível (*CW*, 12, par. 403).

O contexto psicológico dos conteúdos oníricos consiste na trama de associações em que o sonho está naturalmente incluído. Deve-se então tomar como regra absoluta, de início, que todo sonho e ou fragmento de sonho seja considerado algo desconhecido; tentar uma interpretação deveria vir só depois de uma cuidadosa apreensão do contexto. Podemos então aplicar no texto do sonho o significado encontrado e ver se assim obtemos uma leitura fluente ou se, ainda melhor, aparecerá um significado satisfatório (*CW*, 12, part. 48).

Os significados e implicações dos vários motivos oníricos nunca são fixos.[1] Variam conforme as reações do sonhador a eles, como forem expressas por suas associações e explicações pessoais, e de acordo com suas possíveis alusões a explicações e mitologemas culturais ou coletivos, com os quais o sonhador pode ou não estar familiarizado. Tudo isso — associações, explicações, amplificações — forma um campo unitário com o próprio sonho e com todos os eventos, inclusive reações corporais e emocionais, tanto do sonhador como do terapeuta-testemunha, que eventualmente possam ocorrer enquanto o sonho está sendo contado e discutido. Além disso, o significado do sonho, geralmente, ainda varia segundo um outro critério: complementação ou compensação. Este aspecto será tratado em um próximo capítulo.

ASSOCIAÇÕES

O primeiro fator a ser sempre considerado, antes que qualquer interpretação seja proposta, são as associações individuais do sonhador. Associações são quaisquer idéias, noções, lembranças, reações ou seja o que venha à mente do sonhador quando estão sendo considerados o sonho e suas imagens particulares. Associações, portanto, estão ligadas às imagens ou são evocadas por imagens. Mas as associações não são, necessariamente, avaliações racionais das imagens, nem julgamentos sobre elas. Associações são altamente subjetivas, sejam elas racionais ou irracionais. Podem, aliás, parecer arbitrárias ou aleatórias e não precisam ser logicamente justificadas.

Por exemplo, uma escrivaninha pode lembrar ao sonhador a mesa de trabalho do pai ou sua escrivaninha do tempo de escola; ou uma outra, semelhante, vista numa loja de móveis; ou alguma velha escrivaninha quebrada, no sótão, em que tropeçou e machucou o nariz quando estava começando a andar; ou uma peça específica de limpeza usada pela mãe para limpar o tampo da escrivaninha; ou Fulano que costumava falar de uma escrivaninha que queria comprar, mas nunca o fez, e sempre importunava aparecendo nos momentos mais inconvenientes.

Para enraizar o significado de um sonho de modo adequado, é essencial que todas as associações que ocorram sejam exploradas até que revelem seu cerne emocional e seu significado psicológico. Isso significa encontrar a carga emocional relacionada à associação, e enraizá-la na realidade psicológica do sonhador. A resposta-afeto pode aparecer espontaneamente ou talvez deva ser obtida mediante mais exploração, perguntas, imagens, técnicas como a de repetição da palavra, além de outros métodos de trabalho.

Evocar associações e explicações pode ser feito por meio de questões propostas à percepção auditiva, como quando o terapeuta, que citaremos adiante, perguntou ao sonhador "Como é que isso lhe soa?". Respostas visuais, corporais ou sentimentais podem ser mais facilmente obtidas com perguntas tais como "Como é que você vê isso?" ou "Que sensação isso lhe causa?", "Isso toca você?" etc. É importante usar, para as perguntas, o mesmo canal sensorial usado pelo sonhador em sua descrição. Isso permite que o terapeuta, como participante-testemunha, "entre pela porta do sonhador".

Para enraizar as imagens oníricas na realidade psicológica pessoal, o terapeuta precisa perguntar quais eventos, emoções ou sentimentos — dolorosos, alegres, aparentemente indiferentes — passam por sua mente em relação ao sonho. No sonho da escrivaninha, o analista, por exemplo, poderia delicadamente sondar: "E quanto à escrivaninha, o que lhe ocorre?". O sonhador pode lembrar que ela se parece com a do pai, e depois relembrar a experiência emocional corporificada relacionada à escrivaninha do pai no momento em que está contando o sonho na análise. Podem ocorrer várias reações possíveis: sentir-se magoado com a própria instabilidade pessoal, por exemplo, quando tropeçou contra ela; sentir que está sendo recriminado pelo pai por algo que fez ou que não fez; lembrar a atitude do pai perante o trabalho e a reação emocional do sonhador a ela, levando-o a explorar qual era essa atitude profissional e qual era essa reação. As reações que tiverem intensidade emocional são, então, destacadas para serem trabalhadas.

A sincronicidade entre carga emocional e imagem, portanto, aponta para a questão psicológica pertinente a ser examinada analiticamente. Em outras palavras, aquelas associações com significado emocionalmente carregado precisarão ser enraizadas, respeitando-se a situação psicológica presente e passada do sonhador. Elas têm sentido psicológico agora. As associações com imagens (visuais, auditivas, cinestésicas) e reações sentimentais no sonho revelam então como devem ser vinculadas aos contextos presentes na vida do sonhador, assim como às lembranças da infância e do passado e às experiências específicas da relação terapeuta-cliente — a dinâmica da transferência.

Um exemplo de dois sonhos, manifestamente semelhantes, mostra a necessidade dessa cuidadosa atenção com as associações. Em ambos, o sonhador acorda e encontra o terapeuta sentado em sua cama. A associação do primeiro sonhador foi emocional: "Oh, não, isso nunca aconteceria". Esta pessoa demonstrava um medo tenso. Quando interrogada, ela associou "intimidade" ao cenário e começou a fumar na sessão. Estava nitidamente temerosa da intimidade emocional, potencialmente erótica, intimidade para cujo confronto estava despertando na transferência. A segunda sonhadora associou, à mesma imagem: "Sentado na cama, como quando se visita uma pessoa doente". O terapeuta perguntou: "Como é que isso lhe soa?", que é um tipo de pergunta aberta, muito eficaz para despertar associações. O sonhador deteve-se um momento e depois lembrou: "Fiz isso quando visitei minha prima no hospital. Ela estava morrendo". Após um longo silêncio, acrescentou: "É, você está saindo de férias, e isso parece uma coisa definitiva, como morrer". Assim despertou para seu próprio medo da separação, que lhe parecia uma morte.

Quando dois ou mais elementos, como associações, explicações ou amplificações, com implicações aparentemente diferentes estão carregados de afeto para o sonhador, um ponto de intersecção deve ser encontrado. Por exemplo, voltando ao sonho acima, o medo de intimidade estava comportamentalmente vinculado a fumar quando o sonhador focalizou a imagem do sonho. Assim, funcionou como uma associação corporificada. Com fumar, ele ainda associou "conter a raiva". Medo de intimidade e necessidade de reprimir raiva intersectam. Conseqüentemente, ele evitava intimidade porque ela incita sua raiva, que ele achava, destruiria a relação. Por isso, ele tentava manipular a intimidade com uma distância ritualizada. E, sendo assim, temia a transferência positiva tanto quanto a negativa, e mantinha relações "casuais".

As associações com imagens dos sonhos, inicialmente, são "livres", mas logo depois se focalizam na questão pertinente, ou complexo, quando algum afeto é tocado. Portanto, é insuficiente para o sonhador abandonar uma imagem com associação; por exemplo, Fulano, num sonho, "me lembra um amigo da escola com quem saía". Contudo, não há experiência emocional, corporificada, desse fato na psique do sonhador. Portanto, essa imagem não pode ser inserida como experiência na realidade emocional dessa pessoa, em termos de relevância psicológica. É preciso mais averiguação. Esta deve ser feita com perguntas abertas, em vez de sugerir alguma resposta particular. Não obstante, é preciso procurar a experiência afetiva, específica: Como era a personalidade desse amigo? Que qualidades você associa a ele? Como ele fazia você se sentir? Que experiências emocionais estiveram vinculadas a essa relação? Que afetos ele evocava ou eram evocados por eventos vinculados a ele (fascínio, admiração, timidez, repugnância, dor, outros)? Embora essas perguntas não sejam necessariamente específicas em uma determinada situação clínica, elas indicam a natureza da abordagem necessária. Só quando um afeto é tocado podemos supor que o cerne essencial da realidade psicológica, incluindo quaisquer complexos que possam ser mobilizados, foi experiencialmente alcançado. A compreensão intelectual não basta.

Um exemplo desse tipo de exame ocorreu durante a discussão do seguinte sonho simples:

Estou carregando algumas malas velhas para o quarto de meu filho.

Embora a estrutura dramática indique que alguma questão antiga está sendo colocada na relação entre quem sonha e seu filho (nível do objeto, ver adiante) ou seu filho interior (nível do sujeito), foi preciso um extenso questionamento para enraizar na emoção, de modo significativo, a imagem das malas. A princípio, o sonhador só conseguia identificar as malas como azuis. Eram desconhecidas para ele. E o azul? Essa cor lembrava-o de uma mochila que usava aos 17 anos. Fora viajar numa excursão às montanhas com alguns amigos. Nem as montanhas, nem a viagem, nem os amigos despertaram qualquer afeto. "E quanto à sua idade, 17 anos?". De repente, o sonhador enrubesceu e ficou com raiva, relembrando que fora pego em um ato sexual pelos pais. A vergonha sexual e a insegurança perante o superego estavam então sendo levadas ou projetadas na relação com seu filho. Essa era a questão pessoal atual que o sonho estava trazendo para ser considerada.

Ocasionalmente, em um trabalho com sonho, o sonhador pode ficar bloqueado e ser incapaz de apresentar associações. O material pode ser psicologicamente poderoso demais para que o sonhador se aproxime dele, ou pode haver muito pouca imaginação livre disponível para associações. Algumas vezes, esse bloqueio deve ser interpretado. Ou às vezes pode ser contornado, pedindo-se explicações. Isso permite uma distância maior da relação complexada do sonhador com as imagens ou com a própria matriz inconsciente. Desse modo, perguntas que permitem distanciamento podem muitas vezes proporcionar a segurança necessária ao trabalho autorizado com o sonho. Exemplos: "Se essa fosse uma situação objetiva, qual poderia ser a sua reação?" ou "Se isso estivesse acontecendo com uma outra pessoa, como você se sentiria?". Essas perguntas transitam da associação à explicação.

EXPLICAÇÃO

Enquanto associações são respostas subjetivas, não importando sua racionalidade inerente, a explicação é o termo usado para expressar fatos geralmente aceitos. Neste sentido, a explicação contribui com significados racionais. Expressa aquilo que a imagem representa de modo típico, em termos de sua função objetiva ou seu significado, para o sonhador e/ou para a coletividade. Portanto, o terapeuta deve ter cuidado com suas perspectivas pessoais quando estabelece a explicação objetiva de uma imagem, explicação essa que pode não ser consensual. Assim como a associação, qualquer explicação pode apontar para um significado alegórico ou simbólico, ou ambos (ver acima).

As explicações são de dois tipos: objetiva-coletiva e subjetiva-individual. Como explicação objetiva-coletiva, uma caneta é um instrumento para escrever ou desenhar — sejam quais forem as associações do sonhador — que pode evocar a lembrança de ter sido usada como arma para atacar o irmão ou com implicação fálica.

A explicação subjetiva-individual da caneta, como instrumento para escrever, provavelmente, varia de pessoa para pessoa. Escrever ou desenhar, para uns, pode ser um meio de auto-expressão: comunicativo, imitativo e/ou criativo. Para outros, pode ser um instrumento para escrever tarefas que prefeririam evitar, como manter as contas em dia. Instrumento de escrita, então, é uma explicação para caneta, mas o terapeuta ainda terá de encontrar a intersecção das explicações objetiva e subjetiva com as associações pessoais: escrever como auto-expressão comunicativa ou como evitação de tarefas, intersectadas com o ataque ao irmão, para localizar a relevância psicológica da agressão competitiva para a auto-expressão ou para a evitação. Pode deduzir que a agressão é transmitida por observações sarcásticas ou pela evitação, que a auto-expressão é motivada por rivalidade competitiva ou que há alguma outra correlação significativa entre as duas.

Em outro exemplo, a caneta (explicação: instrumento para escrever) pode lembrar à sonhadora uma ocasião em que a tia lhe deu uma caneta. Agora, associamos com as explicações sobre a tia. Ela era uma voz importante na família, quase sempre presente (explicação). A sonhadora pensa que ela era uma pessoa altamente imaginativa (associação). Podemos presumir, a partir disso, que a imaginação da sonhadora era inspirada pelo contato com a tia ou pelo exemplo dela. No entanto, até aqui, quaisquer reações sentimentais ou afetos foram suscitados. Talvez seja preciso fazer ainda outras perguntas para despertá-las. Como era essa tia, como pessoa? E, igualmente importante, como a sonhadora reagia sentimentalmente a ela?

A sonhadora pode descrevê-la, num rompante, dizendo que "era uma maldita que só criticava mordazmente" ou que "era afetiva, dava sempre apoio" — dependendo da associação. Do criticismo ou apoio caloroso (qualidade da tia), portanto, parece que se originaram (a tia dá a caneta para a sonhadora) as expressões ou as formas de comunicação.

Para estabelecer uma gama adequada de explicações individuais, o terapeuta deve evitar presumir significados, mas, em vez disso, fazer perguntas ao sonhador, tais como: "O que isto representa para você?", "Como assim?", "Por que?", "Como seria se fosse uma situação real?" etc. Enfim, o terapeuta deve adotar uma postura de ignorância e curiosidade. Só assim pode evitar atirar-se a conclusões prematuras.

Às vezes o "x" do drama onírico envolve comportamento que ignora uma explicação coletiva óbvia. Num desses sonhos, o sonhador contou o seguinte:

> Estou de pé, de costas para a correnteza do rio, numa balsa vazia, e gasto uma imensa energia tentanto virar a balsa e dirigi-la para o outro lado.

Podemos ver que a explicação dá uma pista importante para a mensagem do sonho. Uma balsa vazia, com mastro, não tem proa nem popa. Para virá-la na outra direção, o ego onírico precisa simplesmente virar-se para o outro lado, não a balsa. Que ele não saiba

50

fazer isso é o aspecto incomum, que deve ser psicologicamente investigado em terapia.

Num exemplo semelhante, uma mulher sonhou:

> Recebo algumas jóias do dono de uma joalheria. Quando as tomo em minha mão, fico ansiosa, porque minhas impressões digitais estão em toda parte do balcão, e fujo da loja, correndo rua abaixo, para me esconder da polícia.

Quando relatou o "pesadelo", a sonhadora não estava ciente de se culpar de roubo após receber as valiosas jóias de presente. Portanto, esse foi o tema principal da discussão analítica sobre o sonho. Em ambos os exemplos, cabe ao terapeuta assinalar a discrepância entre as explicações, particular e coletiva/objetiva das imagens.

O trabalho com qualquer imagem onírica requer que se encontre essa intersecção da explicação consensual com a associação ou explicação pessoal, e com os significados analógico ou simbólico, como veremos depois. Uma escrivaninha é explicada como uma peça de mobiliário, geralmente usada para escrever ou trabalhar com papel, e/ou para o arquivamento de documentos relacionados à comunicação. Isso não depende das associações do sonhador. Se acontecer de a associação com uma escrivaninha em particular ser "mesa para cervejadas", isso pode implicar que o trabalho ou a situação de escrever (ou uma propensão a trabalhar ou escrever) levou a, ou talvez foi substituído por, ou ficou associado com farrear, brincar, jogar, embebedar-se, ou quaisquer associações e explicações apresentadas para "cervejada". Explicações e associações sempre devem ser combinadas, encontrando-se a intersecção psicológica significativa entre ambas.

Por outro lado, pode haver incongruência entre as explicações individual e coletiva. Então elas devem ser consideradas separadamente e contrabalançadas ou entrelaçadas uma à outra. Aquilo que é um objeto ou suas funções pode ser, para o sonhador, relativamente congruente com a visão coletiva geral, ou as duas opiniões podem ser diferentes. A perspectiva idiossincrática do sonhador pode indicar claramente a presença de um complexo subjacente e/ou ser tão extrema que sirva para mostrar o isolamento do sonhador da realidade coletivamente compartilhada, além de dar ao terapeuta acesso descritivo ao isolamento. Em uma imagem onírica de "um carneiro vivo, mas ensangüentado e se contorcendo, trespassado por uma maçaneta", que o sonhador explicou como um "carrossel", o terapeuta descobriu uma dor martirizante negada — comparando-a associativamente a um carrossel de parque de diversões — e um complexo masoquista, de mutilação da expressão instintiva, que impedia abrir a porta para o trabalho terapêutico. O terapeuta pôde então tomar uma certa iniciativa e abordar o grave problema do sonhador por meio de uma linguagem comum aos dois, compartilhada. Não só o sonhador tem uma explicação divergente da coletiva; o terapeuta também pode ter uma explicação diferente, divergente tanto da do sonhador, quanto da coletiva. Embora ela possa ser relevante para o material, deve ser deixada de lado até que todo o material trazido pelo sonhador seja examinado. E, quando houver discrepâncias entre a explicação do sonhador e outras, ou entre as associações do sonhador e as explicações da realidade, será necessária habilidade clínica para interligar as discrepâncias por meio da compreensão. Num exemplo de manejo impróprio do material explicativo, um terapeuta descartou a imagem fornecida pelo sonhador, dizendo que era "irreal", no seguinte sonho:

Empoei meu pé com pó de limpeza sanitária para ir trabalhar.

Sem nada perguntar e sem descobrir que o pó de limpeza chamava "Bon Ami" e que essa frase era, por associação, o termo carinhoso da esposa do sonhador para chamá-lo, o terapeuta presumiu que ele apenas se referia a um limpador abrasivo. Portanto, o terapeuta decidiu, erroneamente, que o sonho sugeria uma obsessão com limpeza, perigosa para um pé humano ou para a postura. Na realidade, na explicação, "Bon Ami" é um pó reputado por "não ter ainda arranhado" e, na caixa, tem a figura de um pintinho saindo de um ovo.

A falha foi não procurar associações e explicações, nem considerar o simbolismo amplificador do pintinho saindo do ovo, ficando perdido o significado potencial do sonho. Esse sonho indica uma intersecção entre o apoio especular da mulher e a imagem onírica aparentemente irreal. As incongruências devem ser sempre examinadas em vez de usadas para descartar a validade da imagem fornecida pelo sonho. Elas podem revelar então um contexto psicológico profundo.[2] Neste caso, a imagem pode ser considerada uma equação: tanto ser amado dava uma sensação irreal, a menos que ele estivesse "limpo o bastante", quanto a atitude do sonhador perante o mundo dependia da proteção do afeto da esposa e de ser inofensivo — como um pintinho. Dessa maneira, empoar o pé com "Bon Ami" assinala o significado básico desse problema, no contexto da renovação e da individuação. Nem é preciso dizer que perícia clínica e experiência profissional são indispensáveis em cada caso, para discernir com propriedade os vários vetores. Então, a vivência corporificada no "Ah!" do sonhador confirmará a relevância e a pertinência do resultado.

Um sótão, por exemplo, é um aposento para guardar coisas e o ponto mais elevado da casa. Essa é uma explicação geral, coletivamente válida. É um fato. Mas uma pessoa pode usar o sótão como quarto de despejo, outra como quarto extra de dormir, e, uma terceira ainda, como espaço vazio para ser terminado no futuro. Para uma, pode ser um lugar para guardar coisas usadas no passado, atualmente descartadas, enquanto que para outra a explicação incide na possibilidade de um potencial uso futuro de alguns objetos. Em geral, a explicação individual deve ser considerada em primeiro lugar.

Se essa explicação se desviar consideravelmente da explicação geral — por exemplo, a caneta é explicada como meio para apunhalar o irmãozinho, o sótão como trocadilho para 'tão-só' e como local para masturbação — então esse tipo de explicação deverá ser considerado uma associação. Eventualmente, poderia modificar ou mesmo predominar sobre o significado geralmente aceito, durante a discussão do sonho. Poder-se-ia perguntar, no caso da explicação de masturbação, sobre sua natureza solitária e compulsiva; ou perguntar por que justamente o sótão foi escolhido. Haveria algo de erótico em meio a todas aquelas coisas velhas, seria a atração da vista do alto ou teria sido o único lugar privado disponível? A primeira possibilidade indicaria o auto-estímulo (masturbação) por um recuo ao passado. A segunda colocaria o estímulo na "cabeça" — ponto mais elevado do corpo — ou serviria como tentativa de auto-elevação. A terceira enfatizaria a busca e a necessidade de privacidade para entrar "em contato" consigo (ver adiante, a discussão sobre a sexualidade nos sonhos).

Num outro exemplo, o do sonho rébus acima citado, a pílula de aspirina é um analgésico; portanto, refere-se ao motivo da evitação ou do alívio de uma dor (explicação). A associação pode ligá-la à mãe. Mais uma vez, a mãe pode ser descrita ou associada em termos de sua excessiva solicitude e de sua tendência a exagerar no emprego de aspirina para qualquer doença infantil. Ou ela pode não ter sido capaz de suportar em si mesma qualquer desconforto doloroso. Aqui, o alívio da dor está ligado a uma supersolicitude e à intolerância ao desconforto. A timidez e a natureza fugidia associadas ao cervo estão a meio caminho entre associação e explicação, pois é fato reconhecido que o cervo foi criado pela atitude da mãe, de evitar dor ou dificuldade sempre que possível. Ou, uma vez que, para uma criança, a mãe é uma fonte de conforto e proteção emocional (interpretação no nível do sujeito), o conforto emocional e a proteção são mostrados vinculados à timidez e à evitação da dor. Foi estabelecido o ponto psicológico de intersecção.

EMOÇÕES E REAÇÕES CORPORAIS

Afetos ou reações corporais que ocorrem em um sonho, assim como afetos ou reações corporais que ocorrem durante o relato do sonho, devem ser tratados como imagem. Devem ser considerados, potencialmente, partes do sonho e requerem associações do sonhador. As reações do terapeuta também talvez sejam relevantes para o sonho do cliente, mas requerem associações e elaboração pessoal do terapeuta, antes que possam ser acrescentadas ao campo onírico (ver adiante, p. 66). Paralelamente ao cenário do sonho (ver Capítulo 7), essas reações afetivas costumam ser a rota mais direta ligando sonho e realidade emocional atual. Freqüentemente, levam a vívidas lembranças relacionadas à apresentação onírica do complexo atualmente relevante para o sonhador. No exemplo acima, o medo culpado resultante de receber as jóias de presente levou diretamente à descoberta do pânico da sonhadora de expor seu excelente trabalho profissional, com o qual estava pessoalmente superidentificada, levando a lembranças da inveja dos pais e outros danos à sua capacidade e senso de identidade na infância.

Posições corporais específicas num sonho ou enquanto ele é trabalhado, mesmo que não despertem associações verbais ou verbalizáveis, são significativas. Quando dramatizadas na sessão, costumam levar diretamente à emoção subjacente à mensagem onírica. Por exemplo, uma mulher que sonhou que suas mãos estavam torcidas e amarradas foi solicitada a adotar essa posição. Começou a ter dificuldade para fazê-lo e a suar. Descobriu-se em pânico, que logo foi capaz de identificar como a emoção que sentia quando precisava pedir aumento de salário no trabalho. Além disso, lembrava-a de seus medos infantis da volta do pai alcoólatra à casa. Ainda se sentia torcida por esse terror e, por isso, não conseguia afirmar seu legítimo valor perante uma autoridade.

Um outro exemplo de uma poderosa emoção ligada a uma imagem corporal:

> Sonho que aconteceu alguma coisa com meu dedo indicador. Não consigo senti-lo de dentro ou com os outros dedos. Estou com medo de ter perdido meu dedo. Estou muito assustada. Então vejo o rosto do meu avô e percebo que agora posso sentir completamente meu dedo e sei que está tudo bem.

Aqui, o medo, a emoção da sonhadora, está associado à perda do dedo indicador. Sua associação com o medo do sonho levou-a à emoção de terror desvalido que sentia quando enfrentava sua ida iminente à corte para tratar de seu divórcio. Ela associou dedo indi-

54

cador a "apontar o dedo para culpar". Ela se lembrava de que balançavam o dedo assim para repreendê-la. Há uma amplificação, baseada na quirologia (ver adiante), em que este dedo simboliza a capacidade para exercer poder executivo.[3] A sonhadora sentia que tinha perdido sua capacidade de alocar responsabilidades; na realidade, sentia-se abjetamente culpada e desvalorizada, em perigo de perder seus filhos na batalha do divórcio. Por outro lado, seu avô, dizia ela, era "forte, com os pés no chão, como um poderoso líder sindical mesmo quando sua posição é impopular". Ao fazer contato com a imagem de seu senso de poder e justiça, sua própria autoridade executiva vacilante e receosa é restaurada. O sonho levou a uma série de imaginação ativa com seu avô, por meio da qual ela fez contato com a força de autoridade necessária para manter suas posições no caso do divórcio e em outras situações de sua vida.

Em certo caso, enquanto uma analisanda contava um sonho em que voava e plainava, que ela associou com liberdade de constrangimentos, o analista notou uma opressiva sensação em seu próprio peito. Como isso aconteceu durante a descrição do sonho e não era uma sensação habitual, ele perguntou à sonhadora onde ela costumava sentir esses constrangimentos de que precisava livrar-se. Ela não foi capaz de relacionar a sensação com situações atuais. O terapeuta então pediu-lhe que se concentrasse em seu peito e tentasse ficar consciente de alguma constrição ali. Quase que imediatamente a cliente relembrou estados asmáticos na infância, que ela verbalizou como "uma aranha enredando-a, deixando a respiração apertada". A partir dessa sensação, primeiro induzida pelo analista e, depois, enraizada pela sonhadora em pungente lembrança, bastou um curto passo para tocar seu sentimento de controle tirânico da mãe e sua fuga habitual de "voar e plainar" no mundo da fantasia e num estado alterado de consciência (induzido, em certa medida fisiologicamente, pela falta de oxigênio). Essa constatação então despertou-a para seus habituais e até então inconscientes sentimentos sobre a regularidade e controles limitadores da análise, em que o mesmo padrão de constrição obstrutiva e fuga tinha voltado a ser relevante. Na medida em que ela foi capaz de começar a dar voz às suas reações, a constrição respiratória amenizou.

Em outro exemplo, um empresário sonhava repetidamente com ser condenado à prisão por contrabando. Não foram encontradas quaisquer associações ou explicações relevantes, mas a atenção do analista foi atraída por um sutil movimento de meneio do tronco do sonhador, enquanto o sonho era discutido. A atenção do sonhador foi levada para esse movimento e foi-lhe solicitado que o intensificasse e prestasse atenção às imagens ou lembranças que ocorressem.

Logo ele descobriu que sentia como *davening* (termo ídiche para uma prece acompanhada de meneios similares de oscilação do tronco), e relembrou o orgulho do pai por seus êxitos nos estudos hebraicos. Viu-se então revivendo seu Bar Mitzvah, ocasião em que seu pai fora muito elogiado e tomara para si o crédito pelo sucesso escolar do filho, enquanto quase nenhuma atenção foi dada ao filho. Ele se lembrava de que, para se sentir significativo para o pai, tentara exceder-se nas áreas que o pai valorizava, embora elas não tivessem significação pessoal para ele e pelas quais até sentisse um certo desdém, pois mantinham-no afastado de seus colegas. Ao mesmo tempo, considerava-se um falso por dissimular e fingir algo que não queria — "como um contraventor entregando contrabando". Depois que se deu conta disso, tornou-se consciente de sua necessidade costumeira de agradar o terapeuta e outras figuras de autoridade, tentando conquistar afeição em troca de algo que achasse que elas gostavam. Ele simulava sentimentos e convicções que nem sequer sabia se eram seus, e odiava-se tanto por sua farsa quanto por suas carências. Estava "trancado na prisão" pelo fingimento oculto e pela necessidade de um ganho que considerava ilícito, desprezível.

É importante também observar as respostas emocional e corporal do sonhador quando ele está contando o sonho, pois gestos, tensões e sensações são associações relevantes. O terapeuta também precisa observar suas próprias reações e investigar nelas fatores de contratransferência (ver adiante).

Tudo que aconteça concomitantemente no sonho ou no ambiente imediato em que ele está sendo contado é igualmente importante. Pois esses acontecimentos sincronísticos[4] são manifestações do "campo" circundante, do qual o sonho é uma expressão parcial e particular. Eles podem apontar para a dinâmica arquetípica básica envolvida e relevante para o sonho. Sendo assim, sonhar ter um acidente e ter um acidente mais ou menos na época enfatizaria o perigo de um desastre inerente à situação psicológica-espiritual do sonhador.

SONHOS "TRIVIAIS"

Nenhum sonho ou fragmento de sonho, por mais simples e irrelevante que possa parecer, deve ser descartado como insignificante ou "trivial". O sonho, especialmente quando só um fragmento dele é recordado, pode parecer ao sonhador não ter importância. Mas, quando investigado em termos das associações, explicações, amplificações e, possivelmente, das dramatizações gestálticas e improvisações fantasiadas, todo sonho lançará luz sobre algum ponto cego. E pode apontar para *insights* importantes no nível do objeto, com mais freqüência no nível do sujeito.

Particularmente nos trechos ou fragmentos de sonho, cabe ao terapeuta suscitar informação adicional e material associativo, encorajando o uso da imaginação, mesmo que essa atividade imaginativa possa, no início, parecer "mera invencionice" para o sonhador. Ao fantasiar ou "inventar", a função inconsciente criadora de mitos é ativada, não menos do que no sonhar. Mesmo a história mais deliberadamente "inventada" contém as marcas involuntárias da psique inconsciente do autor ou inventor.

Freqüentemente, para estimular essa atividade, o terapeuta pode perguntar os *porquês* e *comos* das várias ocorrências e/ou estimular associações e explicações adicionais.

Um exemplo de um sonho que a sonhadora achou "trivial":

Sou a líder de um local onde adolescentes dançam. Meu trabalho é fazer com que os rapazes e as moças se misturem e divirtam-se dançando.

A única resposta da sonhadora foi que ela fazia muito isso quando as filhas eram adolescentes. Afora isso, o sonho não parecia tocar nenhuma lembrança sentimental. Parecia irrelevante e até trivial para a sonhadora. Perante postura de desdém tão aparente, o terapeuta continuou a perguntar, para descobrir qual era a relevância psicológica das ações e imagens. As perguntas "por que" e "para que" geralmente são proveitosas aqui, sondando camadas mais profundas. Quando perguntada por que achava que tinha que fazer a mistura, sua resposta foi "Para ajudar e encorajar". Novamente, um "por que" é necessário, para conduzir a associação ao seu cerne psicologicamente relevante. A sonhadora respondeu: "Para superar sua timidez". Superar timidez, portanto, é a motivação à qual se refere a imagem do sonho "trivial". Uma vez que a sonhadora não conseguia encontrar associação alguma com adolescentes tímidos atuais, foi preciso olhar a questão da timidez no nível do sujeito. Foram despertadas lembranças da adolescência da sonhadora. Elas revelaram questões que esclareceram que a "adolescente" no psiquismo da sonhadora ainda era tímida e precisava ser encorajada por meio de um esforço deliberado, consciente, a "misturar-se", e assim entrar na dança da vida. A opinião da sonhadora sobre a irrelevância do sonho poderia inclusive ser decodificada — depois de elaborado o sonho — como parte de seu próprio estilo tímido e autodepreciativo.

FANTASIA, IMAGINAÇÃO E DRAMATIZAÇÃO

Durante o sono, a fantasia toma a forma de sonhos. Mas também acordados continuamos sonhando abaixo do limiar da consciência, especialmente quando estamos sob a influência de complexos reprimidos de algum modo inconscientes (*CW*, 16, par. 125).

Uma vez que o complexo subjacente ao sonho também afeta sincronisticamente os eventos exteriores e os estados alterados da consciência desperta, todo sonho pode também ser continuado, amplificado pelo sonhador, se ele se detiver no sonho e o ampliar com o uso de técnicas de imaginação.

Estas operam permitindo que imagens despertem no olho interior ou até, simplesmente, "inventando", para preencher lacunas na história do sonho. Os métodos da "imaginação ativa" e "dirigida" já foram repetidamente descritos por outros autores,[5] e o leitor pode consultá-los.

Qualquer parte de um sonho pode ser escolhido como ponto de partida para ampliar o sonho com a inclusão de imagens inéditas — seja para levar a ação adiante, para ver de que modo vai se desenvolver, seja levando-a para trás, para o início do sonho, para descobrir como a própria situação de abertua se delineou. Enquanto o sonhador estiver aberto para o sonho e voltar conscientemente ao espaço/tempo do sonho, não é preciso temer que a mensagem do sonho possa ser distorcida. A imagem ou imagens assim despertas são produções do inconsciente e, independentemente das idéias conscientes do sonhador, envia subrepticiamente suas mensagens.

Um método que costuma ser muito proveitoso consiste em convidar o sonhador a imaginar que está olhando para uma tela de cinema ou televisão em que a situação onírica a ser examinada é projetada e, depois, esperar para ver como a ação se desenvolve. O sonhador pode igualmente imaginar que inverte o filme; para ver como a ação se desenvolveu inicialmente. Um exemplo: o sonhador relatou repetidas vezes que estava voando e falava de sua alegria inabalável por ser capaz de voar nos sonhos. Quando o analista lhe pediu para olhar para baixo e tentar ver acima de que estava voando, o analisando viu uma turba de mendigos e transeuntes. Estes eram aspectos de sua própria psicologia, acima dos quais fugia voando, para manter uma ilusão de alegria. O encontro com eles precipitou-o num mergulho depressivo na realidade.

Essas ampliações pessoais do sonho são particularmente úteis em caso de dúvidas sobre a intenção verdadeira da ação onírica ou sua implicação. Por exemplo, no caso do sonho do piquenique na cratera do vulcão (ver adiante), poderíamos pedir ao sonhador que o "concluísse" imaginariamente. A imagem evocada poderia ser qualquer coisa, desde uma destrutiva erupção até um inesperado aguaceiro que acabasse com a reunião, forçando as pessoas a saírem dali antes que algo terrível pudesse acontecer. Neste último caso, podemos presumir que algum transtorno comparativamente menor pode levar o sonhador a sair de sua negação e complacência conscientes e, deste modo, ajudar a evitar uma catástrofe. Ou, em virtude da fantasia, o sonhador pode se dar conta das implicações dessa complacência. Outras interpretações talvez não sejam necessárias, pois o sonhador compreende a que atitude ou situação particular, na vida real, o piquenique no vulcão corresponde.

Uma outra técnica consiste em pedir ao sonhador que "encene o sonho", tanto com ele mesmo representando ou fazendo a pantomina dos vários papéis ou, no contexto de um grupo terapêutico, atribua papéis aos vários membros para que representem as personalidades.

O sonhador pode fazer o papel de figuras ou objetos — em uma cena grupal, ele pode atribuir papéis, participar e/ou atuar como diretor de cena. Geralmente, é preferível primeiro fazer isso não-verbalmente, como uma pantomina, para evitar intelectualização e interpretações racionais e explicações prematuras, e para deixar que o inconsciente se expresse o mais plenamente possível, mediante movimentos musculares, ritmo, gesto, expressão facial. Costuma ser proveitoso empregar a técnica da Gestalt de falar na primeira pessoa, mesmo que o sonhador esteja representando ou dramatizando uma figura não-humana, ou se várias figuras ou objetos do sonho travarem diálogos internos entre elas para expor suas diferentes posições e até mesmo descobrir possibilidades de síntese.

Eventualmente, a atenção do sonhador se concentra em como essa dramatização é "sentida" no corpo, quer seja dramatizada quer seja em uma pantomina isolada, quer enquanto está acompanhando outros. Todas essas reações são depois temas para associações e explicações posteriores, se for o caso.

Um exemplo de elaboração imaginal e psicodramática ocorreu com uma pequena e aparentemente inócua imagem onírica:

Um tomate foi jogado fora.

Quando o sonhador, ministro sério e complascente, protagonizou o papel do tomate, disse: "Sou lento para amadurecer no frio, mas com um pouquinho de sol, fico vermelho, macio e suculento. Então fico delicioso". A descrição dada, se considerada metaforicamente, é uma descrição dele mesmo. O sonhador expressa não gostar do frio e precisar de calor e de um lento processo de nutrição por seu ambiente. Porém, o sonho afirma que "o tomate é jogado fora" — sua necessidade e sua capacidade de lento desenvolvimento sensório são internamente ridicularizadas e rejeitadas; por isso, ele solicita apoio externo. Quando indagado em que isso poderia estar sendo relevante no momento, o sonhador não teve resposta. Sendo assim, para levar a imagem onírica mais adiante e para encontrar como ocorre essa rejeição, o sonhador foi solicitado a descrever, sentir ou tentar dramatizar a pessoa que jogou fora o tomate. Como essa pessoa não estava no sonho, não houve resposta imediata, e ficou evidente a necessidade do sonhador de um afetuoso apoio do analista para se arriscar em uma tarefa criativa. O analista sugeriu que a imagem dessa pessoa fosse inventada ou imaginada, pois tudo que é criado ou imaginado quando se trabalha com um sonho "pertence" e pode expressar uma dinâmica relevante, embora ainda inconsciente. A forma de um homem moreno, de bigode, brotou da imaginação do sonhador. Como este não recordasse ao sonhador de ninguém que ele conhecesse em sua vida pessoal ou em suas lembranças, o analista perguntou se poderia ser desenhado. Rapidamente, o cliente desenhou um rosto fino com um sorriso escarninho enfatizado pelo bigode. Depois, falou pela figura, expressando os sentimentos dela: "Sou um homem de verdade, esperto, frio. Detesto estupidez e sentimentalismo. Emoções são como tomates podres. Só representam fraqueza e vulnerabilidade. A única coisa que importa é ir em frente". Assim falava um aspecto até então totalmente inconsciente da personalidade do sonhador, que professava a "verdadeira" masculinidade como ser esperto, friamente insensível, cheio de cínico pragmatismo e ambição, uma figura da sombra que desprezava e até "jogava fora" processos de amadurecimento e relacionamento interior e capacidade para apreciar suavidade e afeto. A partir de material prévio, ficou claro que essa frieza e ambição eram exteriorizadas e projetadas nos parceiros, mas não eram consideradas um aspecto da própria psicologia do sonhador. Sem voz na dramatização do sonho, mas evidente para o terapeuta-testemunha, estava a sensação de vulnerabilidade do sonhador de ser devorado se fosse suave, maduro, caloroso, delicioso como uma "maçã do amor". E de fato, a sombra escarninha, fria, masculina era um padrão defensivo de energia que, nos meses subseqüentes, abriu-se para revelar medos primitivos de ser engolido por uma figura materna sedutora/devotada.

Esse cliente gostou do exibicionismo positivo do jogo de papéis e tinha um senso relativamente estável de si mesmo como *persona*, protagonista, que o capacitava a empreender e até iniciar essas dramatizações. Para outros, mais profundamente feridos por uma noção de vergonha precoce ou em fragmentação e negação ou defesas cindidas, esses métodos de dramatização do sonho podem ser contraproducentes e desorientadores. Para esses clientes, primeiro é preciso encontrar um centro de identidade estável. Eles se sentem ameaçados e/ou resistentes quando solicitados a desempenhar qualquer papel, principalmente qualquer outro que não seja o do ego onírico. Em vez disso, podem ser solicitados a descrever a figura do sonho ou nela "se sentirem", fazer associações com ela ou lhe fazer perguntas. Mais uma vez, essas considerações dependem do manejo de cada caso individual.

AFETO E QUALIDADE DO SENTIMENTO

As tonalidades afetivas em um sonho variam desde reações afetivas altamente subjetivas, provenientes dos complexos, até julgamentos aparentemente objetivos que avaliam a situação do sonho. Por um lado, o julgamento do sonhador do sonho ou de um motivo onírico, assim como a reação que ele induz na pessoa que ouve o relato do sonho, podem revelar uma reação distorcida, imprópria ou colorida pelo complexo, à situação objetiva apresentada. Por outro lado, pode expressar um juízo de valor tonalizado pelo complexo que é apropriado e condizente com a "intenção" do dramaturgo onírico, o Self Orientador. Na abordagem inicial de um sonho, o fato de a situação onírica ser sentida como "boa" ou "ruim" (durante o próprio sonho ou quando é contado) não indica mais do que isto: é sentida boa ou ruim pelo sonhador. Essa avaliação subjetiva não implica necessariamente que ela *seja* objetivamente boa ou má. Em particular, quando a reação do ouvinte-testemunha é diferente da do sonhador, essa discrepância deve ser levada em conta. Pode ser preciso tomá-la como uma advertência de que o modo como a situação é "encenada" no sonho deve ser cuidadosa e objetivamente avaliada em termos das implicações da intenção dramática.

Vejamos o seguinte exemplo:

> Estávamos sentados à beira de uma grande depressão como uma imensa cratera, e fazíamos um divertido piquenique. Do centro da cratera subiram fumaça e fogo, e nos demos conta de que estávamos no topo de um vulcão. Mas ficamos entretidos com a erupção. Achamos interessantes os padrões das cores.

Este sonho narra uma situação extremamente perigosa, diante da qual a reação sentimental do sonhador — entretenimento e abstração estética — é altamente imprópria e irreal. À beira de uma situação de vida perigosa, uma boa dose de medo, ou, pelo menos, cautela, seria apropriada. Em vez disso, há uma negação imprudente e uma diversão frívola. A intenção do sonho, evidentemente, é chocar e induzir uma sensação de medo, compensando assim o irreal distanciamento do sonhador e seu caráter coletivo compensatório e curioso — ele se vê imerso num grupo de "nós" indiscriminado. Mudando o exemplo, vamos supor que o contexto onírico fosse o mesmo, mostrando o grupo sentado à beira de uma depressão fumacenta. Vamos supor que o desenvolvimento mudasse e que o sonho trouxesse a imagem de alguém do grupo, Fulano, dizendo que a montanha era o Vesúvio. Ao fazer associação com esse Fulano, o sonhador disse então que era "uma pessoa inclinada a dar alarme falso". Embora a reação do sonhador fosse de sobressalto, a implicação desse sonho seria oposta à precedente: aqui, mesmo estando o sonhador à beira de uma potencial erupção depressiva, ele tende a se alarmar indevidamente. Talvez exista mais fumaça que fogo nessa depressão.

O piquenique à beira de um vulcão em atividade deve ser entendido com um comportamento inconseqüente ou louco, pelos padrões cotidianos comuns. Pode expressar irresponsabilidade ou um alto grau de inconsciência e/ou negação das erupções emocionais. O motivo arquetípico do vulcão, porém, *simboliza* uma fenda ativa, que dá acesso ao outro mundo, tanto dele como para ele, conectando os tremendos poderes da morte, do inferno, da consciência profética e em geral alterada. Conhecer esse simbolismo aumenta nossa compreensão do sonho: a conexão potencial com a dimensão transpessoal e a capacidade de conscientizar o outro mundo, que vêm a nós através da emoção que irrompe, pode estar sendo tratada com frivolidade, talvez negada por medo do transpessoal. Para além de toda explicação, essa compreensão da dimensão arquetípica proporciona uma perspectiva mais profunda, tanto do sonho como da psicologia do sonhador (ver adiante, Amplificação, e Capítulo 8).

Outro exemplo:

> Estou em meu carro, no topo de um penhasco elevado. As rodas da frente estão penduradas no abismo e, apesar de tudo, estou calma.

Na situação aqui narrada, a identidade onírica da sonhadora sente uma calma que surpreende-a um tanto no próprio sonho, como indica o "apesar de tudo". Essa calma pode ou não ser apropriada. As questões nesse caso são: O que a sonhadora vai fazer a respeito da situação? Ela vai sair do carro e procurar ajuda? Ou vai ficar no carro e deixar "despreocupadamente" que deslize e despenque? Talvez precisemos recorrer à fantasia (imaginação ativa ou dirigida) para obter essa informação adicional, além de vir a saber: Onde estamos? Perto ou longe de ajuda? O carro pode ser retirado dali em segurança, sem despencar? etc.

Em certos casos, só completando, ou melhor, continuando o sonho com a imaginação, podemos decidir se a tonalidade do sentimento é apropriada ou irreal. Conhecer o estado consciente que o sonho compensa também seria importante (ver adiante). Um terapeuta de grupo novato teve o seguinte sonho:

Havia dois estranhos em meu grupo. Disse-lhes que saíssem, mas o grupo achou que fui formal e rigoroso demais. Eu não estava certo se eles tinham ou não razão e se devia ser menos insistente.

O sonhador era um tipo sentimento extrovertido, que achava difícil manter suas posições e estabelecer limites. Era facilmente levado por suas próprias necessidades de agradar e estar de acordo com os outros, numa tentativa de contrabalançar seus poderosos medos de abandono. Como neste sonho, seus sentimentos eram geralmente ambivalentes e sua posição egóica, incerta. Ao explorar o sonho, ele foi solicitado a considerar a questão da realidade, suscitada pelas imagens: o que ele aconselharia um terapeuta em treinamento, sob sua supervisão, a fazer nessa situação? Qual seria o modo apropriado de lidar com ela? Quando teve permissão para encontrar um certo objetivo de autoridade profissional adequada, sua resposta foi definida: "Sem dúvida, você deve lhes pedir que saiam; não se pode permitir que pessoas totalmente desconhecidas se intrometam no processo grupal, isso seria certamente uma ruptura".

Portanto, este sonho confrontava-o com sua própria ambivalência, devido à sua incerteza sobre sua autoridade interna. Mostrava a ele como tendia a se sentir quando tinha de tomar decisões impopulares. Não lhe dizia com todas as letras se sua reação sentimental era apropriada ou não, mas erguia-se como um espelho para seu próprio julgamento consciente. Esse modo de encenar o sonho pareceu alertá-lo para a necessidade de consolidar uma posição egóica firme, objetiva.

A questão acima — "Como você se sentiria se a situação narrada no sonho fose real?" — é um dos modos mais simples de lidar com incertezas relacionadas às implicações da "intenção dramática" nessas situações. A sonhadora com o carro à beira do precepício respondeu: "Aterrorizada."

AMPLIFICAÇÃO

Amplificação é o alargamento do contexto pessoal do sonho com motivos paralelos e correspondentes, extraídos de mitos, contos de fada, arte, literatura — no acervo cultural de imagens arquetípicas.

Ela é explicação em termos mitológicos. Focalizando esses motivos tradicionais e coletivos, a amplificação elucida o significado arquetípico, não importando se o sonhador tem ou não familiaridade com o contexto mitológico. Os mitos apontam para além deles mesmos, para a dimensão simbólica suprapessoal transpessoal. Nosso "saber" inconsciente, aparentemente, se vale livremente desse estrato, não importando crenças pessoais ou familiaridade (ver Capítulo 8). O sonho do diamante na flor é um desses exemplos. Na sabedoria oriental, a imagem correspondente da jóia no lótus, o *om mani padme hum*, indica a união do Yin e Yang, a insondável união além dos opostos seculares, que é o caminho e a meta do desenvolvimento espiritual. Como o sonhador não estava ciente nem desse motivo paralelo do seu sonho, nem de seu significado, suas associações e explicações não poderiam dar a resposta. Nesse caso, cabe ao terapeuta fornecer a explicação pertinente sobre o significado mitológico coletivo ou religioso, guiado por seu próprio conhecimento de temas similares, quando e se for requerido pelo processo terapêutico.

Entretanto, é importante ter em mente que essas amplificações, por procederem de outra fonte que não o sonhador, podem ser aplicadas só conjecturalmente, e, às vezes, nem assim. O analista não só deve estar ciente de que está introduzindo suas próprias noções e de que deve estar pronto para recuar ou tentar uma abordagem diferente, a menos que sua contribuição "encaixe"; mas também de que, em muitas circunstâncias, do ponto de vista clínico, é um erro introduzir qualquer amplificação arquetípica. Isso pode levar o analisando a sentir que o terapeuta está se desviando de um vínculo pessoal; pode confundir o nível em que o analisando está trabalhando ou levar à preocupação com elementos mitológicos e à "caça do símbolo", em vez de um trabalho analítico completo. O sonhador pode sentir inveja ou idealizar o erudito analista, ou então usar a amplificação arquetípica como uma defesa contra um sentimento ou afeto pessoais.

Em contrapartida, outras vezes, o cliente pode precisar ouvir uma história de experiência mitológica que corresponda e organize sua própria confusão e dor, para tornar-se mais capacitado para suportá-las. Essas são questões para o julgamento do clínico. Mas é sempre importante para o terapeuta saber que a imagem arquetípica está presente, e sentir sua presença e a profundidade transpessoal que reflete (ver Capítulo 8).

A cada caso, o analista deve tentar descobrir de que modos específicos e particulares o motivo mitológico geral aplica-se aos problemas e padrões da vida do sonhador em questão. Para isso, o analista deve ser guiado pelo contexto e pela perspectiva do motivo, fornecido pelas associações e explicações pessoais do sonhador. Elas determinam e, às vezes, invalidam as idéias do terapeuta sobre como compreender a amplificação mitológica.

O motivo mitológico no sonho inicial de um paciente refocalizou a consciência do terapeuta no caso, em que foram apresentados problemas de "um pai ausente e algumas dificuldades com a namorada", para um profundo e arraigado medo dos aspectos devoradores do complexo materno. No sonho, esse sonhador descobre que:

Minha mão direita está presa na mandíbula de uma cabeça abstratamente triangular, que aponta para baixo, e eu não posso retirá-la.

Não houve associações pessoais espontâneas do sonhador; nem afeto. No entanto, o conhecimento do terapeuta sobre material mitológico que abordasse essa imagem permitiu que formulasse silenciosamente algumas hipóteses e as explorasse com o paciente. A imagem onírica é um paralelo, apesar de distorcida, do mito do deus nórdico Tyr, que concordou em pôr a mão dentro da goela do Lobo Fenris, pois o deus queria enganar o monstro, levando-o a se agrilhoar. No sonho, o monstro-lobo, com seu potencial agressivo-devorador, é distorcido e reduzido a um triângulo virado para baixo, emblema do feminino. Na posição de Tyr, o sonhador é representado como empenhado em agrilhoar as energias instintivas do lobo, que, na infância, experienciara avançando contra ele como mãe psicótica, reduzindo-as com defesas intelectuais que decapitam e abstraem. Ele evita — na projeção — sua própria expressão corporificada das energias da raiva e dependência ao pretender agrilhoá-las. O sonho coloca-o como um deus heróico no processo de sacrificar a própria mão direita — sua capacidade assetiva, de auto-afirmação, que "empunha a espada". Mas, diversamente de Tyr, que estava disposto a ter a mão decepada a dentadas, o ego onírico nem pode tirar a mão e libertar a energia "monstruosa" de seus grilhões, nem pode suportar a perda de sua mão — dada como sacrifício de sua posição defensiva-ardilosa. Está paralisado, tentando resolver seu próprio problema. Enquanto nega a força do complexo materno negativo que enlaça sua vida, ele está igualmente em perigo de perder sua própria capacidade de asserção, porque continua prisioneiro em um ardil ineficaz. Como a análise com uma analista mantinha-o preso em sua paralização, ela o encaminhou a um colega, que pôde apoiar de modo mais eficaz o desenvolvimento do ego, sem despertar antigos medos e defesas paralisantes.

AS REAÇÕES DO TERAPEUTA

Que o terapeuta seja sempre solicitado a subordinar suas próprias associações, explicações e amplificações às do sonhador não quer dizer que elas devam ser imediatamente descartadas como irrelevantes. Muito pelo contrário, o encontro entre duas pessoas nunca acontece sem uma participação psíquica inconsciente mútua e sem a ativação de complexos correspondentes, interrelacionados. As reações do analista enquanto o sonho está sendo contado ou trabalhado podem às vezes ser consideradas "induzidas" pelo sonho e pelo sonhador. Elas fornecem material revelador de padrões afetivos constelados pelo "campo" onírico. Por conseguinte, o material contratransferencial e as associações[6] do terapeuta podem, de fato, indicar uma dinâmica oculta e, inclusive, às vezes, substituir uma associação do sonhador que não está próxima.

No entanto, no trabalho com sonhos, como em todas as interações terapêuticas, é da máxima importância que o terapeuta monitore suas próprias reações contratransferenciais para discriminar seus complexos pessoais capazes de contaminar alguma interpretação do sonhador. Isso porque as reações do terapeuta podem "pertencer" apenas a ele. Sendo assim, é importante que ele aguarde até que o contexto tenha sido estabelecido. Só depois de cuidadosa avaliação, das associações e das respostas afetivas, será seguro decidir se as contribuições do terapeuta, em termos de ampliação e associação, que então emergem por indução psíquica (identificação projetiva) como elementos contratransferenciais, podem efetivamente pertencer ao material do sonhador. Caso contrário, elas devem ser trabalhadas pelo próprio terapeuta como seus próprios problemas, despertados por ressonância com os complexos do sonhador-analisando.

Por isso, se, ao escutar nosso relato anterior, do sonho sobre o cervo impresso na pílula, o terapeuta observar que desperta em seu íntimo uma reação de raiva, na discussão do sinal PARE, ele precisa perguntar-se silenciosamente: De quem é essa raiva, minha ou do sonhador? Só quando o terapeuta tiver trabalhado adequadamente seus próprios problemas com o "pare" poderá decidir em que medida a raiva é do sonhador. Este pode ter permanecido completamente calmo, seja porque nenhum afeto se aproximou ou talvez porque ainda não foi tocado por sua própria reação de raiva. Só com as precauções desse cuidadoso exame é que podemos evitar as nossas próprias reações inconscientes, as armadilhas dos opostos, sem perder importantes contribuições de nossas próprias reações inconscientes, e evitando o perigo onipresente de impingir nossos próprios problemas e tendências aos nossos clientes, sob o disfarce de interpretação objetiva do sonho.

Capítulo Seis

COMPENSAÇÃO E COMPLEMENTAÇÃO
NÍVEL DO OBJETO E NÍVEL DO SUJEITO

COMPENSAÇÃO E COMPLEMENTAÇÃO

O trabalho com sonhos, com o tempo, estabelece e mantém equilíbrio entre os padrões das energias psíquicas constantemente mutáveis. Permite um tipo de equilíbrio ecológico tanto dentro do psiquismo como entre esforço individual de conscientização e experiência do meio exterior (objetivo ou projetado).

Não é assim porque os sonhos liberem tensão e sirvam para satisfazer desejos — que é a posição freudiana clássica. Nem é fácil sustentar a posição junguiana clássica, de que todo sonho é compensatório à posição consciente do ego, pois estamos cada vez mais conscientes de que há muitos níveis para a noção de self, assim como muitos aspectos da identidade. Não é fácil definir "ego" — muito menos experimentá-lo. E, freqüentemente, clientes severamente feridos ou regredidos têm apenas um grandioso, difuso ou fragmentado senso de identidade e não podem encontrar uma posição de ego consistente (devido à cisão ou à falta de desenvolvimento).

O próprio Jung falava não só de sonhos que *compensam* ou *complementam* a situação consciente, mas de sonhos que contribuem com pontos de vista que variam tanto em relação aos da posição consciente que são conflitantes; sonhos que desafiam e pretendem modificar a orientação consciente, mas também de sonhos que são mais ou menos sem relação com a posição consciente. Estes são os sonhos *prospectivos*,[1] que antecipam no inconsciente realizações conscientes futuras e assim, por exemplo, fornecem soluções para o conflito, de forma alegórica ou simbólica.[2] Às vezes, esses sonhos parecem *oraculares* e são considerados portadores de iluminação. Por outro lado, podem ocorrer como prelúdio de uma psicose. Jung também falou de sonhos *paralelos*, "sonhos cujo significado coincide com a atitude consciente ou a sustenta".[3]

Todas e cada uma dessas várias possibilidades podem ser vistas como formas de apresentar a *"situação como ela é"*. A fonte do sonho, qualquer que seja sua suposta natureza, opera como se nossas perspectivas conscientes fossem incompletas e precisassem ser suplementadas. Nesse sentido, pode-se dizer que os sonhos *completam* a situação. Os modos mais freqüentes, embora não sejam os únicos, são a compensação e a complementação.

Compensação e complementação são conceitos que se sobrepõem. Referem-se a uma correção que equilibra a unilateralidade da posição consciente e das opiniões. Na compensação, isso ocorre pela apresentação, geralmente de modo exagerado, dos opostos polarizados à visão consciente. Uma situação em que eventualmente podemos ter uma opinião exageradamente otimista pode, por exemplo, ser apresentada como bem desanimadora. Dessa maneira, o sonho pode significar que a situação *é* desanimadora; ou pode simplesmente mostrar o "outro" lado, ou seja, que esse desânimo potencial é um aspecto negligenciado ou insuficientemente considerado.

A complementação acrescenta fragmentos ausentes, não necessariamente os opostos polares. Tende a complementar ou, pelo menos, alargar nossa visão. Ela diz: olhe também para isto, isso e aquilo. Ambas as funções, da complementação e da compensação, servem para corrigir nossos pontos cegos. Ambas trabalham pelo aumento da consciência e para a superação de posições fixas, em favor da mudança e do crescimento da personalidade.

Pode parecer que o Self Orientador, sempre e repetidamente, tende a desafiar nossas posições existenciais e, em particular, nossa inconsciência de nosso modo de ser e das conseqüências de nosso comportamento. O desafio é lançado quando o ego é confrontado com perspectivas inesperadas, que ameaçam derrubar de seu trono um senso falso ou contraproducente de estabilidade Ou, às vezes, um sonho apresenta também complexos do sonhador que são ameaçadores, sendo preciso contrapor-lhes uma posição egóica mais forte e crescentemente integrada (ver adiante).

Ao tentar aperfeiçoar e ampliar nossa consciência, o sonho pode nos confrontar e desafiar com imagens de situações presentes, afetos pessoais e tendências de caráter que eventualmente negligenciamos porque não somos capazes ou não cuidamos de ver. O sonho pode expandir nossas perspectivas, trazendo do passado experiências afetivas que foram reprimidas, e desenvolvimentos futuros como que brotam de nossa posição presente. Tudo isso, contudo, deve ser considerado em seus efeitos e significação aqui e agora.

O sonho pode complementar nossos pontos de vista sobre nós mesmos ao oferecer imagens de experiências dolorosas do passado recente ou da infância. Essas experiências podem ser diretamente mostradas pelo sonho ou alcançadas por meio de associações e explicações que o sonho mobiliza Nesse sentido, o sonho nos reconecta com qualidades sentimentais que, no momento, estão reprimidas ou negadas.

Um rapaz ostensivamente auto-suficiente e sem muitas relações pessoais, cuja necessidade ele negava persistentemente, sonhou:

Meu vizinho do lado me conta sobre sua intenção de dar ao filho um cachorrinho no Natal.

As associações levaram o sonhador a lembranças de solidão em uma idade correspondente à do filho do vizinho e também à sua insatisfeita ânsia de ter um animalzinho de estimação para brincar, além de lembrá-lo de sua timidez e inabilidade para fazer amigos Esses sentimentos de solidão, anseio por relações, timidez, a sensação de ser inábil no contato com os outros, além da depressiva tristeza resultante, estavam inacessíveis no presente — recobertas por um defensivo senso de auto-sufuciência. Mas, como o passado, podiam ser facilmente lembradas. Voltando a reconectá-lo com esses sentimentos passados, o sonho complementava ou completava a perspectiva da "situação como ela é" agora, no momento do sonho, abrindo para o sonhador uma via de acesso para descobrir esses sentimentos sob o manto de sua auto-suficiência defensiva.

Muitas vezes, os sonhos apontam para aspectos negligenciados, cujo valor é positivo quando o ego é odiado ou desvalorizado, e a sombra é geralmente positiva. Essas imagens revelam aspectos da psicologia do sonhador atualmente disponíveis para serem integradas em uma compreensão consciente para dar apoio às áreas que dele precisam. Exemplos de figuras oníricas famintas ou negligenciadas não são incomuns então. Ou o sonho pode apresentar uma imagem distante da consciência, mas que complementa o senso de identidade do sonhador. Por exemplo:

Uma mulher índia caminha sozinha por uma imensa pradaria.

Essa imagem onírica apareceu para complementar o desespero e "abandono" de uma mulher que se odiava e tinha começado a se dar conta de que seus grandiosos ideais sobre sua capacidade intelectual eram impraticáveis. Esse sonho lhe sugeriu um modo de "ser com a natureza" que poderia orientá-la "de um modo que ela não conhecia", mas que transformaria a solidão que sentia num sentimento de "estar com", conforme disse. Esta cena foi apresentada como algo distante da sonhadora-observadora, sem um ego onírico a ela relacionado. A relação com a índia se estabeleceu ao longo dos meses seguintes, conforme a sonhadora começou a estudar a cultura americana nativa, empregando sua boa capacidade de pensamento em novas metas, podendo também encontrar novos modos de relacionar-se na transferência.

Às vezes, o sonho dá apoio com "sonhos paralelos",[4] em que a visão consciente do sonhador, precariamente mantida, é apoiada. Por exemplo, uma sonhadora ambivalente sobre certo curso de ação sonha que está encaminhando a tarefa com sucesso. Neste caso, o sonho apóia uma posição ou intenção do ego ainda não integrada.

NÍVEIS DO OBJETO E DO SUJEITO NOS SONHOS

Tendo em mente a provável função complementar, podemos às vezes ter ajuda ao decidir se um sonho é para ser visto como pertencente ao nível do sujeito ou ao nível do objeto. Podemos decidir a favor daquele nível em que seria mais provável que o sonho tenha uma função compensatória ou complementar, em que trará informações ou *insights* até então inacessáveis e diversos, ou contrários à consciência desperta. O sonho acima (do vizinho e seu filho) poderia parecer bem trivial quando considerado no nível do objeto. As associações indicam claramente o problema sentimental do próprio sonhador.

Mas nem sempre isso é tão simples ou óbvio. O sonho seguinte:

Estou sendo ameaçado pela agressão de um amigo,

teria primeiro de ser examinado no nível do objeto, quer dizer, como uma possível advertência sobre os reais sentimentos e intenções desse amigo. Mas isso só seria relevante se o sonhador sempre tivesse confiado plenamente nesse amigo. Se a possibilidade ou a realidade dessa ameaça já fosse uma suspeita consciente, essa interpretação não contaria para qualquer função complementar do sonho, porque nada de novo estaria sendo acrescentado à posição consciente. Só se o sonhador considerasse a situação segura, inócua ou irrelevante o nível objetivo de advertência seria aplicável. Entretanto, se a mensagem do sonho parece repetir ou mesmo confirmar uma convicção já assentada, só uma interpretação no nível do sujeito seria verdadeiramente complementar ou compensatória. Só assim informações antes não disponíveis seriam obtidas. Nesse caso, o sonho poderia confrontar o sonhador com sua própria agressividade não percebida ou relativamente minimizada, que é representada como uma ameaça para seu funcionamento psíquico geral, em vez e como um "amigo", ou seja, uma função de apoio, pelo menos no atual estado de inconsciência. Essa agressividade ameaçadora é mostrada pelo sonho como uma projeção no amigo suspeito.

A projeção é a expressão de uma tendência inconsciente ainda não percebida, vista na imagem do objeto ou de pessoas exteriores que a repesentam mais adequadamente para o sonhador. Nesse sentido, no sonho, o ódio pode ser representado, por exemplo, por uma cobra venenosa ou por uma pessoa que na realidade é cheia de ódio. Na vida desperta, a projeção é marcada por um afeto intenso ou por uma reação exagerada ao objeto ou pessoa. Na mesma medida em que a projeção não é assimilada, o fator real ao qual está vinculada não pode ser correta ou adequadamente avaliado pelo sonhador.

O sonho em que a pessoa vê, a si mesma ou alguém, "costurando" no trânsito de modo irresponsável e depois batendo, pode assinalar uma tendência, ainda desconhecida para o sonhador, de que ele de fato se comporta desse modo no tráfego ou, metaforicamente, no tráfego da vida. No nível do objeto, o sonhador deveria tomar consciência de que esse hábito pode efetivamente provocar um acidente. Mas o sonho também pode ser válido no nível do sujeito, dado que ele desconhece essa tendência de "costurar" impetuosamente. Isso pode apontar a relação entre a atitude do ego e o "tráfego psíquico", ou seja, com a corrente da vida em sua própria psique. O sonhador pode ter com o inconsciente uma atitude predominantemente manipuladora ou temerariamente desejosa de controlar. Mas, em psicologia prática, como mostra este exemplo, essas duas interpretações costumam ser sinônimas. É exatamente essa atitude inconseqüente do ego que levará a esse comportamento específico no tráfego real. Esse sonhador pode ser uma pessoa propensa a acidentes, que está sendo advertida para a probabilidade de um acidente, e também pode ser uma pessoa que vai realmente sofrer um acidente no palco da vida.

Muitas vezes, é bem óbvio que uma interpretação no nível do sujeito não apenas não traz qualquer nova informação como, na verdade, seria bem trivial. Se o sonho é:

Meu avô, já falecido há muito tempo, conversa com o dono da loja de doces da minha infância,

essa imagem dificilmente fará muito sentido no nível do objeto. Nesse caso, pode-se considerar que o sonho é uma referência direta a um provável complexo no nível do sujeito. Aqui, provavelmente, é complementar, pois expressa uma personificação de aspectos parciais inconscientes, personalidades parciais, impulsos, afetos como os representam as imagens desses objetos e pessoas na ação onírica.

Invariavelmente, quando o sonho repete os acontecimentos do dia, ele deve ser entendido no nível do sujeito.[5] Se for considerado "objetivamente", constituirá mera repetição, sem sentido, de alguma coisa conhecida e lembrada. Claro que uma exceção seria o sonho que traz resíduos do dia que foram esquecidos ou minimizados, ou estiveram associados a sentimentos depois negados, apesar de importantes para uma avaliação adequada da situação em questão. O sonho pode trazer de volta à consciência um gesto, um comentário, um afeto do próprio sonhador ou de outra pessoa que, cuidadosamente examinado, pode modificar a visão que o sonhador tem da situação. Ao enfatizar um detalhe até então desconsiderado, o sonho estaria complementando a situação. Trazer de volta os resíduos do dia, é de fato o mesmo processo que aponta para um sentimento atual reativa lembranças passadas relevantes, conforme descrevemos acima, no sonho do cachorrinho (ver também Capítulo 9).

DRAMATIZAÇÃO

Em seu desafio compensatório, os sonhos parecem muitas vezes exagerar e superdramatizar. Ao apresentar a imagem da tendência para reprimir determinada qualidade, o sonho pode mostrar o sonhador matando alguém que carrega a projeção dessa qualidade para ele. Ou alguém de quem o sonhador eventualmente tem uma opinião bastante desfavorável pode aparecer no sonho como um santo ou gigante intelectual.[6] A compensação do sonho é, grosso modo, proporcional ao próprio desvio unilateral do sonhador da verdade da situação. Nosso "pouco" tem como resposta um "muito" proporcional, e vice-versa. Podemos comparar isso com ter um objeto verde que me parece ser azul, e que, no sonho, é representado por amarelo, não verde. Pois azul e amarelo, juntos, fazem o verde. Da mesma forma, quando o sonho em série mostra uma imagem repetida aumentando em número, tamanho ou contexto arquetípico, isso é um alerta para que o analista e o sonhador prestem atenção a esse elemento, que pode ter sido negligenciado ou incorretamente avaliado como insignificante. Por isso, numa série de sonhos, o motivo ignorado do mendigo que se parecia com o irmão do sonhador, como uma figura encostada no batente de uma porta, reapareceu no sonho seguinte como um operador de pedágio na estrada que levada à "Montanha Solidão". Quando isso também não foi adequadamente assimilado, um pesadelo trouxe a imagem de estrelas em colisão que fizeram o sonhador sentir o solitário terror da existência humana.

O sonho compensa e complementa ao supervalorizar tão unilateralmente quanto a visão consciente do sonhador deprecia, e/ou vice-versa. Deixar de levar isso em conta pode fazer perder significado e proporção. Em particular, podemos ficar indevidamente alarmados por superdramatizações, sonhos com catástrofes, assassinatos, chacinas e coisas do gênero. Tais sonhos, geralmente, estão tentando "esfregar" alguma coisa diante de uma consciência relativamente indiferente. Quando não estamos conscientes dessa tendência compensatória, podemos presumir erroneamente finalidade para os desfechos dramáticos, quando se trata apenas de uma compensação temporária para uma atitude específica do sonhador, no momento presente. Uma reflexão que retome a série de sonhos que conduziu ao último, nesses casos, é invariavelmente útil.

Um exemplo dessa tendência complementar é expresso no sonho de um homem em que a esposa era uma megera violenta. Essa imagem corrigia sua suposição consciente de que tanto ela — manifestamente — quanto sua própria abordagem sentimental interna era "imperturbável e benevolente".

Considerar que o sonho "completa" e complementa, quando não compensa, diverge do conceito clássico e tradicional da psicanálise, que vê o sonho como uma versão manifesta e censurada de um desejo ou medo óculto. Às vezes, o sonho pode, efetivamente, ser um retrato deveras óbvio, inclusive brutal, de um medo ou de um desejo — e deveras "não censurado". Mas é mais provável que isso advenha quando esse medo ou desejo podem complementar o ponto de vista do sonhador porque esses desejos ou medos não estão na consciência. Por outro lado, sonhos aparentes com desejo ou medo, que, para todos os efeitos práticos, reafirmam uma posião mantida conscientemente, revelarão significados mais relevantes quando analisados como compensações ou complementações no nível do sujeito. Por exemplo, sonhar com estar na cama com uma mulher muito desejada pode tornar alguém consciente desse desejo, no nível do objeto, quando esse desejo foi reprimido ou ainda não alcançou a consciência. Mas, vamos supor que esta mulher é a Mona Lisa ou uma versão da avó falecida do sonhador. Ou ela pode até ser uma mulher presentemente desejada, e o sonhador tem consciência de seu desejo. Em todos esses casos, uma interpretação como realização vicária de desejo faz pouco ou nenhum sentido. E também não contribui com nenhuma informação nova.

Esses sonhos se revelarão mais significativos e profundos quando do investigados pelo ângulo da complementação ou da compensação no nível do sujeito. A mulher em questão seria então considerada, alegórica ou simbolicamente, como uma figura interior ou como uma parte da personalidade representativa das qualidades paticulares e atitudes de vida a ela atribuídas por associação, explicação e amplificação. Nesse sentido, sonhar com estar na cama com essa pessoa significaria um estado de intimidade ou de fusão inconsciente com essas qualidades, sejam elas quais forem — futilidade, delicadeza, assertividade ou o que estiver sendo eventualmente atribuído ou associado a ela. Se essa ligação inconsciente é desejada ou já existente, pode ser revelado pelos detalhes dramáticos da ação como um todo ou por um trabalho imaginal que dê seqüência ao sonho (ver Capítulo 7). Visto como tendo significado psicológico no nível do sujeito, até mesmo o sonho ou fragmento onírico aparentemente mais insignificante ou corriqueiro pode revelar *insights* importantes.

É sempre proveitoso considerar que um sonho não foi adequadamente compreendido, a menos que ele tenha revelado informações que esclareçam um ponto cego e/ou tenha desafiado uma posição unilateralmente fixa da consciência do sonhador (ou do analista).

Igualmente importante é a contribuição diagnóstica diferencial da perspectiva compensatória. Sempre que possibilidades de interpretação conflitantes/diferentes se apresentam, aquela povavelmente mais apropriada é a mais claramente diferente — ou oposta à posição e perspectiva do sonhador. Isso deixa claro por que nenhuma interpretação de sonho adequada é possível sem um conhecimento igualmente adequado do sonhador, seus problemas e seu funcionamento psicológico. Por outro lado, ao perguntar o que esse sonho poderia estar compensando, poder-se-ia esclarecer aspectos da psicologia do sonhador até então ignorados ou desvalorizados.

Vejamos o sonho rébus anterior, com o sinal de PARE acima da escrivaninha. Se o sonhador estiver eventualmente identificado com uma atitude impulsiva, impaciente, o sonho confronta-o com a existência de limites interiores ou exteriores. Se ele não estiver consciente de possíveis obstáculos exteriores, olharíamos primeiro para estes. Se estiver com medo dos obstáculos exteriores ou de os conhecer, ou mesmo se tiver o hábito de acusar por dificuldades sempre e só as limitações exteriores, então sua atenção é agora dirigida para algo que se opõe de dentro a seus impulsos ou os paralisa. Talvez ele esteja se forçando além de suas capacidades ou realmente não cuide de fazer aquilo que planejou. Se o sonhador for tímido ou reservado e reprimido, a mensagem pode ser: "Você se sente paralizado sempre que se aproxima da atividade representada pela escrivaninha; portanto, pare, olhe e escute dentro de você mesmo; talvez então consiga ir adiante".

Diante de opções de interpretação tão diametralmente opostas, podemos evitar sérios erros quando procedemos de acordo com a premissa da hipótese da compensação. Mas, como sempre, é a concordância "Ah!" do sonhador e que confirma a validade da perspectiva.

APLICAÇÃO DO PRINCÍPIO DE COMPENSAÇÃO E DE COMPLEMENTAÇÃO AOS SONHADORES COM EGOS FRAGMENTADOS OU POUCO DESENVOLVIDOS

É freqüente encontrarmos, na prática clínica, sonhadores que têm uma identidade consciente pouco desenvolvida ou fragmentada. Precocemente, seu desenvolvimento de uma identidade focalizada e subjetivamente valorizada foi impedido ou prevenido. Em geral, foram atacados por afetos incontroláveis que cindem o campo da consciência em fragmentos. Os princípios da compensação e da complementariedade continuam sendo aplicáveis, mas, do ponto de vista clínico, a interpretação e o trabalho com o sonho, com esses analisandos, deve evitar desafiar a inadequada posição do ego, que não é capaz de integrar projeções negativas porque a auto-imagem é em si negativa. Em geral, o sonho é para o terapeuta — apontando os complexos e a dinâmica da psicologia do sonhador e os próprios elementos contratransferenciais do terapeuta que estão interferindo na criação de um ambiente em que o pré-ego possa encarnar (ver Capítulo 12).

É importante lembrar que, com esses clientes, há dois aspectos da dinâmica no nível do sujeito. A emoção *induzida* no ego onírico por uma figura ou situação *deve ser* discriminada e analisada separadamente da emoção atribuída a essa figura ou nela projetada. Nas situações em que o sonhador é inexperiente no trabalho psicológico ou tem uma posição de ego frágil ou cindida, costuma ser mais seguro e eficaz para o terapeuta lidar exclusivamente com o primeiro até haver uma capacidade mínima para integrar conteúdos psicológicos estranhos e negativos para a auto-imagem e o ego-ideal.

Por exemplo, no sonho em que o ego onírico está sendo censurado pela mãe do sonhador, é importante primeiro lidar com a sensão de desvalia e raiva impotente, que pode ser atribuída ao ego onírico e lembrada pelo sujeito em situações vividas com a mãe real. A projeção é uma experiência subjetiva, independentemente da natureza da pessoa na qual as qualidades são projetadas. Essa pessoa, entretanto, deve ter dado algum gancho — pequeno ou grande — em que pendurar a projeção. Lidar com essas qualidades estranhas ao ego como se fossem de "outro" e com as reações emocionais do sonhador a essas qualidades ajuda tanto a fortalecer um senso de identidade adequado como a corrigir a inadequada percepção da realidade objetiva (se a mãe não for identificada como uma pessoa censuradora). Só mais tarde as correspondentes tendências críticas e tirânicas do complexo materno do próprio sonhador poderão ser abordadas para que este conscientize como essas qualidades são projetadas na figura da mãe real e de outras pessoas que ocupam papéis de autoridade, nutrição ou terapêutico em relação ao sonhador.

Os sonhos de pessoas com egos pouco desenvolvidos ou fragmentados, em geral, mostram energias que o sonhador não é capaz de integrar, exceto no trabalho transferencial e contratransferencial, mas eles mostram ao analista sobre o que é preciso trabalhar, e assim compensam ou complementam a posição consciente do terapeuta a respeito da análise. E podem transmitir imagens que ajudem a consciência do sonhador a começar a perceber um desenvolvimento potencial e também as forças que o impedem. No exemplo acima, seria importante examinar como o sonhador se sente quando censurado pelo terapeuta; ou indigno e desvalido em relação a poderes e idealizações projetadas na figura do terapeuta a partir do complexo materno.

Os sonhos podem representar com alegorias ou símbolos os vilões que atacam os vínculos entre as partes do sonhador ou entre sonhador e analista. Eles podem apresentar imagens de complexos parentais sádicos, invejosos destrutivos, personificações de uma raiva inconsciente etc., que são operantes por identificação projetiva no campo analítico, assim como na dinâmica intrapsíquica. Por exemplo, um homem limítrofe sonhou:

> Fora do consultório do terapeuta, sou abordado por uma mulher sombria, que riu quando arrebatou meu pacote de frutas e vem me arranhar os olhos.

Com essa imagem, o sonhador começou a ser capaz de identificar o medo como qualidade perceptível em sua experiência com a mãe, que tornava seu trabalho analítico aterrorizante e extremamente difícil, uma vez que os parcos frutos de cada sessão eram arrebatados pela ladra selvagem e zombeteira. Como o sonho mostra, o próprio fato de ter ficado até então inconsciente para o sonhador, significa que o medo impedia-o tanto de ver-se quanto de ver seu próprio medo.

Às vezes, os sonhos apresentam fragmentos até então desconhecidos de várias posições conscientes cindidas, indicando facetas daquilo que, eventualmente, virá a tornar-se um senso de identidade relativamente coerente e constante. Um exemplo disso é o sonho de uma mulher em que ela se viu sob uma árvore, suas partes desmembradas. Ela não conseguiu descrever verbalmente a cena, mas fez um desenho de seus membros, tronco, órgãos e cabeça etc. espalhados pelo chão, sob uma árvore saudável, desenhada com simplicidade. Embora a identidade do ego onírico esteja desmembrada, a imagem

76

arquetípica e forte da árvore da vida abriga-a e sugere um potencial para integração ainda longe da sonhadora, mas semeado pelo Self Orientador no processo terapêutico. A imagem do desmembramento serviu, por muitos anos, como representação metafórica das capacidades de ver (olhos), assimilar (estômago e intestinos), pensar (cabeça), agir (mãos), encontrar sua própria posição (pés), criar (útero) etc. Todas elas foram sendo gradualmente conectadas durante os anos de terapia.

Uma série de sonhos por vários meses ou anos tem uma função similar. Como um conjunto de espelhos ao redor de aspectos fragmentados, ela mostra cada parte que deve ser trabalhada por vez. O momento para trabalhar com os vários aspectos é indicado pelo momento dos próprios sonhos.

Capítulo Sete

A ESTRUTURA DRAMÁTICA DO SONHO

> Há muitos sonhos "médios" nos quais é possível reconhecer uma estrutura definida, que não é diferente da do drama (*CW* 8, par. 561).

> O sonho é um teatro em que o próprio sonhador é cena, ator, ponto, produtor, autor, público e crítico (*CW*, 8, par. 509).

O motivo do teatro é uma representação arquetípica da atividade mitopoética da psique que equipara existência e desempenho dramático. O desenvolvimento dramático da energia é um processo inerente na atividade vital. Não é de surpreender, portanto, que os sonhos muitas vezes sejam estruturados como dramas,[1] com um tema encenado numa cena particular, com ação dramática que começa, chega a um impasse e se resolve em solução ou catástrofe; e o sonho seguinte dá seqüência ao processo, num novo palco. É crucial, para arte do trabalho com sonho, portanto, a capacidade de apreender o sentido do sonho como uma apresentação dramática, compreendê-lo em termos de sua estrutura dramática.

VISÃO GERAL DO DRAMA ONÍRICO

Para começar a descobrir o sentido psicológico da mensagem do sonho, invariavelmente, é útil procurar ter uma visão geral do sonho ou de uma série de sonhos. Essa perspectiva do todo proporciona uma apreensão do(s) tema(s) ou complexos particulares à psicologia do sonhador que os sonhos tentam esclarecer. Mostra ainda, sob a forma de imagem, o interjogo dramático das energias, como estão consteladas. Essa perspectiva é ainda mais acentuada quando são esclarecidas as principais linhas da ação onírica na mente do intérprete, observando o "elenco" de figuras ou imagens oníricas e a qualidade e o ímpeto da ação.

O que *está* acontecendo, o que *não está* acontecendo e poderia ser necessário no contexto, e quais poderiam ser as características incomuns das figuras, do cenário, dos eventos, da ação — tudo isso requer atenção. Pode ser importante notar as qualidades da mudança, rumo do desenvolvimento dramático e tipos de arranjos, relações, como, por exemplo, contenção, polarização etc. Geralmente, a ordem da seqüência implica uma cadeia causal que deve ser descoberta. Invariavelmente, é útil reunir mentalmente as imagens de acordo com suas qualidades, similares ou diferentes. Por exemplo, quando há várias figuras oníricas diferentes, é importante ver o que elas têm em comum ou de que modo expressam, polarizam, diferenciam e/ou alteram um tema comum.

Um exemplo dessas variações sobre um tema ocorreu numa simples imagem onírica, em que a sonhadora encontrou seu ego-onírico deitado entre seu marido e seu cachorro. Sua associação com o cachorro foi "afeição" e com o marido, "distância". Assim, o sonho dramatizou rapidamente a polarização de suas atitudes psicológicas para com a intimidade.

É freqüente haver complementaridade e compensação no drama, como interagem imagens oníricas das energias. O intérprete deve abordar o drama onírico em termos desses relacionamentos. Uma figura da sombra pode complementar ou compensar o ego-onírico, acrescentando elementos até então inconscientes, arrematando-os ou apoiando e incentivando.

Muitas vezes, o conteúdo principal do drama onírico pode incluir imagens propostas como protagonista e antagonista — justaposições de tendências, emoções, estilos, motivos e perspectivas alternativas, que retratam fatores contrapostos na psicologia do próprio sonhador que devem ser vistos, conscientemente relacionados e, talvez, equilibrados. Essas polarizações costumam ser os determinantes básicos do significado do sonho. Podem aparecer separadas do ego-onírico, ou o ego onírico pode estar identificado com um lado e deve tornar-se consciente do outro. Ou as oposições podem ser propostas como problemas a serem encarados adequadamente. Isso pode significar combate, concessão, acolhimento, evitação etc., aquilo que signifique a história onírica geral, com o propósito de estabelecer ou encerrar uma relação entre o ego onírico e esses fatores ou figuras. Os opostos podem estar em conflito declarado ou em vários tipos de relação, inclusive união ou "casamento".

Um exemplo de estrutura comum de complementaridade em um único sonho, aqui polarizado como oposição:

Na rua principal da cidade, encontro uma gaiola. Dentro dela há um bode preto cercado de pedaços de carne crua. Meu patrão mantém o bode ali.

A associação do sonhador com a carne crua foi o frenesi com que as mênades de Dioniso despedaçavam a carne de animais vivos. Ao padrão, associou um comportamento severo, rígido. Este sonho liga o patrão e o bode; um como carcereiro, outro como prisioneiro. Dessa maneira, dramatiza que é essa estreita atitude mental dentro dele que mantém seu oposto aprisionado — a impulsividade desmembradora dionisíaca (bode). No entanto, a exposição situa esse drama na rua principal, sugerindo que o sonho é sobre o problema principal ou central de seu funcionamento psicológico.[2]

ESTRUTURA DRAMÁTICA

A estrutura geral do sonho pode ser considerada em termos de seqüência do desenvolvimento de seus elementos dramáticos básicos, mais suscintamente expressos sob a forma do drama grego clássico: apresentação, peripécia, crise e *lysis*.[3] Estas etapas podem ser aproximadamente traduzidas como cena, enredo ou desenvolvimento, crise e desfecho.

Mas mesmo quando usamos esse modelo conceitual para a estruturação do sonho devemos ter em mente que, diversamente do sonho, o drama é uma forma de arte que tem sido conscientemente elaborada e estruturada em muitas culturas. E embora tanto o drama como o sonho apresentem uma dinâmica inconsciente — pelo menos no que diz respeito às suas alegorias psicológicas e simbolismo — o sonho é, em si, o produto de um processo inconsciente e não-racional no indivíduo. Mas, assim como fazemos registros, anotações mentais e dialogamos com o sonho para captá-lo na consciência desperta, freqüentemente tendemos a lembrar dele como estrutura dramática. Quando a mente encontra o pré-racional, dramatiza.[4]

Como dissemos, o fato de tendermos a lembrar da estrutura dramática do sonho é uma expressão da função dramatizadora do estrato mitopoético de nossa psique. Isso pode sugerir que os arquétipos ou "estruturas profundas" da organização mental, aquelas que ajudam a consciência desperta a lembrar e ordenar os estados oníricos, têm uma afinidade com padronização dramática. Por outro lado, nos estados descompensados e drogados, assim como em patologias severas, essas potenciais estruturações cognitivas parecem inexistir, e os sonhos contados por sonhadores nesses estados, em geral, não têm muita ou nenhuma estrutura dramática. Outras vezes, podem ocorrer sonhos ou eles podem ser lembrados como mero lampejo de uma só imagem ou evento, apesar de intenso. Tais sonhos como que se reduzem à exposição ou à crise. Essas questões estruturais podem ser em si diagnósticas e merecem ser mais pesquisadas.

81

Mesmo quando uma imagem isolada ou impressão sensorial é recordada, ela pode ser analisada por meio de associações, explicações e amplificações que destaquem e alicercem o fragmento como chave dramática ou mensagem que deve ser enraizada na vida do sonhador.[5] Esse processo, é, em si, tão dramático quanto o trabalho de um grande detetive.

Geralmente, no interesse da clareza e de um impacto dramático deliberado, a exposição (narração do tema), a peripécia (desenvolvimento), a crise (impasse) e a *lysis* (resolução) ou catástrofe têm ordem seqüencial. Mas, no sonho, partes da seqüência podem sobrepor-se ou condensar-se. Em um sonho, alguns elementos podem ser aumentados; outros, diminuídos ou apresentados de forma rudimentar e/ou fragmentada. A exposição pode ser breve ou meramente insinuada por algum detalhe. O desenvolvimento pode ser pulado ou fundido na crise. A crise, talvez, ocupe a maior parte das atividades, ou seja apenas sugerida. O desfecho pode inexistir ou ser substituído por uma catástrofe ou impasse. No entanto, para o propósito de compreender o sonho, é extremamente útil separar e discernir esses quatro elementos estruturais.

Todo drama começa com alguma situação problemática trazida à atenção do espectador pela exposição, uma *cena* num tempo e espaço específicos, com certos personagens. Estes apresentam o tema da peça e orientam os espectadores sobre a perspectiva do autor sobre esse tema. A situação problemática, geralmente, se refere a alguma questão que ficou paralisada ou fixada e que representa o ponto de partida para os acontecimentos subseqüentes. No sonho, em geral, localizamos qual é a questão problemática examinando a cena de abertura. Isso significa examinar o sentido psicológico das associações e explicações carregadas de afeto que estão ligadas à localização específica no tempo e no espaço, assim como às qualidades das pessoas presentes e suas relações com o sonhador. Tudo isso transmite o contexto simbólico/psicológico do sonho ou seu foco. Declarar qual é o tema ou o problema com o qual o sonho está lidando é, portanto, tarefa da exposição. *A exposição expõe o tema*. Podemos compará-la com um relatório comercial ou com um sobrescrito de uma carta, em que "Ref." significa "referente a" e assim, apresenta o assunto básico da comunicação — ou seja, compromisso pessoal, programa ou seja lá o que for.

Se tomarmos o *Rei Lear*, de Shakespeare, como exemplo, descobrimos que a exposição dá a conhecer o problema do rei para a platéia: como distribuir seu reino entre as três filhas, após descobrir qual delas ama-o mais. Em termos simples, ele procura isentar-se do fardo da responsabilidade e manter controle.

Repetindo um fato bastante negligenciado, no sonho, a *cena* psicológica é essencialmente transmitida por uma localização geográfica em que o sonho começa e/ou pela situação inicial dos personagens dramáticos na cena de abertura. Compreendendo o sentido psicológico da cena, saberemos do que o sonho trata.

A cena também insere tudo o que se segue em um contexto específico. Por exemplo:

Estou indo a uma recepção formal, usando roupas esportivas.

O sonho apresenta uma determinada situação psicológica como "recepção formal" — um encontro sofisticado com um importante elemento pessoal. A maneira do sonhador abordar, responder e/ou adaptar-se a esta cena é mostrada como problemática, pois o vestuário escolhido é impróprio e não condiz com a situação. Da mesma forma, na cena do exército, o ego-onírico pede uma sobremesa especial no almoço, significa que o sonhador procura ou espera uma doçura especial num espaço orientado para o dever coletivo e a disciplina, em que preferências individuais não são bem-vindas.

Estou com um grupo de pessoas. Um poema está sendo lido e eu acompanho cuidadosamente a freqüência dos substantivos, verbos e adjetivos.

Se a cena acontecesse entre um grupo de lingüistas, o comportamento descrito seria apropriado. Se a associação ou a explicação do sonhador falasse da leitura do poema entre um grupo de artistas, significaria uma atitude intelectual demasiadamente árida para com o mundo da imaginação e, talvez, com a dimensão mágica da consciência.

Sem a compreensão do contexto proporcionada pela exposição, podemos interpretar pedaços e trechos, mas perdemos a questão geral a que se referem. É sempre importante, portanto, dedicar tempo e esforço adequados para esclarecer, na cena de abertura, tantos detalhes e suas associações quantos forem possíveis, por mais triviais que possam parecer. Por exemplo, embora um sonho começasse no quarto de uma amiga específica, o terapeuta indagou apenas sobre o quarto e se ateve à idéia de que o sonhador associava quartos com intimidade sexual. O sonho seguinte não fez muito sentido enquanto o analista não indagou sobre a amiga. Então a forte associação-sentimento com sua frieza distante deixou claro que a questão era a impossibilidade de intimidade, pois a sombra do sonhador tem a qualidade da frieza distante. Toda a especifidade da cena foi necessária para esclarecer tanto o tema do sonho quanto o resto de seu desenvolvimento.

Associações, explicações, reações sentimentais e amplificações (se for uma cena mitológica) sempre devem ser inferidas da cena de abertura.

Um sonho começou:

Estou num armazém, na China. Depois eu saio, mas é só para dentro do quarto de minha mãe. Um desconhecido está tentando abrir um armário.

A sonhadora foi solicitada a fornecer associações, recordações e reações sentimentais sobre armazéns e/ou esta loja em particular. Ela disse: "Meu pai nunca estava em casa. Quando ele não estava trabalhando, costumava ficar no armazém matando o tempo". À China, ela associou o seguinte: "Uma vez, quis ir lá. Acho que me sentia sozinha e desesperada. Eles têm fortes laços familiares na China". Ao quarto da mãe, cena do desenvolvimento, ela associou: "Sempre estava acontecendo alguma coisa nele, que não era para eu ficar sabendo; eles sempre estavam discutindo".

Suas explicações — acrescentadas às suas associações — sobre o armazém foram de que era o lugar de pegar qualquer comida que se precise, ou seja, na vida moderna seria uma cornucópia potencial.

A cena nos informa de imediato que o sonho se refere ao tema de buscar alimento (psicológico) num contexto familiar distante e possivelmente idealizado. A seguir, podemos ver, a partir de suas associações, que a necessidade da sonhadora resultava de um pai ausente, segredo materno, rejeição e conflito — tudo que causava seus sentimentos de solidão e desespero, admitidos com hesitação.

O sonho seguinte ilustra como, se não se considerar a localização da cena, um sonho pode ser mal compreendido.

Um rapaz com ambições de escritor, mas sentindo-se incapaz de levá-las adiante, sonhou:

Estou conversando com uma moça loira e dizendo que minha máquina de escrever é inadequada.

Sua máquina de escrever — por associação e explicação — representava sua ferramenta para escrever, portanto, sua capacidade como escritor. À "loira" ele associou superficialidade, leveza, despreocupação. Sua ambigüidade sobre essas qualidades é em si mesma reveladora: despreocupação, de fato, é equiparada a superficialidade. Nesse ponto, podemos presumir que ele diz, para seu aspecto leve, jovial (sua *anima*), que considera ou de fato também é superficial, que seus meios para escrever são inadequados. Mas, como essa é uma opinião que, de qualquer modo, ele sustenta conscientemente, essa compreensão do sonho poderia parecer inadequada e não nos levar a parte alguma. Afinal, o que significa ele dizer isso para seu lado despreocupado ou superficial?

Nesse ponto, o terapeuta presumiu que, talvez, trabalhar com mais cuidado com a cena pudesse ser útil, e perguntou-lhe onde, em que local a cena tinha lugar. Era num campo, a que ele associou o campo de beisebol de seus tempos de escola. Que lembranças ou associações estão ligadas ao campo de beisebol? O sonhador disse que se sentia extremamente competitivo e sempre tinha de exceder e tentar ser especial.

Agora o sonho faz sentido: ele diz que, no local ou referencial de ter sempre de estar no topo e ser especial, o sonhador sente inadequados seus meios de escritor e diz isso para seu lado potencialmente despreocupado: ou seja, ele não pode gozar seu trabalho, porque, a menos que possa sentir, já de início, que o que faz será espetacular (e, obviamente, isso é impossível), não consegue ter prazer nem satisfação no que está fazendo. E isso resulta em que ele se sinta inadequado para trabalhar.

O detalhe da exposição, geralmente sequer mencionado pelo sonhador e nem lembrado no sonho (e, por isso, devendo ser novamente imaginado), pode proporcionar o elo perdido para todo o sonho.

A *peripécia* ou desenvolvimento apresenta o início do movimento para sair da fixação: as tendências, a dinâmica e as possibilidades a ela inerentes e que, provavelmente, far-se-ão sentir na questão para a qual a exposição/cena apontou. No *Rei Lear*, seria a inesperada e irracional deserdação da amada filha porque ela não verbaliza seus sentimentos, e a subseqüente descoberta de que as filhas favorecidas o abandonam. No sonho do quarto da mãe, pode agora alguma ação se desenvolver, ou algum objeto ser discernido, para que a sonhadora reaja. Nesta, como em todas as outras fases, o significado da ação que se desenvolve é compreendido ao ser "traduzido" mediante associações, explicações e amplificação.

A *crise* é o ponto alto do drama, em que a tensão entre as dinâmicas opostas ou ameaçadoras chega ao ponto culminante. Lear está no auge do desespero e atira-se enlouquecido às urzes. A crise indica as possibilidades máximas, positivas ou negativas, ou até pesadelo, potencialmente inerentes no desenvolvimento que o sonho possa estar apontando.

Finalmente, a *lysis* — ou seu contrário, a *catástrofe* — indica as maneiras como a crise pôde ser resolvida. Algumas vezes, em vez de resolução, pode ser mostrada uma catástrofe. Nesses casos, fica mostrada a impossibilidade, dada a posição do sonhador (descrita na exposição), de uma resolução favorável. A *lysis* mostra a saída possível; a catástrofe pode tentar impressionar a consciência do sonhador com uma advertência urgente ou (menos freqüentemente) comunicar a ele uma situação inalterável. No sentido positivo, a *lysis* mostra a direção ou a meta das novas possibilidades a ser criada/descoberta.

Um exemplo mais detalhado permitirá a aplicação de todas essas categorias:

Estou num galpão, brincando com alguns brinquedos velhos. O lugar está empoeirado e maltratado, mas parece que eu não me importo com isso. Apenas fico ali passando o tempo. Observo as formigas andando pelo chão, e lá, do outro lado, na janela, as moscas passeiam Depois procuro, num antigo baú, alguma coisa para ler. Quero beber água, mas não consigo encontrar um copo e não sei onde fica a torneira. Minha irmã também está lá. Pergunto a ela o que quer fazer para passar o tempo. Não tenho certeza de estarmos entediadas ou não. Falamos sobre várias coisas; depois, parece que discutimos por causa de alguma coisa. Ela diz algo com que não concordo, não é importante, mas eu a contradigo do mesmo jeito e ela tem de mostrar que tem opiniões próprias, e, por isso, começamos uma grande briga. Então escutamos um barulho do lado de fora. Ela diz: "Escuta, você ouviu alguma coisa?". Não, eu não escutei nada. Mas alguém está tentando abrir a porta. Não sabemos quem pode ser. Olho por uma fenda na porta, que está em ruínas, e consigo ver um sujeito que parece um mendigo. Dizemos a ele que vá embora, mas ele tenta entrar. Colocamos uma cadeira e uma mesa contra a porta, mas não adianta nada. De alguma maneira, a porta lentamente vai se abrindo, apesar de tudo. Então dizemos a ele que não tem nada a ver com aquele lugar, mas ele não ouve. Agora estou realmente com medo e corro para o telefone e disco o número da polícia. Ninguém atende. Disco de novo. Agora alguém responde. Pergunto se é a polícia. A voz diz: "Quem você quer?". Eu grito: "É a polícia?". Mas, em vez da polícia, é a minha irmã, cuja voz chega pela linha. Desligo e tento de novo. Agora estou num escritório e todas as escrivaninhas e fios estão emaranhados. Peço-lhes que arrumem aquilo, mas parece que eles não me ouvem. Dizem: "A polícia tem outras coias para fazer, não pode se incomodar com você e seus problemas". Eu grito que pago os impostos, mas isso não adianta nada. Então vejo minha irmã conversando com minha mãe em casa; ela está falando numa extensão da linha. Digo-lhe que desligue porque preciso ligar para a polícia com muita urgência. Mas ela me diz que tem tanto direito de usar o telefone quanto eu, e por isso não desliga. A impressão é de que ela estava querendo me sabotar. Então vejo que ela está trocando olhares com o sujeito que está tentando invadir o lugar. Aparentemente, são cúmplices e querem me pegar. Ela me diz que eu nunca falo com ela, apesar de termos acabado de discutir. Parece que quer que eu fale com ela de uma maneira diferente. Percebo que isso pode ser o que tenho de fazer para conseguir que ela me ajude, e aí acordo.

Em sonhos assim, tão extensos e caóticos, inicialmente costuma ser proveitoso sumariar e, assim, chegar a um esboço da história. O terapeuta pode fazer isso mentalmente ou, de preferência, pedir ao sonhador que o faça. Assim que os elementos principais estiverem claros, os detalhes relevantes podem encontrar seu encaixe e sua proporção no padrão dramático geral. Isso não só proporciona um conjunto coerente de imagens para se trabalhar, mas também treina o sonhador a focalizar. Detalhes específicos posteriores poderão ser abordados se o tempo permitir. Simplificado então ao esqueleto da ação, esse sonho poderia ser assim lido: "Estou num galpão com minha irmã, brincando e discutindo. Nos sentimos ameaçadas por um invasor; tento telefonar para a polícia, mas minha irmã bloqueia a linha ligando para casa. Percebo que ela é secretamente cúmplice do invasor e terei de conversar com ela de um jeito que a satisfaça".

Aqui, a cena é constituída pelo local e pela presença de uma pessoa: "Estou num galpão com minha irmã".

Estar no galpão com a irmã apresenta o problema ou a questão que o sonho está tentando abordar. Qual é o problema? Precisamos de associações e explicações.

A explicação da sonhadora para galpão foi uma construção isolada, decrépita, negligenciada e desorganizada. Era o lugar para onde costumava "fugir quando pequena para ficar sozinha", quando se sentia "incompreendida, desvalorizada ou rejeitada e distante" da família, em particular da mãe. Ali ela sentia-se "segura", mas também sozinha e, até certo ponto, aborrecida, sem saber "o que fazer com ela mesma".

A irmã lembrava-a do companheirismo nas brincadeiras e das briguinhas por birra. Foram essas as suas associações. À guisa de explicação, ela descreveu a irmã como uma pessoa taciturna e rebelde que, no entanto, em contraste com ela mesma, tinha conseguido encontrar um espaço independente na vida.

Essa exposição leva-nos de volta a um "lugar" do passado, de sua infância. Contudo, como o sonho sempre descreve a situação como ela é, quer dizer, como se acontecesse no presente, devemos presumir que, falando psicologicamente, a sonhadora ainda está naquele galpão (aplicando as explicações dadas por ela) sentindo-se retraída, incompreendida, desvalorizada, rejeitada e distante. Podemos presumir, além disso, que esses sentimentos dão a ela um sensação de segurança, mas fazem-na sentir-se igualmente entediada com a vida e consigo. Tudo isso parece confirmado por seu comportamento inicial no galpão. Ela está num "lugar" existencial de negligência, discórdia e confusão.

Mas ela não está só: nessa atitude isolada, sua irmã está com ela. Se examinamos isso no nível do objeto não chegaremos a parte alguma. A irmã vive longe e não há um sentimento particular de ligação, de um jeito ou de outro. A irmã terá de ser vista como uma fugura interna, como uma parte da personalidade ou uma atitude inconsciente da "sombra", quer dizer, como um lado irrealizado, taciturno, ressentido e rebelde dela mesma. (Mais adiante, vemos que essa irmã sombra, taciturna e rebelde, comunica-se com a mãe; em outras palavras, está de algum modo ligada à relação com ela ou identificada com ela, com um conjunto similar de atitudes).

De forma abreviada, a exposição pode ser lida como referência à solidão, ao sentimento exclusão e a um ressentimento rebelde. O tom subseqüente da própria narrativa e seu vocabulário ("parece", "passar tempo", "incerta", "não adidanta nada", "de alguma maneira", "não se incomodar", "tudo emaranhado" etc.) reforça a qualidade de indecisão no ego-onírico, e seu desamparo pontuado por explosões inconclusivas.

Essa cena da exposição do sonho condizia muito bem com os fatos. A sonhadora vinha de um lar desfeito, em que vivera com a mãe e a irmã. A mãe tivera relações com diversos homens e negligenciara asperamente as filhas. A sonhadora via-se como vítima das circunstâncias, acossada por fracassos e frustrações fora de seu controle. Mostrando-lhe onde está "fixada", a exposição tanto afirma como desafia sua visão: está passando tempo no local que foi um refúgio para seu eu infantil. Que a adulta continue isso é um anacronismo, não é mais apropriado passar o tempo e a vida nesse isolamento entediado, sentindo-se vítima rejeitada, desamparada e sempre incompreendida. Além disso, ela é mostrada distante daquilo que poderia ajudá-la: seu lado rebelde, mas também potencialmente independente.

A cena do sonho apresenta tanto uma visão diagnóstica como uma orientação quanto ao desenvolvimento subseqüente.

O desenvolvimento é a tentativa de invasão. As associações da sonhadora com esse provável invasor ligam-no a um doente mental de uma clínica em que certa época trabalhara como assistente social. Esse homem, de acordo com sua descrição, era um "delinqüente sociopata e alcoólatra". Fizera uma série de pequenos furtos; certa vez tentara roubar sua bolsa. Essas associações mostram-na sendo ameaçada de invasão por comportamentos sociopatas e tendências às drogas, fosse isso dependência declarada de drogas ou, alegoricamente, do devaneio e do escapismo. Um ou outro pode privá-la de sua "bolsa", que contém seus documentos de identidade e seu dinheiro — metaforicamente, sua identidade e energia.

Ainda não examinamos a motivação afetiva da figura do invasor. Por que, em seu julgamento ou associações, ele se comporta dessa maneira? Qual é o motivo para seu comportamento sociopata? Como ela o vê em si, ele é uma sensação profunda de privação e carência emocional. Essa carência está tentando alcançá-la; negativamente, como comportamento sociopata, e, positivamente, por meio da conscientização de sua própria insatisfação como um aguilhão para ação firme em seu próprio benefício.

A última implicação positiva decorre da amplificação da própria figura do invasor. O invasor é uma imagem arquetípica. É um motivo mitológico recorrente nos sonhos (por exemplo, "O sapateiro e os gnomos", nos contos dos irmãos Grimm.) Quando confrontado e aceito em uma relação adequadamente, esse invasor ameaçador geralmente acaba revelando-se um benfeitor e amigo prestativo.

Embora a cena tivesse apontado para as raízes passadas do problema presente, o desenvolvimento onírico mostra os movimentos ou as tendências atuais decorrentes do problema e que levam a um xeque-mate ou impasse ameaçador. A crise é o ponto alto, em que forças conflitantes estão se contrapondo da maneira mais tensa e que deve ocorrer uma decisão ou, de qualquer forma, uma guinada repentina nos eventos. Pode-se dizer que a crise mostra presente ou futuro. Ela mostra aquilo que o desenvolvimento tem como meta ou já está no processo de estabelecer.

Nesse sonho, a crise ocorre quando ela não consegue ajuda da polícia, o princípio coletivo guardião da lei e da ordem. A função da polícia é garantir um princípio ordenador geralmente válido, não para um indivíduo. Eles não estão psicologicamente disponíveis para ela, e nem essa atitude consegue lidar com o problema do invasor. Tentar fazer aquilo que é geralmente considerado "certo" é aqui representado como uma resposta inadequada ao problema da carência insatisfeita e do escapismo passivo-agressivo. Um outro modo mais individual de lidar com o invasor deve ser encontrado, para que a ameaça seja neutralizada.

Neste sonho, a possibilidade dessa *lysis* é insinuada na consciência da sonhadora, que terá de conversar com a irmã para recrutar sua ajuda; e logo depois ela "acorda". A irmã, representando sua rebeldia, não só é cúmplice do invasor, mas também ligada ao "lar", como cerne da individualidade. Ela também está em contato com a mãe; em reação ao comportamento promíscuo desta, a sonhadora adotou uma posição oposta, de inércia, "para não ser como a mãe." Ter uma relação consciente e de aceitação de seu lado rebelde provocaria seu "despertar" psicológico. (E, de fato, no final do sonho ela acordou.) Isso poderia ser considerado um desenvolvimento favorável e, portanto, uma *lysis*. Contatando seu problema com a sombra e adotando uma expressão responsável para seu lado carente, rebelde, potencialmente delinqüente, mesmo correndo o risco de ser como a mãe, a sonhadora estava contatando o "lar". E, com isso, descobriria sua verdadeira identidade, que, enquanto recorre ao "falso eu", é negada e só pode se expressar negativa e destrutivamente. Em vez de devanear, ela pode aprender a tornar-se assertiva, trabalhar e lutar de modo realista por aquilo que quer e precisa individualmente. Seria este o valor positivo da energia sociopata.

Estão representados na estrutura dramática do sonho os opostos energéticos da psicologia da sonhadora: polícia e tendências sociopatas, inércia e promiscuidade ou rebeldia. Por terem os opostos permanecido até então separados, ambos os lados estavam negativamente polarizados. O sonho enfoca isso e serve como ponto de partida para construir a consciência da sonhadora de seus lugares no drama da vida.

A *lysis* (ou catástrofe) sempre aponta para o futuro, para aquilo que, embora ainda não esteja realmente presente na vida, está em vias de sê-lo, é possível ou até provável. Nessa medida, crise e *lysis* (ou catástrofe) podem ser também proféticas não só no nível do sujeito, mas também no nível do objeto. Contudo, só retrospectivamente pode-se estar certo de que uma mensagem particular antecipava eventos no nível do objeto, exteriores. Exceto pelas alusões, que podem ser lidas como possíveis advertências sobre fatores objetivos negligenciados, é melhor tratar as aparentes profecias como possibilidades psicológicas do nível do sujeito. Elas podem mostrar aquilo que está disponível potencialmente, como uma resposta ao desafio ou como saída para a dificuldade; mas continua sendo necessário realizá-lo na vida real. Levar a mensagem do sonho a sério na vida ajuda a tornar realidade consciente os aspectos favoráveis da função prospectiva e, da mesma maneira, ajuda a evitar aquilo sobre que o sonho advertiu.

Resolver um problema só no sonho não basta. Deve ser acompanhado de uma atividade equivalente na vida desperta. Relacionar-se com um sonho apenas por compreensão abstrata ou até por *insigth* emocional, não basta. É preciso que vivamos com as imagens e mensagens em nosso cotidiano e que tentemos trabalhar com elas de modo responsável e realista. O sonho nos mostra onde estamos, onde erramos e quais são as possibilidades e os caminhos abertos para nós, mas, a menos que também tentemos testar esses caminhos indo por eles e lutando com suas dificuldades, a mensagem do sonho será em vão.

Capítulo Oito

MOTIVOS MITOLÓGICOS

Pode facilmente acontecer que uma idéia coletiva... seja representada num sonho somente por um atributo de natureza inferior, como quando um deus é representado por um atributo teriomórfico... [ou] quando a "deusa" aparece como um gato preto, e a divindade como o *lapis exilis* (a pedra sem nenhum valor). A interpretação exige então certos conhecimentos que têm menos a ver com zoologia e mineralogia e mais com a realidade de um *consensus omnium* histórico a respeito do objeto em questão. Esses "aspectos mitológicos" sempre estão presentes, mesmo que num dado caso possam ser inconscientes (*CW*, 9 II, pars. 55, 57).

Os arquétipos intervêm na formação dos conteúdos conscientes, regulando-os, modificando-os (*CW*, 8, par. 404).

Os sonhos podem apresentar e até podem ser estruturados por motivos específicos, procedentes do acervo mitológico da humanidade. Todas essas imagens são arquetípicas, expressam forma básica e padrões ordenadores e simbólicos que descrevem "da melhor maneira possível a natureza obscuramente pressentida do espírito... apontando para além de si, para um significado obscuramente pressentido, que escapa ainda à nossa compreensão".[1] Transmitem os padrões de energia coletiva nucleares, em torno dos quais podem se constelar quaisquer complexos[2] do sonhador individual.

Esses motivos mitológicos nos sonhos representam para a consciência humana os princípios fundamentais de forma e significado, padrões ordenadores do poder criativo transpessoal e, provavelmente, suprapessoal, que vêm sendo descobertos, expressos e celebrados através das eras nos rituais, artes, lendas, contos e relatos históricos. Representam as vias pelas quais o inconsciente coletivo da humanidade, em suas diferentes manifestações culturais, responde espiritual, filosófica, social, ética e esteticamente aos grandes temas da vida. As imagens míticas que emergem na consciência onírica são padronizadas pelos princípios formadores básicos, que denominamos arquétipos. Eles mostram uma via pela qual esses padrões alcançam

91

nossas percepções e subjazem aos nossos ritos religiosos, nossas emoções e nosso comportamento. Por intermédio de seu aparecimento em sonhos, capacitam ao confronto direto com os elementos numinosos, transpessoais e, em última análise, irrepresentáveis, que estruturam a atividade humana e a consciência — padrões de vida, morte, renascimento, infância, desenvolvimento, sacrifício, conflito, sofrimento, conquista, ordem, relações, separação, vinculação, para mencionar apenas poucos.

Essas estruturas mitológicas são configurações de campo temáticas. Elas descrevem e orientam, dão significado e guiam tanto no reino psíquico objetivo como nas relações e eventos interpessoais. Como todos os símbolos oníricos, essas estruturas mitológicas podem ser altamente auxiliadoras; só, porém, quando assimiladas em termos de sua relevância para a situação psicológica e existencial específica do sonhador. Elas devem ser experienciadas como dinâmica pessoal, psicológica. A imagem arquetípica, o complexo e a adaptação pessoal devem ser vistos e trabalhados juntos, como aspectos mutuamente entrelaçados na situação de vida do sonhador.

Esses motivos, surgindo espontaneamente no sonho a partir do amplo acervo do inconsciente coletivo, muitas vezes são desconhecidos para o sonhador até então.

Mas, embora eles se assemelhem a partes de mitos ou contos de fada (antigo e modernos) existentes, também podem ser inéditos, individualmente criados/descobertos, para ecoar com os temas de vida em jogo na psicologia do sonhador. Pois, como Jung tão adequadamente escreveu, todos nós "sonhamos o mito progressivamente e o vestimos com trajes modernos".[3]

De fato, parece que a capacidade natural da psique de formar mitos ou de contar histórias é um poderoso fator organizador e de cura. Ao tecer eventos, dores e experiências numa história dramática significativa, atua no sentido de integrá-los em uma totalidade organísmica de funcionamento global.

As imagens arquetípicas procedem de uma camada da psique que está além, tanto do funcionamento consciente pessoal quanto racional-intelectual. São transpessoais, aliás, em geral suprapessoais, pois são expressões representativas de padrões de poderes que estão além da vontade pessoal de controle e até da compreensão, atuando numa dimensão do campo consciente que parece independente das limitações de tempo e espaço como nós as conhecemos. Nisso elas manifestam uma estreita analogia com aquilo que chamamos, livremente, de funcionamento instintivo nos animais.[4] Por outro lado, elas também nos conectam com a dimensão do espírito e da experiência espiritual. Os motivos arquetípicos, portanto, indicam o desenvolvimento potencial, ainda irrealizado. Mesmo diante das mais flagrantes más constelações ou imagens aterradoras, o terapeuta deveria lembrar que as energias arquetípicas, que podem estar formando o cerne dos complexos destrutivos, estão destinadas a tornar-se fatores de cura. Em vez de sofrer essas energias ou exteriorizá-las de modo compulsivo e obsessivo, elas podem vir a estar disponíveis de forma construtiva, assim que a adaptação pessoal, consciente, se transformar em uma cuidadosa aceitação e expressão responsável da "intencionalidade" arquetípica.

RECONHECENDO OS MOTIVOS MITOLÓGICOS

Podemos reconhecer com relativa facilidade esses motivos mágico-mitológicos quando o sonho nos confronta com elementos racionalmente impossíveis, em termos de nossa realidade cotidiana. Às vezes, esses personagens parecem ou agem estranhamente. Às vezes, como nos exemplos a seguir, alguém leva um tiro no coração e continua vivo, ou um gato se transforma numa leoa enfurecida, que pode ser apaziguada quando se dá a ela um chocalho. Esses comportamentos só acontecem por mágica, nos mitos e nos contos de fada. Sabemos que estamos nos reinos do mito e da magia, no sonho, quando a energia psíquica subjacente manifesta-se em mudanças de forma, quando flores podem falar e se comportar como seres humanos, quando animais podem tornar-se príncipes e princesas, quando deuses e deusas aparecem sob a forma de animais, e gatas podem virar leoas.

Embora o surgimento desses elementos irracionais indique ao intérprete que é preciso procurar motivos mitológicos no sonho, também é importante estar atento para a presença de um poderoso material psíquico, tão separado da consciência do ego que sugere uma grande distância psicológica e/ou graves dificuldades em relacionar o material representado nas imagens com a vida cotidiana do sonhador.

Essa irracionalidade e caos sobrenaturais não devem ser confundidos com temas mitológicos e contos de fadas. Os motivos míticos e dos contos de fadas podem parecer irracionais, mas mostram uma coerência formal, interna e geral, uma consistência motivacional e estética e, até mesmo, uma lógica própria. Freqüentemente, a diferença entre estes e a desordem caótica tem afinidade com a diferença entre uma composição musical atonal e um martelar errático ao piano, ou entre um Picasso ou um Klee e uma dispersão disparatada de formas e fragmentos coloridos. É preciso que o terapeuta tenha treinado sua sensibilidade e seja experiente para captar essas diferenças.

Quando há incoerência nas próprias imagens oníricas ou uma representação de elementos sem relação aparente ou caóticos, isso pode assinalar a atividade dos níveis limítrofe ou psicótico no sonhador. O aparecimento de imagens arquetípicas destrutivas e/ou sobrenaturais altamente impessoais, estranhas, nos sonhos, geralmente indica distância ou até dissociação da energia em questão, do sonhador ou terapeuta. Nessa situação, a relação com o fator potencial de cura é improvável, pois, enquanto persistir essa dissociação, a energia não pode ser canalizada construtivamente.

Embora os motivos míticos ou dos contos de fada, quando genuínos, não devam ser reduzidos à mera psicopatologia,[5] o aparecimento de certos temas míticos de destruição (como cenas de inferno, decadência ou desmembramento, ou caos da batalha final) podem significar fases críticas de transição no processo analítico, com desfecho incerto.[6]

Além da ação similar à dos contos de fada, os motivos mitológicos também podem ser reconhecidos por uma força aparentemente predestinada dramática, arrebatadora. Eles são imagens de estruturas cujo padrão básico é subjacente à totalidade da vida do sonhador. Geralmente, seu aparecimento nos sonhos tem um tom peculiar, discretamente sobrenatural, uma "numinosidade" que cria um senso de reverência no sonhador e/ou no analista.

Às vezes, mas não necessariamente, a ação do sonho mítico tem lugar em ambientes históricos ou culturais não atuais ou num tempo/espaço manifestamente fantástico. Essas cenas nos avisam da presença de um complexo distante da consciência do sonhador, tanto quanto o tempo e o lugar estão distantes de sua realidade atual. Eles sugerem uma dinâmica que ainda expressa ou está fixada nos cânones desse passado histórico ou período cultural. Serão necessárias associações, explicações e amplificações pertinentes a esse período.

Uma cena onírica na Roma antiga, por exemplo, pode referir problemas motivacionais e orientações valorativas de força de ânimo, autocontrole, responsabilidade e servir o Estado e a comunidade; ou, negativamente, a ânsia de uma impiedosa conquista elevada à categoria de virtude. Uma atmosfera rococó pode falar de leveza e graça de estilo, ou de uma postura jovial superficial, mas também é possível que assinale o início de esclarecimento e ordem racional, conforme os tipos de associações e explicações dadas pelo sonhador.

Quando confrontado com um dinamismo mitológico-arquetípico, nosso julgamento sobre certo ou errado, válido ou não válido nos comportamentos deve ser guiado pelas modalidades mitológicas e dos contos de fada, e não por nossa racionalidade comum e cotidiana. O material assim representado procede de uma fonte profunda, distante da consciência diurna do sonhador, em que se aplicam as leis dos níveis mágicos da consciência.[7] Sentar-se à beira de um vulcão em atividade demonstra irresponsabilidade, pelos padrões comuns cotianos e, psicologicamente, revela um elevado grau de inconsciência e/ou de negação de uma erupção emocional. Por outro lado, como indicamos acima,[8] em termos arquetípicos, o motivo da cratera vulcânica simboliza um acesso à dimensão transpessoal Yin/Grande Deusa, com suas conotações de morte e renascimento. Pode, enfim, assinalar capacidade para uma consciência do sobrenatural, que irrompe como uma emocionalidade eruptiva, vulcânica.

Havendo uma alusão direta no sonho a um elemento "sobrenatural", mítico ou de conto de fada, como, por exemplo, uma criatura fauniana brincando perto da cratera — sugerindo companheiros de Dioniso — ou um tripé — sugerindo a Sibila que recebia os oráculos — ou uma voz misteriosa na fumaça ou até uma sensação de numinosidade e assombro, o foco da interpretação deve ser também diretamente dirigido para o nível arquetípico da mensagem do sonho. A mensagem então poderá enfatizar o aspecto sexual (fauno) ou a possível sabedoria profética (sibila) da fonte profunda. A imagem da atitude imprópria perante aquele local (vulcão) adverte o intérprete de que o sonhador está brincando desrespeitosamente com poderes da dimensão simbólica, talvez com jogos mentais, "viagens mentais" ou "caça ao símbolo."

Embora todo sonho contenha alegorias e símbolos que exigem atenção e compreensão, os elementos arquetípicos nos sonhos exigem do terapeuta compreensão sensível dos inúmeros motivos do amplo acervo mitológico da humanidade. Assim, é importante para todo psicoterapeuta aumentar sua familiaridade com esse material, não se contentando apenas com uma mitologia que, muitas vezes, é a mais próxima da própria mitologia do analista. Um estudo dessa amplitude proporciona material adequado à amplificação de uma ampla gama de sonhos de analisandos.

O CONTRAPONTO ENTRE MATERIAL ARQUETÍPICO E PESSOAL

Como explicamos acima, a amplificação é um método para chegar à compreensão do sonho vinculando seus motivos ao sentido mitológico geral, por comparação desses motivos com o material mitológico existente. Em vez de apenas reduzir o sonho *ad primam causam*, em termos de eventos da infância ou de problemas atuais, a amplificação utiliza o conhecimento e as associações do sonhador ou do terapeuta com o corpo dos mitos e histórias tradicionais, com o propósito de estabelecer o impulso provável de um determinado conto. Isso serve para integrar o complexo pessoalmente constelado ao seu cerne arquetípico.

Sem essa consciência mitológica sensível e abrangente, elementos cruciais de um sonho podem ser perdidos ou reduzidos na interpretação e/ou incompreendidos ou vistos apenas como distorções racionais ou pessoais. Da mesma maneira, aspectos do sonho que procedem do padrão determinado mitologicamente não serão percebidos. Estes têm uma importância particular, uma vez que algumas de suas variações sempre chamarão a atenção para elementos cruciais na psicologia individual do sonhador, que requerem exame.

Um pesadelo repetido com variações ao longo de vinte anos foi relatado em terapia por uma mulher de 38 anos que apresentava alguns traços limítrofes. Ela era ou vaga e indefinida ou dada a uma negatividade rebelde, geralmente ao pânico, e propensa a atos autodestrutivos. Ela sonhou:

> Desço à adega. É escuro e aterrorizante. Um homem está escondido lá. Ele sai do esconderijo e fica na minha frente. Sinto-me tão assustada que não posso me mover. Ele sorri e, calmamente, me dá um tiro direto no coração. Eu não morro. Eu acordo.

O trabalho começou obtendo-se associações para o sonho. A figura escura lembrava a sonhadora de um "tipo zelador". Ela o descreveu como apenas "terrivelmente quieto e ameaçador". Segundo sua explicação, zeladores "tomam conta de edifícios e do lixo, e vivem no porão". Levar um tiro no coração "certamente mataria, mas ali eu não morri".

Os sonhos costumam ficar repetindo suas mensagens até que sejam compreendidas e integradas à vida. Esse sonho já tinha sido trabalhado em terapias precedentes, como uma revelação do desejo oculto por gratificação masoquista e como medo de base edipiana de penetração pelo pai-analista. Há uma verdade parcial e distorcida em ambas as interpretações, mas elas não conseguiram tocar o cerne essencial de seu problema; e, sobretudo, foram terapeuticamente ineficazes. Os temas arquetípicos aqui não são Édipo, mas Hades-Dioniso, o deus do mundo inferior (aposento escuro no subsolo) e do êxtase, e Eros, que fere o coração mas não mata. O pesadelo estava claramente repetindo-se para que fosse tratado com exatidão. Como sonho repetido e arquetípico, assinala um problema existencial básico.

O terapeuta se calou sobre suas amplificações, de acordo com o preceito básico segundo o qual os elementos pessoais devem ser elaborados antes.[9] Mas, como proporcionavam orientação para uma parte da dinâmica arquetípica subjacente ao caso, serviram ao seu propósito.

Hades é o deus da morte e do rico mundo inferior, onde ficam depositados o lixo e as sementes. Ele é o raptor da filha de Deméter, Core, e, às vezes, equiparado a Dioniso, o senhor do êxtase.[10] Neste sonho, porém, o tema tem uma variação. Em vez de raptada, é a própria sonhadora que desce ao submundo e ali encontra o ameaçador elemento masculino de sua psicologia. O motivo da descida, reminiscência da busca de Ishtar pelo amante no mundo inferior, está misturado com o de Eros-Cupido, cujas flechas causam a doce agonia do amor. O entrelaçamento dos temas sugere que há um impulso-motivação no ego-onírico, talvez ligado a uma busca do amor passional, que tira-a de sua vida cotidiana e confronta-a com o medo de estupro e morte e com uma conexão com a paixão extática, predestinada.

O terapeuta anotou o sonho após a sessão e refletiu a respeito:

Há um espaço escuro e aterrorizante "no mundo inferior", espaço repleto daquilo que tem sido relacionado com o nível de "lixo". Esse reino está a cargo de Hades-Eros-Dioniso, um poder chamado "Senhor" do êxtase, amor e criatividade, disposto a penetrar o coração da sonhadora. Como ela está com muito medo desse poder, só pode sentir uma ameaça de morte no encontro. No entanto, de acordo com o próprio mitologema e com a lysis *do sonho ("Eu não morro, eu acordo"), pode-se pressumir que, no caso dela, será possível um retorno favorável ao "mundo superior", ou seja, uma integração do material inconsciente à sua vida pessoal.*

O terapeuta também formulou algumas interpretações possíveis, mas, evidentemente, não as compartilhou com a sonhadora. O terapeuta anotou no prontuário do caso:

No sonho ela desce. Por quê? E, no inconsciente, ela é confrontada com aquilo que está cindido de sua psicologia e é temido — uma silenciosa ameaça de morte, que também é um despertar para o que ela ama. O que é essa amada Mãe? Um antigo amor? Alguma paixão inconsciente?... O regente-guardião que mora embaixo, como Hades-Dioniso, dá um tiro em seu coração, penetrando assim o centro dos seus sentimentos — não uma "vagina deslocada", como lhe disseram — com o seu próprio poder/amor fálico e, apesar disso, ela não morre, mas desperta. Há o motivo de Eros, por isso a mensagem do sonho está clara... Teria alguém dito a ela que é insensibilidade e egoísmo lutar para ter o que ama? — O sonho mostra que ela precisa acordar para o seu potencial para o amor, para uma alegre auto-afirmação, auto-

expressão, e até para relação amorosa, que se tornaria disponível se ela enfrentasse seu medo e lutasse pelo desejo do seu coração. Mas ela também tem medo daquele "lixo". Que êxtase foi descartado? Muito para esperar e ver.

A cena do sonho era desconhecida, mas como envolvia uma descida para outro nível, para uma consciência anterior ou para o inconsciente, a sonhadora foi solicitada a fazer associações com uma época anterior de sua vida, quando tinha sentido o medo que experimentara no sonho. A sonhadora lembrava-se de ter sido punida com o "tratamento pelo silêncio" por ter desafiado a mãe, e de ter passado muitas noites soluçando sozinha, até ser aceita novamente. O terapeuta registrou para si a analogia entre o tratamento pelo silêncio e o zelador silencioso e ameaçador, e reconheceu que o medo do abandono e o *animus* punitivo do complexo materno tinham invadido a experiência precoce da sonhadora de auto-expressão amorosamente aceita. Nada disso ainda fora dito à sonhadora, pois ela estava envolvida em recordar emoções. O resto da sessão e as sessões seguintes, por vários meses, abordaram sua elaboração de memórias dolorosas sobre a relação com a mãe carente e controladora, em parte guiada por outros sonhos que surgiram.

Quando a sonhadora começou, muitos meses depois, a sentir a irrecuperável perda que sofrera aos 18 anos, ao abandonar sua potencial carreira como violinista-concertista, que até então racionalizara e menosprezara como "egoísta e impraticável", o terapeuta lembrou que o pesadelo tinha aparecido, pela primeira vez, quando ela estava com essa idade. Uma vez que o sonho voltava a ser relevante, foi outra vez trazido à atenção da sonhadora. Abriu-se então um outro nível de compreensão, tanto para a sonhadora como para o analista. Desta vez, a sonhadora viu que se proibira de lutar pelo que amava dando um tiro em seu próprio coração, desprezando rebeldemente sua própria paixão pela música, para evitar sentir que esta lhe havia sido roubada pela mãe narcisista. Começou um processo de luto. O terapeuta registrou silenciosamente um outro *insight* derivado da discussão sobre o sonho e material histórico recordado:

> *Por bons motivos, ela teme receber a energia extática do deus da escuridão, pois foi despojada do cuidado materno e, depois, se despojou no vaso da arte, que a capacitaria para contê-la e mediá-la criativamente na vida. Por não ter nem raízes maternas nem criativas para enraizar energias transpessoais, estas, portanto, ameaçavam engolfar o vaso do ego. Reprimindo a expressão artística para contrariar a mãe e privá-la (ou também como uma oferenda de amor ao vínculo com a mãe, como sugere o tiro no coração) ela só pode vivenciar o terror*

da morte perante o transpessoal. Não pode igualmente receber a pai-.
xão sexual na segurança de um vaso materno ou corporal, que poderia
dar apoio/continente ao prazer extático.

Após muitas semanas de desespero e fúria, a sonhadora mencionou indiretamente o sonho, desejando de fato ter morrido, em vez de ter matado seu talento. Ao elaborar novamente o sonho na análise, ela se deu conta de que lutar pela paixão que tinha sentido pela música significaria redirecionar sua vida. Junto com esta repressão, ela desistira de uma capacidade para a intensidade que, agora, parecia assustadora e desejável. Percebeu que tinha medo até das lembranças do prazer que tocar violino lhe dava. Ela começava a ver que esse medo do êxtase e da reverência sem mediação era a razão subjacente que a levara a afastar-se de seu talento musical e a manter relações amenas. Nos anos seguintes, começou a assumir responsabilidade por abrir seu coração às dores e alegrias de Eros-Dionso, como essa energia arquetípica se manifestava em desejos pessoais e paixões. Dessa maneira, foi capaz de realizar a mensagem do sonho repetitivo, no enriquecimento (Hades-Plutão também é o deus das riquezas) de sua vida.

O caso acima é um exemplo do às vezes lento trabalho necessário com um sonho arquetípico, por vários anos, aprofundando progressivamente e assim ser tocado pelo cerne curativo, arquetípico do complexo.[11] Contudo, na prática clínica, o pessoal e o arquetípico costumam se manifestar ao mesmo tempo, lado a lado, em sonhos da mesma noite, e, como sempre, tanto os "grandes" como os "pequenos" temas e sonhos merecem cuidadosa atenção.

Um homem de negócios muito bem-sucedido, que sofria de acessos intermitentes de depressão, sentimentos de alienação e vazio, alternando com períodos maníacos de fúria excitada e hostilidade destrutiva, trouxe os seguintes sonhos, ocorridos na mesma noite:

Meu sócio nos negócios deixou sua esposa e filhos há muito tempo, e agora precisa declarar falência por causa disso.

A gata da família está tendo um acesso selvagem de fúria, mordendo e ameaçando com as garras qualquer coisa em seu caminho. Eu sinto que é porque não dei a atenção que devia ao animal. Quando tento controlar a gata, ela vai ficando maior e maior até chegar ao tamanho e forma de um leão. Agora tenho medo de que exista uma ameaça à vida e integridade física, a menos que possa acalmá-la, devolvendo-lhe seu chocalho.

A ação do primeiro sonho está na esfera do relativamente comum, pelo menos até onde leva o sonho. Certamente, abandono e falência, apesar de eventos arquetípicos, são concebíveis como ocorrências pessoais da vida comum. No entanto, como nenhuma parte da ação desse sonho aplicava-se a eventos reais, nem à pessoa real de seu sócio, era claro que o sonho era uma descrição alegórica de uma dinâmica no nível do sujeito. Era preciso descobrir as qualidades do sócio — como elas se aplicam à psique do sonhador — para ver quais qualidades o afastaram da relação com o feminino (esposa) e com a fecundidade do desenvolvimento futuro (filhos), e o haviam tornado psicologicamente falido, sem energia possível para promover seu empreendimento de vida.

O segundo sonho é mais complicado. Aqui somos confrontados por eventos que são racionalmente impossíveis em termos de nossa realidade cotidiana, mas consistentes com a dinâmica mítica e dos contos de fada. Somos, dessa maneira, alertados para um motivo mágico/mitológico, e nossos padrões diários e racionais de avaliação devem mudar.

Uma gata que pode virar uma leoa não é um animal comum. No drama onírico, essa mudança segue-se à tentativa do sonhador de controlar a gata. Portanto, no nível pessoal, esse controle, essa tentativa de disciplinar ou essa repressão podem ser vistos como a causa psicológica da mudança na forma: a gata enfurecida, ao ser controlada, fica mais poderosa. Mas a própria transformação sugere um âmbito mítico, de conto de fada, em que a ordem mágica prevalece; daí a necessidade de uma abordagem simbólica e não somente metafórico-alegórica.

Aquilo que é absurdo na realidade comum pode ser possível, fazer sentido ou até ser proveitoso ou necessário num mito ou conto de fada em particular, mesmo que não o seja em outro. Em cada sonho em particular, então, temos de discernir quais são os modos particulares de reagir e se comportar provavelmente requisitados pela situação mitológica que enfrentamos. Isso significa que devemos sempre identificar primeiro a ação, o estímulo ou meta da história específica à qual fazem referência a estrutura e os eventos do sonho. Isso pode ser feito de dois modos: pela amplificação mitológica e pela fantasia; pela imaginação ativa ou dirigida.[12]

Em qualquer sonho, o significado de uma imagem será determinado pelo que ela "é" e pelas associações que ocorrem ao sonhador.

Metafórica ou alegoricamente, em termos das associações, a imagem de um gato no sonho pode referir-se a experiências pessoais com gatos, um animal de estimação específico sobre o qual recaiam as projeções do sonhador ou lembranças de uma determinada situação ocorrida com um gato. O animal pode ter garras afiadas, ser brincalhão ou erótico. Pode levar o sonhador a lembrar da sala de visitas da avó ou da cura de Tom Sawyer.

No nível explicativo, o "gato" é um animal domesticado e, por isso, representa uma energia instintiva e uma sensação de plena posse do próprio corpo, mas relativamente "domesticada" e em relação estreita com a consciência. Além disso, em contraste com cachorro ou cavalo, o gato se comporta com independência, move-se sinuosamente, enxerga à noite, brinca com sua presa etc.

Simbolicamente, o gato representa um poder "divino" teriomórfico de autonomia espontânea, devorador e brincalhão, de natureza geradora e reativa, uma qualidade particular ou aspecto da energia transpessoal, instintiva, corporificada.

Neste sonho, a imagem da gata de estimação virando uma leoa enfurecida pode ser amplificada através dos mitos do antigo Egito de Bast e Sekhmet. Ambas eram consideradas aspectos do mesmo poder feminino arquetípico. Bast, a deusa gata, era uma deusa da alegria, da dança, da música, da jovialidade; representava o poder fertilizador do sol. Sekhmet, a deusa leoa, chamada a "Poderosa", simbolizava o poder destrutivo, abrasador do sol. No mito, sua fúria contra a *hybris* dos falsos sacerdotes virava uma incontrolável sede de sangue. Se Ra, o poder solar supremo, não tivesse dado a ela uma bebida inebriante, levando-a a "fazer o amor e não a guerra", sua raiva teria resultado na destruição de toda a humanidade.

A provável alusão a Bast e Sekhemt também é confirmada pela associação do sonhador com o chocalho que ele devia devolver à gata. Ele o descreveu como "algo parecido com uma ferradura de cavalo, invertida e com um cabo". Isso levou-o a pensar num chocalho com que brincava quando era pequeno. O ruído desse chocalho, lembrava-se bem, incomodava sua mãe e ela lhe dissera que tinha tido de levar o chocalho embora. Na estatuária antiga, encontramos um "chocalho" na mão de Bast. Era chamado de seu sistro e usado nos festejos com procissão, música e dança em honra à deusa.

Sendo assim, neste caso, as associações do sonhador coincidem com a amplificação do terapeuta; elas parecem ajustar-se ao mesmo mitologema que, portanto, pode ser usado para interpretação. Quando isso não acontece, o terapeuta precisa ir buscar mais longe. Seria altamente impróprio que o terapeuta simplesmente usasse aquilo que ele considera o mitologema apropriado, mesmo que as associações do sonhador sejam ou não congruentes com isso. Proceder assim seria introduzir injustificadamente um elemento estranho no material do sonhador.

Quando o impulso da história não pode ser estabelecido por qualquer amplificação que o vincule a uma história ou motivo, o contexto dramático pode ser igualmente estabelecido pela imaginação "ativa" ou dirigida. Em ambas as técnicas o sonhador é incentivado a completar a história do sonho, fantasiando ou inventando inteiramente. Qualquer forma de fabulação se baseia na atividade inconsciente, independentemente das intenções conscientes do narrador; desse modo, serve para completar a história do sonho e estabelecer sua intenção dramática.

Em nosso caso, a fantasia do sonhador imaginou a leoa voltando a ser outra vez uma gata e acomodando-se brincalhona em seu colo, ronronando suave, logo que o chocalho lhe fosse devolvido.

Podemos tentar agora uma interpretação preliminar do motivo mitológico que esse material apresentou até aqui: gata e leoa são "divinas", quer dizer, são forças transpessoais. (Aqui, coincidem com os motivos da religião egípcia.) Os deuses são representados de forma teriomórfica, animal, porque cada espécie animal era tomada para representar uma essência transpessoal típica, que era relativamente "pura" em dada espécie, e, portanto, divina. Presumia-se que essa essência poderia estar parcialmente presente nos seres humanos, diluída por outros fatores. A força felina ou a natureza felina é apresentada aqui como um poder desconsiderado ou negligenciado (o sonhador não deu atenção à gata). Nas associações do sonhador, isso tinha a ver com brincar e ter intimidade corporal com outros, ter prazer no próprio corpo. Nos termos da figura histórica de Bast, isso se referiria a alegria e contentamento. Desconsideradas, essas necessidades instintivas tornam-se forças destrutivas e vingativas que ameaçam — no mito — destruir a humanidade, ou seja, a humanidade do sonhador, assim como suas relações com outros seres humanos. Repressão e negação, assim como "inflação", invariavelmente, convidam à psicopatologia interior e às catástrofes potenciais no exterior. Por outro lado, respeitosamente considerada e se lhe for dado o que lhe é devido — neste sonho, o chocalho/sistro, propriedade da deusa —, a força ameaçadora pode ser apaziguada e, até mesmo, transformada numa energia de sustentação da vida.

Este sonho nos dá um panorama simbólico geral de um "motivo condutor" predominante na situação do sonhador, senão em toda sua vida. Mas elaborada só arquetipicamente, essa interpretação não é específica o bastante. Na melhor das hipótesses, deixa-nos com a questão de como e onde a *hybris* do ego está sendo introduzida. (Essa *hybris* é deduzida da amplificação mitológica: a tarefa de Sekhmet era punir a desconsideração dos falsos sacerdotes pelos deuses.) Na pior das hipóteses, pode ser ouvida pelo sonhador como predicação de princípios filosóficos ou religiosos abstratos. Para enraizar o quadro simbólico devemos conectá-lo com um material pessoal, que nos mostrará em que atos e atitudes concretos e particulares a "negligência com a gata" está acontecendo.

Esse *enraizamento pessoal* pode ser realizado por meio daqueles sonhos "comuns", pessoais, não-arquetípicos, alegóricos, que podem coincidir com os arquetípicos e/ou, como no primeiro exemplo, por associações pessoais com o sonho arquetípico. Geralmente, esses sonhos "comuns" não são difíceis de abordar. Para cada "grande" sonho arquetípico, costuma haver vários "pequenos", ou seja, sonhos pessoais. Se o terapeuta cair na tentação de negligenciar e desconsiderar os pequenos sonhos pelo material arquetípico, arrisca-se a perder a âncora pessoal. De fato, pode até não ser possível compreender a relevância do drama arquetípico como tal (daremos um exemplo mais adiante) sem uma análise simultânea ou prévia do material pessoal.

Aqui, o drama pessoal tinha vindo *com* o arquétipo e podemos examinar *similaridades estruturais e temáticas.* A falência do sócio pode ser considerada equivalente à destruição causada pela leoa. As associações e explicações dadas sobre o sócio mostram-no como uma pessoa super-orientada para a obtenção de sucesso nos negócios e finanças, para a aquisição de prestígio e poder, mas descrita emocionalmente distante, pessoalmente inacessível, para quem jovialidade era frivolidade. Olhando para si mesmo à luz dessa imagem reflexa, o sonhador evocou lembranças de lutas em sua infância, em que precisava fechar-se emocionalmente para proteger-se de submergir na depressão e violência histérica da mãe. Não literalmente, como o sócio do sonho, mas metaforicamente, ele tinha "deixado a esposa e os filhos", porque emocionalmente continuava a distanciar-se de vínculos afetivos. Sentia-se sozinho e alienado. Em termos de sentimentos e autenticidade pessoal, estava "falido": negados todos os seus afetos, era arrebatado por explosões maníacas como uma leoa raivosa. Expressa nesses termos pessoais concretos, ele pôde então ver e, inclusive, sentir a ameaça da leoa e a necessidade de apaziguá-la para alterar sua consciência costumeira, permitindo-se ser mais aberto à emoção devolvendo o sistro — a música jovial da dança da vida — de que certamente se privara, tanto quanto tinham-no privado de seu chocalho na infância.

Como poderemos ver no exemplo seguinte, o enraizamento na dimensão pessoal se realizou primeiro separando e, depois, inter-relacionando os elementos pessoais e arquetípicos em um único e mesmo sonho.

Uma moça trouxe o seguinte sonho:

Estou andando pela rua e sou atacada por um mendigo, que agarra a bolsa que estou levando. Corro atrás dele, agora por campos, colinas e várzeas, mas, embora o homem ande extraordinariamente devagar, quanto mais eu corro menos consigo alcançá-lo.

O motivo de não ser capaz de mover-se eficientemente, seja para alcançar ou fugir de alguém, apesar do extremo esforço pessoal, ocorre com freqüência em pesadelos. É a imagem de uma sensação de assustadora ineficácia ou desvalimento.

A linhagem do sonho acima, expondo a ação onírica na frase "pelos campos, colinas e várzeas", imediatamente desperta uma atmosfera de conto de fada. Mas, mesmo sem esse detalhe, a qualidade mágica da paradoxal discrepância entre a incapacidade de alcançar um lento caminhante, apesar de estar correndo, assinala um motivo simbólico bem conhecido em várias mitologias. Uma história que corresponde precisamente e, portanto, amplifica este sonho, é o conto galês de Pwyll, príncipe de Dyved. Nesse conto, o príncipe contempla uma dama desconhecida que passeia ao longe, montada num cavalo inteiramente branco, com "um traje de ouro fulgurante". Ele envia alguns homens para segui-la, depois ele vai pessoalmente, mas "quanto maior sua velocidade, mais distante dele ela vai ficando". Só depois de repetidos fracassos para alcançá-la, quando fala com ela e pede-lhe que o espere, é que ela responde: "Ficarei de bom grado, e teria sido bem melhor para o teu cavalo se tu tivesses me pedido isso desde o começo."[13]

Esse pressuposto implícito, de que o ladrão pode ser uma figura potencialmente útil e transpessoal foi decorrente da amplificação do terapeuta. Este havia lido *The Mabinogion*. A sonhadora não. Este fato em si não impede que a amplificação seja válida. Como o sonho atua a partir de uma dimensão que transcende o espaço/tempo e a consciência individual, ele rotineiramente lança mão de fatos e motivos além e fora da consciência do sonhador (e, às vezes, do terapeuta). No entanto, os pressupostos, associações e até mesmo amplificações selecionadas pelo terapeuta podem também ser aplicáveis à sua psicologia. Nunca se deve tomar como indiscutível que elas necessariamente se ajustem ao sonhador, até que isso seja confirmado pela análise do sonho.

Neste sonho, como no exemplo precedente, é indicada uma força suprapessoal que não será "aprisionada" ou forçada por um esforço voluntarioso do ego, mas que exige tratamento e relação respeitosa. Talvez seja este o sentido geral do motivo arquetípico no sonho. Mas o que fazer quando a "divindade" ou o poder transpessoal é um arruaceiro ladrão de carteira? E como pode tudo isso ser relevante para a psicologia da sonhadora?

Associação, explicação e amplificação posteriores são necessárias para responder essas questões cruciais. Primeiro, o que está re-

104

presentado na imagem da bolsa arrebatada? A sonhadora descreveu-a como sua carteira. Por explicação, carteira é um recipiente para coisas pessoais essenciais — no caso desta sonhadora em particular (isso deve ser sempre esclarecido), para sua identificação pessoal, dinheiro e cartões de crédito. Vertendo para a linguagem psicológica, podemos considerar essa carteira uma representação alegórica do continente de seu senso de identidade pessoal, de energia disponível ou libido (dinheiro) e do valor psicológico potencial e/ou credibilidade no mundo (cartões de crédito). Nada menos do que seu senso de identidade e personalidade, sua confiança em si e suas capacidades aparecem como bens que no sonho são roubados dela.

O que, em sua psicologia, é o ladrão? Para descobrir isso, a figura e seus atos devem ser enraizadas, ou seja, compreendidas e percebidas em termos psicológicos pessoais. A sonhadora desconhecia essa figura.

Ela quis dramatizar imediatamente a cena, como tinha aprendido a fazer em seu grupo de treinamento em Gestalt. Seu estilo insistente e apressado — repetindo comportamento de sessões anteriores — foi considerado relevante pelo terapeuta, em termos da mensagem do sonho. Mais tarde, poderia ser usado para trazer essa mensagem à consciência da sonhadora. Por outro lado, uma vez que o analista conhecia o valor potencial da dramatização e da fantasia para verificar se as amplificações e mesmo as interpretações eram ou não relevantes e válidas, o método imaginal foi julgado útil. Nesse caso, ainda, o sonho está relativamente inacabado. Não há *lysis* (ver Capítulo 7). Como vimos, imaginação desperta pode ser usada para continuar sonhos inacabados.

O terapeuta sugeriu, porém, que a sonhadora tentasse falar com o ladão em fuga, em vez de persegui-lo.[14] Quando a mulher gritou para o ladrão, "Pare, pare!", ela achou que nada acontecera. Frustrada, como também no sonho, ficou impaciente e cada vez mais veemente. Depois fez silêncio e olhou para o terapeuta, aguardando uma intervenção. Ao discutir esse impasse, que apenas repetia a cena onírica, o terapeuta assinalou seu tom imperioso e impaciente. A sonhadora teve alguma dificuldade para encontrar uma alternativa. Finalmente, manobrou: "Pare, por favor. Eu realmente preciso da bolsa. Não é sua, então deixe-me tê-la de volta. Por favor". Diante disso, o ladrão, em sua imaginação ativa, deu meia-volta. Agora ele parecia um de seus professores do tempo de faculdade, e ela imaginou-o dizendo: "Calma, não se exalte. Você tem muito que aprender". Quando ela lhe perguntou se ele lhe devolveria a bolsa, ele só disse, de modo enigmático: "Ande comigo e você irá conseguir o que tiver que ser seu".

Para descobrir mais sobre a figura com quem estava andando, mais associações eram necessárias. O professor universitário de literatura (revelado quando ela se dirigiu ao arruaceiro), segundo a sonhadora, era "verdadeiramente inspirador". Essa transformação em uma figura positiva condiz com a amplificação mitológica, mas ainda requer mais enraizamento pessoal. O terapeuta perguntou o que havia de inspirador sobre ele. A sonhadora lembrou-se de sua imaginação poética e da sensação que transmitia, de uma força tranqüila e uma autoconfiança afirmada em silêncio. Ele parecia saber o que queria e como obter o melhor de seus alunos; e, ela presumia, também na vida. Ele era forte; e, no entanto, essa força estava associada a uma calma despretenciosa, altamente sensível, e a uma receptiva adaptação às pessoas e situações.

Não é importante se sua concepção desse homem possa ser altamente idealizada ou até mesmo irrealística. Tanto como sua associação com a figura, ela representa sua projeção, no professor, de um potencial inconsciente e aponta-nos a qualidade ambivalente da parte da personalidade representada pelo arruaceiro, que, enquanto ela "perseguir" desesperada e ativamente, continuará a recusar-lhe seu senso de identidade pessoal e potencial individual. Embora a sonhadora sinta-se roubada por algo que a princípio pareceu-lhe negativamente como um arruaceiro, essa figura vira um professor. A mensagem do sonho incita a sonhadora a revalorizar e aprender com o estilo reflexivo, forte e sensível do professor. Em vez de sentir-se roubada de seu costumeiro e defensivo impulso para controlar, ela terá de volta sua carteira e tudo o que ela simboliza — potencialmente transformado.

Para que fique ainda mais claro, é importante fazer agora aquilo que, rotineiramente, deve ser feito bem no início do trabalho com um sonho, ou seja, considerar a exposição (ver Capítulo 7). A sonhadora foi solicitada a descrever o lugar em que o sonho começou. Qual era a rua e quais eram suas associações com essa rua? Veio à tona que era a rua onde ficava seu emprego atual — metaforicamente, era seu acesso à sua vida profissional. Suas associações levaram-na à sua atitude ambiciosa e impulsiva, e ao seu medo de que precisasse usar força de vontade, pressão e artifícios políticos para favorecer suas posições cronicamente inseguras em seu trabalho e relações. Esse estilo ansioso, compulsivo e maníaco poderia então começar a ser melhor analisado em termos dos antecedentes de sua infância e dos seus efeitos sobre o comportamento presente da sonhadora em relação ao analista e sua própria terapia.

Durante o trabalho com o sonho, o analista tinha perguntado a si mesmo sobre as implicações transferenciais dessa imagem. Teria havido uma impressão de experiência de roubo na última sessão? Algo fora projetado, no terapeuta ou no processo terapêutico, que estivesse furtando da sonhadora seu senso habitual de identidade e seus recursos energéticos? Mesmo se a amplificação tivesse significado que isso poderia ser positivo e um encontro potencial com uma figura transpessoal ou do Self, talvez questões de idealização do terapeuta como portador da projeção e frustração com o processo devem ainda ser expressas e conscientizadas. O terapeuta lembrou-se de que na sessão anterior a analisanda tinha falado com insistência sobre seu relacionamento atual, buscando conselho para uma implementação imediata. Quando isso foi posto de par com uma interpretação sobre seu estilo precipitado, ansioso e compulsivo para resolver problemas práticos, a analisanda caiu num silêncio meio depressivo. O sonho acompanha essa interação como um comentário do Self Orientador sobre o processo de vida transpessoal (a figura da Deusa Égua na história *The Mabinogion*), como esse processo também se manifesta na terapia. Isso incentiva um exame mais profundo dos sentimentos da sonhadora após o encontro da última sessão, ao representá-los num contexto mítico — ou seja, como um problema de vida muito maior do que a relação terapêutica, mas também manifesto nela.

Em última análise, as conclusões a que se chegou analisando implicações transferenciais do sonho, tanto no nível arquetípico como no pessoal, deveriam também ser outra vez checadas por outros métodos, tais como dramatização, imaginação ativa ou dirigida, cuidadoso trabalho de provocar associações, explicações e amplificações para enraizar as imagens simbólicas e alegóricas do sonho. No melhor dos casos, como neste exemplo, todas intersectam para dar à sonhadora e ao analista a mesma mensagem básica sobre o processo terapêutico da analisanda, tal como está constelado no campo atual.

Uma vez que a cena do sonho coloca o problema em sua forma de abordar o trabalho, a referência é primordialmente para seu estilo de trabalho e sua obsessão por um trabalho ativo e obstinado como estilo de vida. Isso deve ser analisado antes de tudo. O problema pode ser, depois, relacionado com a transferência. Se a cena fosse uma metáfora descrevendo o processo terapêutico (ver Capítulo 12), deveria ser analisada em ordem inversa. Pois é, inevitavelmente, muito mais proveitoso abordar o problema do modo que o sonho estabelece. No caso desta sonhadora, suas defesas obsessivas contra relações tornavam menos aceitáveis as interpretações transferenciais iniciais, ainda que elas tenham ocorrido prontamente à reflexão do terapeuta.

Agora estamos em condição de reunir todas essas informações em uma interpretação coerente. A mensagem do sonho — como uma integração das associações e dramatizações, explicações e amplificações mitológicas — pode ser lida pelo terapeuta da seguinte forma:

Em sua atitude perante a vida e o trabalho — manipulando e sempre tentando antecipar as coisa —, sua verdadeira identidade e potenciais pessoais e energia vital lhe são arrebatados. Por isso, suas capacidades assertivas voltam-se contra você e você não é capaz de utilizar o que é seu. Em vez de precipitar-se e forçar, você precisa estabelecer uma relação consciente de "diálogo", e vir a conhecer o que está em você. Se, em vez de precipitar e forçar para ter de volta o que perdeu, você se relacionasse humanamente com o ladrão, descobriria que ele é um professor. Você descobre o que ele pode lhe ensinar caminhando com a figura do professor, em vez de correr atrás dele. Ele tem as qualidades do professor que a impressionou — qualidades de sensibilidade, receptividade, inspiração poética e também um tipo de força diferente. Isso pode ensinar coisas a você, abrindo-a para seus potenciais se você confiar em si e caminhar com novo estilo, experimentá-lo.

Uma mensagem assim poderia evidentemente ser dada também num sonho comum, pessoal. Podemos presumir aqui que isso está representado em termos arquetípicos, mítico-simbólicos, porque é uma questão existencial, da vida como um todo, um problema "cármico", que ainda não foi suficientemente considerado pela sonhadora em seu contexto espiritual e psicológico presente, e talvez tampouco pelo terapeuta. Este sonho isolado revela um padrão de vida que vai além do significado da questão profissional imediata, à qual a sonhadora associa. Ele estrutura sua relação com seu parceiro (tema da sessão anterior) e com o processo analítico (revelado em seu comportamento na dramatização e em sua reação negativa, ainda inconsciente, ao modo de pensar do analista). Além disso, os elementos arquetípicos do sonho assinalam o padrão curativo da relação entre ego e Self Orientador, entre pessoal e transpessoal, em contraste com elementos mal-constelados nos complexos da sonhadora. O mito por trás do sonho revela toda uma estrutura, pré-condicionada ou pré-adoecida, que provê apoio e *lysis* para o drama da sonhadora.

Quais partes e de que modo a mensagem é transmitida ao sonhador são sempre, claro, determinados pelo estilo e pelo julgamento clínico do terapeuta.

Algumas vezes, os sonhos em que aparecem cenas históricas — quando trabalhados em termos de impasses presentes e dores de infância, e completados por meio da fantasia ou da imaginação dirigida — desdobram-se ou se entrelaçam com elementos que são sentidos como memória de vidas passadas. Essas experiências, geralmente, liberam poderosas cargas afetivas. A impressão do sonhador de estar relembrando outra vida deve ser respeitada nesses casos. Mas também é importante que o material continue sendo relacionado com o contexto presente e que seja compreendido alegórica e/ou simbolicamente em termos da situação psicológica/existencial atual do sonhador. Uma psiquiatra com severos problemas fóbicos com autoridade, às vezes próximos da paranóia, sonhou:

> Estou na Espanha, numa espécie de calabouço. Há homens vestidos de negro. Estou terrivelmente assustada.

Em trabalhos anteriores, seus problemas com autoridade tinham sido analisados em termos de suas lembranças de um pai dominador e de suas subseqüentes experiências de ter sido tratada pelos professores, na faculdade de Medicina, com uma mescla de misoginia e complascência protetora. Depois do sonho, ela foi solicitada a focallizar a imagem do medo excessivo. Emergiu uma fantasia carregada de terror, "lembranças" de estar sendo interrogada por tortura e ser morta numa prisão da Inquisição espanhola. A onda de terror e desespero liberada no trabalho com esse material serviu como uma poderosa ab-reação. Ao perceber que estava presentemente reagindo a qualquer figura de autoridade como reagira a um ameçador inquisidor também proporcionou melhor compreensão de sua fobia e, com isso, uma certa capacidade para desidentificar-se de seu domínio sobre suas relações atuais na vida.

O TRABALHO COM MOTIVOS MITOLÓGICOS

Para lidar com o aspecto mitológico do material arquetípico, vários passos são sempre necessários.

Primeiro, o mitologema deve ser reconhecido como tal. Isso nem sempre é simples, porque os *dramatis personae* mitológicos não aparecem necessariamente com trajes históricos, nem exatamente nas histórias em que tomamos conhecimento deles, na escola ou nos livros. Geralmente, apresentam-se como algum fragmento ou variação de seu tema e/ou num contexto contemporâneo. Assim sendo, um sonhador foi advertido, por um eletricista, de que poderia ser acidentalmente executado por um fio de alta tensão, se não parasse de perambular por ali. Esse foi seu encontro simbólico com Zeus, o transpessoal senhor do raio e regente das energias. Um "impressionante eletricista" falou-lhe, o barbudo deus grego de Praxíteles. Sekhmet apareceu como uma leoa enfurecida. Cupido pode dar um tiro com arma de fogo. A tentação do diabo pode aparecer como um encontro com um supervendedor astuto e falaz ou como uma agência de empregos. E o vitorioso herói solar, ameaçado pelas sombrias forças do mal, pode aparecer como o Super-homem. Krishna, o cocheiro no *Bahagavad Gita* (que conduz o herói à batalha em que tem de lutar com sua consciência para aceitar colocar-se nas mãos do destino), pode ser um sábio motorista. Construir um novo apartamento pode ser uma referência à criação de um novo mundo. A árdua busca pelo tesouro difícil de encontrar pode pôr o sonhador num fordeco caindo aos pedaços, levando um contador Geiger pelo deserto do Arizona.

Esses motivos míticos devem ser separados de seu passado social, político, histórico e cargas culturais e reconhecidos em suas analogias contemporâneas, por vezes abreviadas ou até distorcidas. Isso requer familiaridade com os principais temas das tradições mitológicas de várias épocas e ciclos culturais, conhecimento de religião comparada e antropologia.

Segundo, lidar com material mitológico requer compreensão psicológica de seus significados simbólicos tradicionais. Pois nessa modalidade amplificadora, o alcance do significado tradicional equivale à explicação no nível pessoal. Por isso, o herói solar refere-se a algum aspecto da consciência e/ou a um princípio paterno, fertilizador. A morte geralmente refere-se à dissolução de algum padrão existente e/ou à transformação, mediante um encontro com energias arquetípicas antes despercebidas. O simbolismo lunar, em geral, é Yin, associado aos sentimentos e à receptividade, independentemente de ocorrer no sonho de um homem ou de uma mulher; mas o árido satélite da Terra, a ausência de gravidade, os ritmos lunares, o lunático, o velho deus marinheiro-lua, Noé-Sin etc., também devem ser considerados. Cada símbolo tem uma ampla variedade de significados coletivos possíveis, que requerem tanto familiaridade quanto estudo psicológico-reflexivo para ajudar a aproximar o significado tradicional relevante de sua expressão específica no sonho moderno.

Em terceito lugar, é preciso habilidade imaginativa para adaptar esses significados gerais à situação específica do sonhador, por meio de suas associações e explicações pessoais. O diabo pode referir-se ao reprimido, à matéria "demoníaca" que poderia ser redentora, mas também pode ser tentadora, um portador de luz (Lúcifer) ou um corruptor. Em uma associação particular do paciente, o drama *Fausto*, de Goethe, pode ser uma tentação que deve ser arriscada para uma renovação da vida. Como vimos acima, o entrelaçamento do significado simbólico com o contexto pessoal é parte da arte da psicoterapia. Exige sensibilidade tanto para a dimensão arquetípica e pessoal como para seus entrelaçamentos e pontos de intersecção.

Por exemplo, uma mulher sonhou:

Alguns homens matam um cervo. Meu pai fica aborrecido e quer minha ajuda. Então os homens vêm atrás de mim. Viro um rapaz.

Aqui estamos diante do motivo de Ifigênia[15] filha do rei Agamenon. Quando seus homens ofenderam Artemis, matando um de seus cervos sagrados, a deusa parou os ventos; então a frota grega não pôde içar velas para heroicamente conquistar Tróia. Para propiciar a deusa e reconquistar os bons ventos para a jornada, o rei Agamenon decretou que sua filha Ifigênia fosse morta. No momento do sacrifício, Artemis levou a moça para Tauris, como sua sacerdotisa. Este sonho apresenta elementos do mito grego, mas com um desfecho diferente. Nele não há propiciação à deusa. Em vez disso, o ego onírico identifica-se com o agressor e repudia sua própria identidade feminina, para escapar da ameaça do pai controlador e obstinado. Embora essa identificação com o masculino tivesse inicialmente sido proveitosa para a sobrevivência psicológica da sonhadora, tornou-se um problema em sua vida adulta e foi trazida à consideração da terapia por esse sonho.

ALGUNS MOTIVOS ESPECIAIS

Há alguns temas básicos relacionados à vida como processo com estágios ou passagens particulares. Esses temas ocorrem com freqüência nos sonhos em que a orientação geral do sonhador na vida está sendo apresentada ou representada. Entre eles estão o motivo do jogo, vida como representação, viagem ou estrada, rio, travessia de uma massa de água por ponte, vau ou barco, transformações alquímicas e biológicas, dança ou ritual e temas de vocação profissional, tarefa predestinada, domicílio etc. Esses motivos parecem ocorrer quando estão em questão problemas relativos a preparo adequado, compromisso e capacidade de decidir ou participar com toda a intencionalidade do ego nas lutas desencadeadas pelo destino de cada um.

Outros grandes temas em torno dos quais podemos criar/descobrir nossas mitologias individuais são aqueles ligados aos ritmos e desenvolvimentos arquetípicos de nossa vida corporal. O desenvolvimento infantil e os estágios da vida, parto, respiração, tato, ser cuidado, alimentado, dentição e perda dos dentes, amadurecer, separar-se, unir-se, ter filhos, morrer e renascer etc., todos marcam a pulsação da mudança e da transformação. Todos são dramáticos cadenciadores de nossos dramas vitais. Nessas experiências arquetípicas, assim como nos sonhos, fantasias ou visões, as dimensões simbólica e transcendental fundem-se com o pessoal-biográfico e a ele conduzem.

Por uma questão de espaço, só alguns desses motivos básicos podem ser discutidos e exemplificados aqui. Remetemos o leitor à ampla literatura sobre simbolismo arquetípico e mitológico.

O JOGO DA VIDA

Melhor que tudo, o sonho representa o ritualizado "assim é" da vida. Portanto, seu efeito catártico, assim como seu atrativo em todas as eras, desde a antiguidade, quando representava a ação dos deuses ou do destino, até o presente, nas representações seculares, filmes e produções de TV. Todas revelam o arquétipo da vida como um *show*, teatro ou sonho da divindade, uma cena de um drama divinamente determinado.

O motivo do teatro da vida (a palavra grega *theatron* significa o palco de onde a platéia testemunhava o espetáculo dos deuses e deusas, as forças criativas e destrutivas da vida) é um ritual arquetípico. Nos sonhos, o ego onírico pode ser mostrado em uma representação, dança ou concerto, ou assistindo essas representações no teatro ou cinema ou TV, ouvindo rádio etc. O ego onírico pode ser o observador progressivamente distante, sem participação direta na ação preestabelecida e/ou parte da platéia coletiva ou privada dessa ação, ou uma testemunha apaixonadamente envolvida. Participar da representação como um dos atores indica tomar parte mais consciente e ativa no drama da vida. Contudo, quando o tema é apresentado negativamente (quer dizer, repetindo a identificação consciente do sonhador com um papel), isso pode sugerir que o sonhador está exteriorizando ou reproduzindo uma parte estereotipada.

Quando o motivo teatral de "testemunhar o espetáculo" aparece em sonhos — seja na forma de assistir um programa de TV, um filme, uma peça, ou sonhar um sonho enquanto sonha (um sonho dentro do sonho) —, um Grande Tema geral da vida é apresentado. O sonhador é confrontado com um padrão de vida geral dominante. A mensagem é: o "espetáculo", sua vida, é sobre isto. Sonhos intensamente lembrados e sonhos de infância recorrentes têm o mesmo significado.

Aquilo que é representado, visto ou ouvido nessas representações assinala os motivos condutores de nossa vida — ou pelo menos a situação de vida em que estamos na ocasião em que temos o sonho. Da mesma forma, um sonho sonhado num sonho refere-se a uma questão oculta, mas vitalmente crucial, com um significado vital, arquetípico.

Eis um exemplo, o sonho de uma mulher de meia-idade:

Estou assistindo um filme que se repete, começando e terminando vezes e vezes novamente. Sempre que alguém entra, irá assisti-lo de novo. É sobre Richard Burton, que arruinou várias mulheres. Agora, no filme, vou com ele até o celeiro. Estamos prestes a ser soterrados pela pilha de grãos, mas salto para fora, pego-o pela mão e tiro-o de lá, e a ação toda começa outra vez, desde o princípio.

O caráter vital, fundamental do que este sonho revela é aqui enfatizado por sua repetitividade. A ação onírica parece implicar que a recusa em se permitir soterrar-se sob o monte de grãos com a figura de Richard Burton leva ao incessante impasse repetitivo.

Com Richard Burton, a sonhadora associou o papel desse ator no filme que vira e no qual ele lhe parecia um "homem cruel, distante de seus sentimentos". Quando solicitada a se imaginar no estado de ânimo que atribuía a ele, ela expressou mais ou menos o seguinte: "Todo mundo está contra mim. São todos uns bastardos. Não posso confiar em ninguém, só em mim. Por isso, faço o que me convém ou me seja útil".

Essa atitude, diz o sonho, arruinou a vida de muitas mulheres. Podemos supor que isso significa que arruinou-a como mulher, muitas vezes seguidas e em muitas situações. Aliás, sua tendência a sentir-se vitimada e seu cinismo paranóico e distorcidamente ressentido espoliaram-na de grandes oportunidades.

O celeiro não evocou qualquer associação pessoal. A amplificação interior do terapeuta foi que celeiro era com freqüência o local em que rei anual aceitava o auto-sacrifício como representante do deus tribal. Ele era enterrado/morto sob o grão para assegurar o crescimento de novas colheitas. A morte do velho e obsoleto era um sacrifício considerado espiritual/magicamente necessário para garantir a vinda da nova vida.

A menos que a obsoleta atitude "Burton" da sonhadora fosse abandonada, ela ficaria prisioneira de um ciclo repetitivo e estereotipado que impediria sua vida de receber/encontrar um novo significado. Abandonar essa atitude equivaleria a um sacrifício. Para a sonhadora, identificada como estava com a atitude Burton, isso parecia o mesmo que morrer junto com essa atitude. Seu senso de identidade se alicerçara nessa defesa precoce e primária, que lhe permitira sobreviver às aperezas de sua infância sofrida. Por isso, ela não consegue desistir daquilo que ela sente como abrir mão de si mesma e de sua infância, com suas defesas e incessantes esperanças de reparação. Como o sacrifício não pode ser feito, muitas oportunidades são perdidas e o impasse continua: o filme mostra-lhe incessantemente — até que o desafio básico do destino de sua vida possa ser enfrentado.

NASCIMENTO

O nascimento representa a primeira encarnação do nosso tema vital. Como mostrou o trabalho experimental com LSD,[16] vivenciá-lo, freqüentemente, inclui uma sensação de estar morrendo ou de ameaça de morte, e uma sensação daquilo que muitas vezes é vivenciado como memórias de vidas e mortes passadas. A transição da vida intra-uterina à arremetida do parto é, geralmente, vivenciada como transição de uma unidade cósmica relativamente imperturbada para o engolfamento em um sistema fechado que é experimentado "sem saída" ou inferno. A arremetida através do canal do parto é análoga à sensação de uma luta morte-renascimento, com êxtases de agressão, batalha, erupções violentas, orgias de sangue, excitação sexual e morte com imagens sadomasoquistas. Sair do canal do parto é análogo tanto de morte como de libertação.

Não é de surpreender que o modo específico do processo de nascimento tenha sido vivenciado e/ou lembrado durante uma regressão terapêutica, fantasia ou sonho envolvendo um significado fundamental para o modo como vida e identidade são vivenciadas. Da mesma maneira, enfrentar a morte, tanto em sua forma final ou nas "pequenas mortes" que são as mudanças e transformações fundamentais da vida, evoca respostas existenciais fundamentais. Similarmente, os outros padrões dos processos biológico-arquetípicos experimentados na infância (alimentação, respiração, ser cuidado etc.) têm efeitos profundos e permanentes.

Os sonhos com esse material mito-biográfico requerem mais do que interpretação abstrata. Podem requerer experiências diretas e até corporificadas. Freqüentemente, esses sonhos são muito enigmáticos. Embora possam fornecer fragmentos da história biográfica misturados com material pessoal atual, muito úteis todos eles para enraizar a história, outras vezes não chegam sequer a despertar respostas associativas. Muitas vezes, nem uma interpretação direta, no nível do sujeito ou do objeto, é possível ou penetra na profundidade do material. Por isso, aqui, particularmente, costuma ser mais adequada uma abordagem experimental, confiando no que o corpo e/ou a atividade de fantasia têm a dizer.

Um homem de meia-idade estava incomodamente empacado em uma situação de vida em que era incapaz de fazer a escolha definitiva dele requerida. Evitar decidir era para ele um padrão de vida. Isso se manifestava também no processo terapêutico, em que despendia muitas horas ruminando sobre o valor de continuar, ignorando interpretações e até a presença do terapeuta. Depois de alguns meses, ele trouxe um sonho:

Você (o terapeuta) me propõe um tratamento, fazendo-me enrolar e deitar no chão na posição mais desconfortável. Depois disso, sinto-me aliviado.

O sonhador, a princípio, não sabia absolutamente o que fazer com o sonho e não teve qualquer comentário ou associação. Quando indagado, protestou que sua terapia não era desconfortável. Quando indagado sobre a proposta de tratamento, ele se referiu, por associação, a uma útil prescrição do terapeuta anterior, que também era psiquiatra.

O terapeuta ficara intrigado com a mensagem transferencial do sonho: talvez estivesse compensando uma situação desconfortável de evitar confronto ou fosse talvez um alerta do próprio sentimento do sonhador, forçado a uma "postura" potencialmente destrutiva. Não obstante, a associação informa ao terapeuta que o sonho refere-se a algo "potencialmente útil" ao processo terapêutico ou ao terapeuta enquanto representação do Self Orientador (o terapeuta interno; ver Capítulo 12), e não à pessoa do terapeuta e à transferência e contratransferência.

Vista como uma questão de transferência/contratransferência, a situação seria de fato muito séria, significando que um terapeuta sádico força uma regressão, causando assim uma satisfação masoquista no sonhador. Contrariamente, o motivo onírico provavelmente assinala um "tratamento" que o Self sugere ou pede.

O Self Orientador, representado na figura onírica do terapeuta, propõe uma situação análoga ao próprio impasse existencial do sonhador, descrito acima. Todo o sonho pode então ser visto como um sonho de *lysis*, o desfecho curativo do processo terapêutico. Isso pode ser terapeuticamente canalizado em uma dramatização gestáltica. Sua postura então poderia revelar a natureza implícita de sua defensiva recusa a participar da vida.

Quando, como neste caso, uma postura corporal é diretamente citada, pode ser útil experimentá-la diretamente. O terapeuta, neste caso, pediu ao sonhador para colocar-se — real e fisicamente — na posição do sonho, para descobrir como se sentiria. Ele se mexeu de um lado para outro e repetiu "Não posso, não posso!". O terapeuta notou que ele mesmo também cerrou os punhos e que sua respiração ficou arfante e tensa.

Como foi dito antes, tudo que acontece quando se trabalha com um sonho faz parte do sonho, assim como uma associação. Portanto, o sonhador foi solicitado a ficar atento a esses estados tensos, e até intensificá-los, e continuar repetindo "Não posso, posso". Com isso, seu desconforto aumentou. Ele ficou muito espástico, quase convulsivo e, depois, acabou rolando no chão e revivendo seu nascimento físico, em posição agachada. Seu senso de identidade foi substituído pelo de sua mãe, que exclamava "Não posso" quando lhe pediram para fazer força para ajudar a expulsão, e voltou para ele como um sentimento impotente e de ser incapaz de se mexer ou de sair daquela posição empacada e com medo de vir a morrer ou machucar a mãe se tentasse "forçar" a situação. Nesse sentido, o sonho de fato ofereceu-lhe um símile para sua posição de vida, levando-o a vivenciar o impasse de seu próprio processo de nascimento. Experimentou como seus estados crônicos de indecisão eram como estar empacado no canal do parto, sentindo-se incapaz e com medo de mover-se para diante.

Aos poucos, com sugestão e encorajamento do terapeuta, ele conseguiu refazer imaginariamente todo o processo de nascimento e completá-lo. Isso lhe trouxe uma sensação de alívio e uma mudança de disposição, que, gradualmetne, ajudaram-no a correr o risco de tomar suas próprias decisões. Elaborar um processo de nascimento suspenso se impôs a ele como o grande tema de sua vida, seu mito pessoal.

CRIANÇAS

Desde que não pertinentes ao nível do objeto, ou seja, referentes a crianças reais ou a problemas que o sonhador possa estar tendo com crianças de verdade, crianças e bebês nos sonhos referem-se à "criança interior" — o nível infantil interior do sonhador, tudo que está inacabado e/ou em processo de crescimento ou precisando de crescer, fruto das relações com outras pessoas e da capacidade produtiva. No aspecto positivo, de acordo com as associações e explicações do sonhador, elas podem indicar potencialidades, possibilidades e tudo aquilo que ainda não amadureceu nem está concluído na vida do sonhador, crescimento e capacidade de renovação, de admirar-se, sua conexão com o reino transpessoal, com expressão emocional espontânea e livre, exibicionismo positivo etc.

No aspecto negativo, indicam imaturidade, onipotência infantil, infantilismo.[17] Freqüentemente, podem também referir a criança ferida e magoada no sonhador e as memórias traumáticas de infância que ele ainda carrega psicologicamente e que, em geral, tenta esquecer e reprimir em favor de um ego-ideal "adulto".

Quando se está determinando o significado de uma criança no sonho, é útil saber a idade dessa criança. Se no próprio sonho isso não estiver evidente, a primeira fantasia ou associação que vier à mente do sonhador, logo que perguntado sobre a idade da criança, provavelmente, revelar-se-á um dado relevante, pois há uma noção de tempo confiável e precisa na psique inconsciente. Usando essa idade como um indicador, uma criança de três anos, no sonho, pode estar relacionada com alguma experiência do sonhador aproximadamente nessa idade ou pode se referir a alguma coisa que começou, aconteceu (nasceu) aproximadamente três anos antes do sonho. Em vista das lembranças tão freqüentemente reprimidas e traumáticas às quais a figura da criança tende a nos conectar, é especialmente importante e útil fazer o sonhador "sentir-se dentro", tentar corporificar ou explorar, na fantasia, o que essa criança do sonho experimenta ou sente, tentando ver e comunicar-se com o mundo e com as outras figuras oníricas através dos olhos e da mente da criança do sonho. No mais das vezes, esse processo despertará recordações que, de outra maneira, não seriam tão facilmente acessíveis.

Há um bebê deitado em seu berço.

Não havia nenhum outro detalhe nesse simples sonho. Mas, quando o sonhador o contou, notou um sentimento opressivo, ansioso, de pesadelo, que repetidamente o assoberbava, e nunca tinha sido compreendido. Ele foi solicitado a tentar imaginar ou sentir-se como bebê, sentindo aquela ansiedade de pesadelo, e então contasse o que tinha experimentado como bebê. Quando finalmente conseguiu captar o "sentir" do bebê, ficou tenso e sentiu algo como sufocação. Ao intensificar a fantasia, sentiu um travesseiro pressionado sobre seu rosto, ameaçando sufocá-lo. O terapeuta lhe pediu que se detivesse na fantasia e visse se conseguia descobrir quem estava fazendo isso com ele. Com horror e descrença, percebeu que fora a própria mãe que parecia estar sufocando-o.

Isso era por demais importante e assustador para que ficasse nesse nível; por isso, o terapeuta sugeriu que o sonhador se imaginasse saindo do corpo do bebê do sonho, para observar toda a cena do alto, como um pássaro, descrevendo o que via e, particularmente, o que a levara a fazer isso. Agora o sonhador "viu" e relembrou memórias de uma temerosa ansiedade se infiltrando entre seus pais quando eles se escondiam em algum lugar da França ocupada, fugindo dos nazistas. Aparentemente, estavam fazendo uma busca no apartamento vizinho e, para não trair sua presença com o choro de um bebê, a mãe pressionou o travesseiro sobre o rosto do filho. Para o bebê, obviamente, essas razões não eram evidentes. Tudo que ele pôde sentir foi a assustadora e traumática ameaça de sufocação, a memória inconsciente de algo afetando profundamente sua atitude geral na vida. Desnecessário acrescentar que essa lembrança era alegórica-metafórica e simbólica, e, provavelmente, real. Metaforicamente, trouxe para a consciência do sonhador a qualidade de seu relacionamento com a mãe, que lhe parecia sufocante. Simbolicamente, a imagem da criança desvalida, sufocada por algo que lhe parecia um poder esmagador e sobre-humano, deu ao sonhador uma imagem de sua relação existencial e de como se sentia sobre a vida. O trabalho com o sonho também ajudou a despertar o sonhador para a realidade do holocausto por trás de seu complexo materno pessoal e de seu medo da vida, permitindo um sopro de objetividade e perspectiva.

Um outro aspecto da figura onírica da criança é mostrado no seguinte sonho:

> Uma criança arrombou minha caixa de jóias e espalhou seu conteúdo. Berro e grito com a criança. Agora ela está doente no hospital e minha terapeuta me diz que devo me incumbir da extração de suas amígdalas.

Quando interrogada, a sonhadora achou que a criança tinha um ano. Um ano antes sua análise tinha começado. Sendo assim, poder-se-ia sugerir que a criança representava um desenvolvimento da "criança" da análise. Um aspecto infantil da sonhadora tinha vindo à luz, mas o processo ainda não lidara com ela de modo adequado. A provável referência ao processo terapêutico também é reforçada pelo fato de que a terapeuta aparece no sonho.

As jóias, algo de valor precioso (explicação), estão sendo derramadas de uma caixa danificada. Conteúdos psicológicos valiosos estão sendo derramados do recipiente analítico "arrombado". O sonho indica que alguma coisa está ausente ou "doente" no estado atual do processo terapêutico ou da transferência.

Quando indagada sobre os motivos da criança para violar a caixa, a sonhadora respondeu: "carência e necessidade". Essa carência e essa necessidade remontavam às lembranças precoces da infância, como não sentir-se aceita ou desejada pelos pais. A extração das amígdalas evocava lembranças de sentir-se abandonada, aterrorizada e machucada no hospital, à mercê de estranhos e sentindo que não poderia confiar em ninguém para protegê-la. Por isso, precisava agüentar firme, estoicamente.

Sua resposta à sua dependência reprimida é representada no sonho pelos berros e gritos com sua criança. Identificada com a atitude dos pais, e em resposta à sensação de não existir ninguém para confiar, ela reprimiu brutalmente quaisquer manifestações de necessidades. Dessa maneira, ela controlava e evitava expressar para a terapeuta sua crescente dependência. Projetando na terapeuta o complexo parental, sentia que esta esperava que fosse "responsável" e tomasse conta do que ela mesma considerava seus sentimentos "doentes", em vez de deixar que eles se mostrassem. Desse modo, a figura onírica de sua terapeuta interior espera dela que se encarregue, como cirurgiã, da extração das amígdalas — em termos metafóricos, que assuma a responsabilidade pela terapia, tarefa esta que realizaria eliminando seus afetos dependentes. A postura irrealmente exigente da terapeuta do sonho foi projetada na terapeuta real, sendo também induzida como um aspecto da contratransferência.

A necessidade afetiva da sonhadora, reprimida e contida no complexo parental negativo, danifica o recipiente analítico ao permitir que conteúdos "derramem" fora. Esse "derramamento" apareceu como expressão exteriorizada compulsiva e inconsciente de sua exigência excessiva e irreal de apoio e afeto do marido, inclusie na expectativa de que ele ouvisse suas queixas e revelações sobre as sessões analíticas. Ele deveria cuidar das expressões afetivas da "criança", que assim seriam mantidas fora do processo terapêutico.

O aspecto contratransferencial que servira de gancho para a projeção foi trazido à atenção da terapeuta pelo sonho. Fora a paciente atitude de espera da terapeuta — aguardando um sonho para levantar a questão, em vez de confrontar o recuo afetivo da analisanda e deixando de intervir. Tinha ocorrido uma colusão temporária devido ao cuidadoso distanciamento emocional da sonhadora. Isso teria impedido uma terapia adequada, caso o sonho não expusesse abertamente a questão, ao ser compreendido.

Um outro exemplo prognóstico, mais sério, do motivo da criança é o sonho de um paciente hospitalizado:

Uma onda gigantesca engole minha casa. Eu e quase todos os ocupantes conseguimos sair, mas a criança já estava morta.

Esse sonho prenunciava um iminente episódio psicótico agudo, a partir do qual se podia meramente restaurar uma adaptação mediana à realidade (o ego onírico escapa). A finalidade do tom desse sonho, anunciando a morte da criança, sugere que as possibilidades de desenvolvimento já tinham sido destruídas. Era possível apenas um pouco mais de crescimento para essa personalidade.

ANIMAIS

Figuras de animais referem-se a um nível de afeto e impulso préracionais. A natureza particular da qualidade do impulso é expressa pelo caráter do animal onírico associado pelo sonhador, assim como seus atributos arquetípicos e mitológicos o são pelo folclore e tradições religiosas coletivas. Como mencionado antes, os cultos préjudaicos e pré-cristãos dos animais postulavam uma essência relativamente pura e de semelhança divina, transpessoal, estruturando e preenchendo cada animal particular. Arquetipicamente, um falcão, ou uma águia, por exemplo, "é" a forma do *insight* e, por isso, consciência solar na mitologia egípcia. O lobo macho "é" a pura força agressiva para os romanos; a raposa é animal ladino, astuto e guia, em muitos contos de fada. A serpente "é" uma fonte de sabedoria curativa e de poder de transformação e imortalidade, em muitas culturas; mas perigosa, tentadora e demoníaca no Velho Testamento. O porco "é" telúrico, fecundidade, oralidade, e está relacionado com a Grande Deusa em muitas culturas.

Quando se lida com animais, portanto, as amplificações mitológicas sempre terão de ser consideradas, a par das associações e explicações pessoais do sonhador. Para facilitar as explicações do sonhador, às vezes é útil sugerir-lhe que imagine um teatro de animais ou uma peça em que cada papel é desempenhado por um bicho: vamos supor que o leão é o rei; a raposa, um ardiloso conselheiro; o cachorro, o fiel seguidor etc. Feito isso, que papel pode ser atribuído ao animal do sonho?

Como em todos os outros casos, as explicações e associações pessoais terão de ser entrelaçadas e mescladas com os fatos biológicos e comportamentais explicativos e com as amplificações mitológicas do animal que pareçam mais relevantes para as respostas pessoais. Às vezes, elas são parecidas com o material pessoal, mas às vezes complementam-no, assinalando motivos importantes, que o sonhador desconhecia. No caso de um sonho com "uma perigosa fêmea de jacaré nadando em círculos numa lagoa lamacenta", foi importante que a sonhadora ficasse sabendo que as fêmeas de jacaré dão uma atenção materna extraordinariamente cuidadosa às suas crias. A "perigosa agressão oral e o perigoso rabo em açoite" devem ser vistos a serviço da defesa da nova vida. Isso deu uma nova perspectiva dessa imagem que tocou tão profundamente a sonhadora.

Não basta simplesmente dizer que o animal é uma representação de um instinto. Em cada caso, para não perder mensagens importantes, a qualidade ou o tipo particular do afeto ou do impulso instintivo que quer alcançar a consciência sob a forma de um animal onírico deve ser levado em consideração.

Também mitologicamente, nos contos de fada e no folclore, os modos como os animais precisam ou pedem para estabelecer uma relação são muito variáveis. Às vezes, eles querem ser temidos. Às vezes, querem merecer confiança, ser evitados, buscados, mortos ou protegidos. Em todas as versões e tradições só há unanimidade em um único ponto: eles nunca devem ser desconsiderados impunemente. É sempre importante dar atenção à sua mensagem ou à intenção, pois têm alguma contribuição importante a dar, de um jeito ou de outro. No pesadelo recorrente de um rapaz, uma raposa fitava-o incessantemente. O sonhador não apresentou qualquer associação pessoal, mas lembrava-se de um conto de fadas em que uma raposa astuta ajudou o herói a sair de um impasse. O terapeuta então pediu-lhe que imaginasse a raposa como se estivesse num conto de fadas ou num teatro de animais (como descrevemos antes) e que ouvisse as palavras que ela estaria dizendo a quem quer que ela estivesse tentando ajudar. O que ele imaginou/descobriu que a raposa estava dizendo foi: "Seja esperto, use a cabeça!". Essa foi então considerada a mensagem onírica para o rapaz, que era muito passivo e ingênuo, e ignorava sua própria "mente esperta".

Monstros e dinossauros não são incomuns em sonhos. Referem-se a uma energia pré-humana que, na realidade, é sentida como "monstruosa" ou arcaicamente primitiva. Muitas vezes, a figura é uma combinação não-natural de qualidades horríveis, maravilhosas, fabulosas e incomuns para o sonhador. Essas qualidades, portanto, pedem para ser vistas e para que se estabeleça uma relação.

INTERPRETANDO O MATERIAL MITOLÓGICO

É uma questão de julgamento clínico decidir interpretar ou não o material mitológico para um analisando numa determinada situação. Geralmente, não é aconselhável indicar ou elucidar o material amplificador com histórias, a menos que exista uma razão premente para fazê-lo, e não antes que as questões pessoais, redutivas, e os aspectos transferenciais tenham sido analisados. Caso contrário, a amplificação pode desviar do dinamismo aqui-agora da situação e ser usada para que o paciente se distancie do problema ou o racionalize. A amplificação pode servir para provocar idealização e inveja do terapeuta, que tudo sabe, ou para evitar difíceis questões transferenciais/contratransferenciais, colocando o alvo da atenção longe da relação terapêutica. Nessa medida, ela será um pobre substituto para a elaboração do material pessoal necessário à construção do ego e à análise dos complexos inconscientes.

Por outro lado, a amplificação mitológica visa padrões de significado transcendentes. Isso tem um valor inestimável, especialmente havendo problemas de vida insolúveis, porque fornece orientação e relaciona o sofrimento do ego com sua matriz coletiva e espiritual. Além disso, se, por um lado, a amplificação pode facilmente "inflar", porque incentiva a identificação com grandes padrões míticos, por outro, às vezes é desejável deslocar o ego do sonhador para mais perto do Self e conectá-lo com temas vitais.

A amplificação pode apoiar um estado muito frágil do ego. Quando a transferência ainda não está formada ou está danificada por projeções severamente negativas, mostrar um tema universal, que possa então *conter* a psique do paciente, pode ser terapêutico. Às vezes, nesses casos, simplesmente contar a história do motivo do sonho pode dar ao sonhador um senso de significado que faz a ponte com o doloroso trabalho da análise pessoal e leva o sonhador a sentir que o analista compreende. O conto fala diretamente ao inconsciente do analisando, apresentando-lhe um padrão de cura. Pode servir também para criar uma atmosfera às vezes necessária de um sábio pai/contador de história cuidando tranqüilo da "criança"/paciente confusa e ferida. Foi esse o caso com um sonho apresentado na primeira sessão por uma mulher deprimida, quase psicótica. Ela sonhou que:

> Um copo de vinho tinha derramado e continua derramando sem parar, por mais que eu seque tudo.

Seu medo de revelar (derramar) qualquer coisa incriminadora sobre ela mesma impedia-a de falar, e ela ficou num silêncio agoniado, depois de contar o sonho. Depois de interpretar que ela parecia muito assustada com a possibilidade de fazer confusão e deixar algo vazar, o analista percebeu um intenso aumento no medo da sonhadora, que agora se sentia recriminada até por sentir medo. Como o analista soubera que essa paciente costumava sofrer acidentes no caminho para a terapia e tinha quebrado membros após a primeira e a última sessões com os dois terapeutas anteriores, desta vez, o terapeuta decidiu contar a ela um conto de fadas sobre a panela que transbordava. É uma das muitas variações do tema do vaso transcendente em perpétuo transbordar, a cornucópia da vida, análogo ao motivo do sonho. Sua expectativa era que a história em si viesse a constituir um continente para a psique da paciente, até que pudesse ser marcada uma nova consulta. Neste caso, o relato da amplificação mitológica serviu ao seu propósito, refocalizando a atenção da sonhadora de se sentir culpada perante um superego sádico e concentrá-la no arquétipo do "seio bom" em perpétuo fluir, fonte de vida, com que ela poderia entrar em contato. As implicações transferenciais idealizadoras de ser identificada com essa fonte gratificante, mesmo por intermédio do relato do conto, tinham sido conscientemente avaliadas pelo analista e aceitas.

O analista deve sempre avaliar essas implicações, assim como o efeito psicológico potencial de dissolver o material pessoal no nível arquetípico ou apoiá-lo. A amplificação é um poderoso método terapêutico. O terapeuta deve ser capaz de usá-lo como parte de seu repertório profissional, pois é inestimável para sua orientação. Mas quando se trata de revelar ou não ao analisando o material de amplificação, o terapeuta também deve considerar cuidadosamente as sérias conseqüências — boas e más —, inevitáveis com qualquer medicamento poderoso.

Capítulo Nove

ASPECTOS TÉCNICOS

SEQÜÊNCIA TEMPORAL

Na dimensão dos sonhos, tempo e espaço são relativizados ou suspensos. Aquilo que à nossa consciência desperta parece separado no tempo ou no espaço, nos sonhos, pode aparecer em simultaneidade espacial ou temporal. Eventos que geralmente se sucedem — possivelmente como relações de causa e efeito — podem, nos sonhos, ser apresentados simultaneamente.

Por outro lado, aquilo que a consciência desperta considera uma evidente relação de causa e efeito pode ser apresentada na formulação dos sonhos como uma seqüência.

Por isso, é freqüente que seqüencialidade e (às vezes) até simultaneidade representem uma relação causal. X e Y ocorrendo simultaneamente ou em seqüência direta, um após o outro, em bloco ou cadeia, significa que estão ligados: dado X, existe Y também. Quando X é colocado simultaneamente, ou seja, ocorrendo ao mesmo tempo que Y, isso pode significar que há alguma relação de causa e efeito ou coincidência, cuja natureza exata ou direção ainda está para ser determinada: se Y vem depois de X, pode significar que X é a causa de Y.

Vejamos um exemplo:

Estou tentando manobrar em um trecho difícil de uma trilha. Um homem oferece para me ajudar. Recuso, com medo de ficar dependente demais de uma outra pessoa. Agora estou numa ponta de terra distante. Noto que estou inválida.

A sonhadora associou o homem ao namorado, com quem estava tendo dificuldades, precisamente pelos motivos que o sonho lhe devolve especularmente: estava tão ansiosa em defender-se contra sua dependência, que não conseguia aceitar qualquer apoio ou proximidade. Além do nível do objeto, concretamente pessoal, o sonho também alegoriza sua orientação existencial. Subseqüentemente a — em

125

nossa linguagem racional, significando em conseqüência de — sempre recusar ajuda dos outros, ela acaba isolada, sozinha e com suas capacidades "inválidas". Levado um passo mais adiante, no nível do sujeito, o sonho também pode ser lido como uma declaração de que sua capacidade para manobrar em seu caminho de vida está inválido por ela recusar ajuda de elementos de sua psique inconsciente (o masculino "interior" ou *animus*), e isso então a isola de sua própria profundidade e potencial.

Um outro exemplo também mostra a importância de se considerar cuidadosamente o significado da exposição do sonho, para que não nos deixemos enganar pelas imagens:

> Estou com meu marido; vivemos em circunstâncias precárias e temos fome. Percebemos que não existe saída: temos de morrer e acabamos por aceitar o fato. Agora, estamos contentes e nos dando muito bem.

Em termos da realidade externa, concreta, esse sonho era irrelevante. Materialmente, o casal tinha um nível de vida muito bom. Com marido a sonhadora associou seu "problema de relacionamento". Ela o percebia como um sujeito radicalmente perfeccionista e supercrítico. Considerando o sonho no nível do sujeito, a exposição reflete as precárias condições do relacionamento da sonhadora em conseqüência, ou *por causa*, de seu perfeccionismo crítico.

A sonhadora disse que a morte era "inevitável limitação de tudo", algo "difícil de enfrentar e aceitar". Simbolicamente, assinala uma transformação radical.

No sonho, ela está preparada para aceitar o fato transformador da limitação inevitável. Depois, de repente, o ego-onírico e o marido interior "estão contentes" e conseguem "dar-se muito bem". *Porque* a limitação é aceita como realidade da vida, implicando que ela é capaz de encontrar padrões menos perfeccionistas e críticos, o problema de relacionamento amenizou. No nível externo, isso se refere ao seu relacionamento com o marido real. No nível do sujeito, essa mudança em seu crítico perfeccionista "interno" dá margem a uma maior auto-aceitação e também a menor autocrítica.

A FUNÇÃO DE REAVALIAÇÃO DOS SONHOS

Os sonhos geralmente tendem a confirmar ou corrigir um ponto de vista falho. É um caso especial da compensação; no entanto, em vez de mostrar uma visão generalizada do "outro lado", ele aponta diretamente o erro. O sonho, por exemplo, mostra algo que é positivamente valorizado como algo que não tem valor ou inclusive é prejudicial. Alternativamente, algo que é rejeitado e/ou temido pode ser representado como tendo elevado valor. Uma figura supostamente protetora ou prestativa pode vir no sonho no papel de criminoso ou ladrão, ao passo que o invasor temido ou criminoso suspeito pode aparecer como uma figura inocente e até prestativa; o suposto medicamento é visto como veneno ou como causa da doença. Às vezes, o sonho pode chegar a contar uma história completa, revelando "quem é o culpado".

Esse material deve ser avaliado com cuidado; tanto em termos do sonhador e dos padrões de valor explicativos gerais como em termos do contexto dramático e da provável função compensatória (em relação à posição consciente). Só então a interpretação pode estabelecer o que foi proposto como "certo" ou "errado". Desnecessário dizer que quando isso pode ser feito a contento, esses motivos oníricos têm significação diagnóstica e orientadora, na medida em que indicam diretamente por qual caminho o desenvolvimento e a atenção devem ir ou não.

Um instrutivo exemplo dessa necessidade de "desenredar" é fornecido pelo seguinte sonho:

> Tornou-se necessário que a revista *Time* assuma o *US World Report*, porque as relações trabalhistas do *US World Report* são dominadas pelo sindicato e, portanto, são completamente inadequadas e destrutivas.

O tom e as metáforas deste sonho são bem impessoais e coletivas, o que já nos informa sobre uma distância psicológica do sonhador e sobre sua atitude para com seus problemas. O sonhador era um homem de negócios bastante tradicional e conservador. Ele lia os dois jornais citados no sonho, mas não tinha ligação alguma com a administração de ambos, nem era a favor de uma política liberal. O sonho, meio conciso e enfaticamente diretivo, não faz sentido no nível do objeto. Com sindicatos o sonhador associou "preguiça egoísta e fuga auto-indulgente do trabalho". A revista *Time* era representativa de um "estabelecimento degenerado, liberal e destrutivo". Por outro lado, o *US World Report* ele saudava como "o máximo dos valores americanos tradicionais", de "competitividade austera" e do "cada um por si mesmo".

Nos termos dessas associações, é bem evidente que este sonho diverge e contradiz frontalmente o sistema consciente de valores do sonhador. Mostra a posição conservadora aliada àquilo que ele considera "preguiça" e "auto-indulgência egoísta"; portanto, inadequado e possivelmente destrutivo. Ao passo que a atitude mais liberal, que o sonhador descreve como "degenerada", é aquela realmente requerida. Uma vez que seu interesse por esses jornais e suas políticas era na verdade muito pequeno, as imagens deviam ser entendidas metaforicamente, em sua significação psicológica. Devemos nos voltar para a interpretação no nível do sujeito.

E então a compensação torna-se bem evidente. O sonhador acreditava na austera autonegação que ia às raias da esterilidade emocional rígida. Trabalhar duro era seu valor supremo. Essa atitude, como o sonho assinala, é por demais conservadora, auto-indulgente e até mesmo autoderrotista. Interfere em suas "relações trabalhistas", ou seja, na eficiência de seu trabalho e nas relações produtivas entre metas e meios. Em vez dessa posição tão restritiva, e para não pôr em risco seu modo de vida e sua capacidade de trabalho, o sonho convoca uma mudança em seus valores. Aquilo que ele considera degenerado — ou seja, uma preocupação maior e mais "liberal" com suas necessidades emocionais e pessoais — deve se encarregar de seus negócios.

Esse sonho abstrato teve de ser primeiro trabalhado em termos de seus pontos de vista filosóficos abstratos e convicções, pois acontece que o sonhador está nesse nível. Só depois o sonho pôde ser trazido mais perto de seu nível interno e emocional.

Um outro exemplo, bastante tocante, de reavaliação ocorreu no seguinte sonho:

> Um terrorista, bêbado e alucinado pelo LSD, aponta uma arma para mim e grita: "Você precisa ter consciência de si mesmo".

Aqui, o chamado à consciência é expresso de forma inaceitável e absurda, por uma figura perigosa, obsessiva, fanática. A pessoa não pode ficar mais consciente de si sob a mira de uma arma, nem "cheia" de substâncias que alteram a mente.

A busca fanática do sonhador por consciência é mostrada aqui em sua vertente ineficaz, "errada". O próprio drama onírico serve como uma mensagem no nível do sujeito. O sonhador é chamado a tomar consciência do fanático assassino dentro dele, e a reavaliar o uso que ele mesmo faz de substitutivos "alteradores da mente" para enfrentar sua dor psicológica e sua realidade espiritual. No nível do sujeito, ficou claro que isso significava esforço para tornar-se "individuado" pensando a respeito, buscando "mestres" etc. O sonho como ele é também requeria a atenção do terapeuta, pois aquele que chama à consciência é uma alusão à figura do terapeuta interior. Uma vez que essas qualidades podem ser projetadas e induzidas ou impedidas na inter-relação transferência/contratransferência, o terapeuta deve considerar e averiguar sua existência ou existência potencial na terapia e nele mesmo (ver Capítulo 12).

Uma variação particular de sonhos de reavaliação é estruturada sobre o tema "isto não, isso sim". Exemplo:

> Meu sobrinho sai do que acredito que seja a casa de minha irmã. Mas fica claro que não é a casa de minha irmã, mas a de Ruth. Dali, ele vai até onde realmente é a casa de minha irmã.

A associação com o sobrinho foi "sentimento de inferioridade". Isso o sonho localiza, expressamente, num lugar diferente daquele que o sonhador presumia. A associação com a irmã foi "passividade" motivada por medo; e com Ruth, "competitividade ferrenha, superexigente".

De forma metafórica, o sonho corrige um diagnóstico. O sentimento de inferioridade emerge, não como o sonhador presumia, da passividade e ansiedade, mas do oposto. Ele se sente inadequado, como mostra o sonho, porque espera e exige demais de si mesmo. Só secundariamente isso conduz à ansiedade e passividade (entrar na casa da irmã) como resultado. Faz-se necessário menos, não mais esforço competitivo sob pressão.

Uma variação especial é "quem fez isso", tipo de sonho que muitas vezes parece uma verdadeira história de detetives.

Um rapaz de formação conservadora e convencional tinha sentimentos homoeróticos, que rejeitava com ódio de si mesmo. Tentou vigorosamente tornar-se mais "masculino", reprimindo sua sensibilidade "afeminada" e identificando-se com as mais tradicionais atitudes machistas. Isso serviu para torná-lo cada vez mais alienado de si mesmo. Teve o seguinte sonho:

> Meu amigo me adverte para eu tomar cuidado com os sujeitos que odeiam os homossexuais, que estão a fim de me pegar e os aponta para mim. Mas eu não lhe dou ouvidos, e agora eles preparam uma tocaia e nos apanham. Tomam todos os nossos documentos de identidade e posses, e depois começam a nos torturar. Pergunto como foi que ficaram sabendo de nós. Eles dizem que G., um amigo de escola, foi quem deu nosso paradeiro. Tento dar-lhes um nome falso, na esperança de que eles me soltem. Mas sei que isso não vai funcionar, porque eles estão com os nossos documentos.

O amigo que tentava protegê-lo foi descrito como uma pessoa afetiva, intuitiva, sensível. G., o amigo de escola que detestava, ele chamou de "sujeito imprestável, sem imaginação, convencional, rude".

Esse sonho mostra ao sonhador que seu lado sensível, do qual se envergonha e que tenta reprimir, haveria de protegê-lo do ódio que tem por si mesmo se o aceitasse e ouvisse. Em vez disso, tentando ser aquilo que não é, tortura-se e é ameaçado com a perda de sua identidade. Mas o culpado — a força que os localiza — é a própria atitute que adota, aqui apresentada a ele sob a forma mais intragável de reavaliação, que ele estava tentando invocar como seu ideal de masculinidade. Ele é aqui representado como um "sujeito imprestável" e insensível. Tentando sair do impasse confiando em uma falsa identidade e alegando ser o que não é, e querendo tolerância e auto-aceitação, não será ajudado. Os que odeiam os homossexuais fazem a farra. Sua identidade é roubada, conforme o sonho, por sua auto-rejeição e ele não consegue escapar à tortura de enfrentar esse problema.

Certa moça, após vários anos de um casamento de conveniência bastante monótono e sem filhos, sentiu, pela primeira vez, uma profunda atração sentimental por outro homem. Mas achava que não devia "começar a criar caso". Sonhou o seguinte:

> Sou um soldado no exército. Não quero lutar nem ter nada a ver com a guerra. Busco ajuda de uma amiga que, afinal, não pode fazer nada por mim. Então, sou levada como prisioneira pelo inimigo, que veste capote azul e são todas mulheres. Condenam-me à morte por inanição. O único meio de conquistar minha liberdade, sou levada a compreender, é aceitando usar roupas cor escarlate.

Aqui a exposição mostra uma atitude "pacifista" que leva a sonhadora a ter problemas. Portanto, essa atitude, seja lá o que signifique psicologicamente, parece estar precisando de reavaliação.

As associações da sonhadora com exército e soldado foram "não gosto de brigar e entrar em discussões porque acredito no amor universal". Isso apenas repete a cena do sonho. Com a figura da amiga, a quem pede ajuda e que "não pode fazer nada" pela sonhadora, ela associou "uma escapista". Cor azul (no uniforme do inimigo) ela associou com "espiritualidade". As mulheres, para ela, "nunca lutariam se pudessem evitar". Escarlate, que lhe daria sua liberdade, foi associada com paixão, fogo, sangue e com *Scarlet Letter*, de Hawthorne, como sinal da adúltera.

Uma amplificação mitológica relevante ao tema deste sonho é a cena de abertura do *Bhagavad Gita*, em que o protagonista Arjuna, líder de um exército reunido em formação de batalha, sente que não pode entrar na luta porque seus amigos e companheiros estão nas fileiras do inimigo. Lutar contra eles seria um fratricídio. Enquanto evita a ação, absorto nesses pensamentos, é abordado e recriminado por Krishna, na pessoa de seu cocheiro, que o admoesta por ter-se esquivado do papel que lhe fora atribuído por seu *dharma*. Ele é levado a compreender que sua tarefa humana é agir como seu destino de guerreiro exige. O "fruto da ação" não está em suas mãos. Isso concerne aos deuses e ao Self Divino.

Essa amplificação, confirmada pelas associações e pelo desenvolvimento dramático, vem apoiar a exposição, assinalando a tendência ao escapismo. O amor da sonhadora pela paz é representado pelo sonho como uma tentativa de evitar envolver-se com a vida e seus conflitos. O ego onírico é capturado pelas mulheres de azul — seu escapismo é contido por uma identidade coletiva "vestida" em racionalizações e num idealismo pseudoespiritual sobre feminilidade. Vestir escarlate — "paixão, fogo, sangue" e até adultério — conquistar-lhe-ia a liberdade. Sendo assim, por implicação, o sonho deixa claro que não está interessado em considerações meramente abstratas, filosóficas. Pelo contrário, aponta para uma reavaliação de pressupostos espirituais e morais específicos da sonhadora, mal empregados a serviço do escapismo, para ajudá-la a evitar viver mais completa e emocionalmente e sofrendo os conflitos de sua situação concreta de vida.

Uma outra forma especial de reavaliação onírica é o tema do invasor. Geralmente, o invasor representa uma qualidade da energia psíquica até então temida e dissociada da consciência. Seu aparecimento num sonho, geralmente, serve, primeiro, para permitir que o sonhador se torne consciente de seu medo e/ou desvalorização e que enfrente as qualidades representadas pelo invasor. Isso dá início ao lento processo de estabelecer uma relação consciente entre o senso de identidade do sonhador e essas qualidades. Um notável exemplo dessa categoria é o sonho de uma mulher relativamente jovem, perto de morrer de um câncer terminal e que tentava muito amedrontada negar esse fato. Ela teve um pesadelo com um desconhecido tentando entrar em sua casa. Na ausência de associações da moça, a terapeuta pediu-lhe que imaginasse estar olhando pelo buraco da fechadura para ver quem era. Ela o descreveu como um estudante hassídico. Mas, racionalmente, não conseguia explicar seu medo. Essa sonhadora tinha uma formação religiosa judaico-ortodoxa e, no entanto, vivera sem qualquer tipo de vínculo espiritual ou religioso. Perto de morrer, alguma forma de vinculação espiritual "exigia" ser estabelecida. Na ausência de uma forma pessoalmente individualizada, a dimensão espiritual apresentava-se em trajes ancestrais: o espírito de seus ancestrais queria ser ouvido e visto no momento presente. Ele veio como um intruso e, inicialmente, foi temido e encontrou resistência, por suas implicações para ela.

OS RESÍDUOS DO DIA

No processo de apresentar mensagens que tenham propósito, o sonho utiliza-se livremente das imagens mentais apropriadas, independentemente da seqüência temporal. No âmbito do inconsciente, as relações espaciais são relativizadas e não há diferenciação entre passado, presente e futuro. Nessa medida, imagens adequadas podem ser extraídas de qualquer lugar ou tempo. E também, conseqüentemente, tudo que tiver acontecido no dia anterior pode servir ao propósito do sonho e ser material útil para suas metáforas ou símbolos, não importando se o que ocorreu no dia foi ou não importante em si, para o sonhador.

Como qualquer outra imagem onírica, o resíduo do dia terá de ser visto em relação ao ponto cego, no nível do sujeito ou do objeto, para o qual está apontando. Contudo, é importante considerar sua similaridade e/ou sua diferença com a versão recordada do evento em particular. Quaisquer desvios, geralmente, fornecem a chave para o ponto pertinente da mensagem. Quando o sonho reproduz o evento do dia tal como de fato ocorreu, sem qualquer desvio significativo, costuma assinalar um conteúdo no nível do sujeito alegorizado na imagem residual do dia.

Por exemplo, vamos supor que o sonhador teve uma discussão, no dia precedente, com R, que se comportou de modo bem rude. No sonho, esse evento é repetido; mas no sonho R aparece como uma pessoa bem delicada. Esse desvio da cena recordada deveria ser considerado a mensagem significativa do sonho. Há um ponto cego no modo de R ter sido conscientemente avaliado. Ou de fato R é mais gentil do que o sonhador considerou e a rudeza é de quem sonhou e foi projetada em outra pessoa, ou inversamente. O sonhador pode estar vendo R por um prisma muito positivo, projetando delicadeza em R, que é mais rude do que é percebido. Qual das duas interpretações adotar deverá ser determinado por compensação ou complementação. Se a posição consciente do sonhador é de aborrecimento quando pensa na rudeza de R, é mais provável que se aplique a primeira alternativa (projeção da rudeza). Se o sonhador tenta adotar uma perspectiva realmente compreensiva da situação, é provável que sua delicadeza natural esteja distorcendo os fatos.

Em outro exemplo, o sonhador volta à cadeira do dentista em que esteve no dia anterior. O dentista do sonho pede-lhe que "abra a boca e mantenha-a persistentemente aberta". No começo, o sonhador achou que isso era uma reprodução exata do que se lembrava da consulta com o dentista. Quando o terapeuta insistiu para que verificasse cuidadosamente se realmente não havia diferença em algum detalhe, ele lembrou que o dentista dissera "Mantenha-a *bem* aberta". A substituição de "persistente" por "bem" é, então, o foco da mensagem do sonho. É enfatizada uma necessidade de persistência em abrir-se para o trabalho com seus dentes: metáfora de meios de apreender e integrar a realidade, para dar início à sua metabolização. Como essas imagens geralmente dizem respeito ao processo terapêutico (ver Capítulo 12), foi preciso examinar a necessidade de "abertura persistente" na terapia. Na realidade, esse sonho expôs a dúvida inconsciente do sonhador sobre sua capacidade de agüentar as dolorosas dificuldades que acompanham a autodescoberta.

Um médico de disposição bem hipocondríaca era propenso a "descobrir" alguma nova doença em si, e acabara de fazer um exame geral com o Dr. X, do qual saíra com um boletim médico em branco. Na noite subseqüente, voltou a passar por tudo novamente, mas, no sonho, o Dr. X diagnosticava-o como gravemente doente e comentava com o ego onírico: "Mas como, estando tão gravemente doente, você consegue tomar conta de outros pacientes? Não é terrível?".

Neste caso, a diferença entre o resíduo do dia e a versão do sonho é a natureza do diagnóstico e da advertência do médico. Primeiro, o intérprete deveria considerar esse sonho no nível do objeto, como uma possível advertência sobre algo que o exame tivesse negligenciado. Uma revisão com o médico seria aconselhável. Talvez o sonhador *esteja* mais gravemente doente do que foi avaliado. Porém, diante do alarmismo hipocondríaco do sonhador, é mais provável que o sonho esteja confrontando o sonhador com uma situação que deve ser examinada no nível do sujeito. Seu Dr. X "interno" pode ser representado como um alarmista diante de um bom estado de saúde externa, mas pode estar corretamente indicando algum distúrbio sério no nível psicológico "interno".

Foram solicitadas associações. O sonhador achava o Dr. X uma "pessoa superior", que "olhava de cima para baixo (como ele mesmo) as pessoas que considerava insignificantes". Há no sonho uma figura interior prejudicial, identificada com um padrão esnobe "superior". Isso atua como uma força de auto-rejeição e de auto-depreciação imputando doenças ao ser real. Isso causa a tendência ao pânico superdramatizado, como meio para dar-se a atenção que facilmente dedica aos outros, nos quais é projetada sua necessidade de ser cuidado. A possível referência à situação terapêutica, em que essa atitude complascente pode estar sendo projetada no analista, também deve ser examinada.

SÉRIES ONÍRICAS

Até aqui estivemos lidando com sonhos isolados. Contudo, há uma continuidade, poderíamos até dizer uma história em capítulos, conforme os sonhos vão se desenrolando como partes de uma série que evolui. Tendem a contar uma narrativa consecutiva, que alimenta o ego consciente com o tipo de informação que ele requer e é capaz de assimilar, dada sua posição particular no processo de desenvolvimento. Quando a consciência considera e responde às mensagens do sonho, eles novamente respondem às posições da consciência recém-conquistadas; dessa forma, um jogo dialético se desenvolve. Quando trata de algo cuja importância é vital ou de questões vitais fundamentais, e a consciência não responde adequadamente para assimilar a mensagem, os sonhos se repetirão. Às vezes, eles se repetem da mesma forma; às vezes, as imagens tornam-se mais numerosas, maiores ou mais ameaçadoras. Esse tipo de série de sonhos recorrentes até pode chegar aos pesadelos. Esses pesadelos e sonhos recorrentes — particularmente aqueles que vêm se repetindo desde a infância — merecem uma atenção urgente.

Os sonhos deveriam ser considerados não só isoladamente, mas como partes de séries que evoluem continuamente. Quando é mantido um diário de sonhos,[1] tem-se a impressão de um *continum* desenrolar de perspectivas e de uma aparente intencionalidade na seleção dos temas para cada momento dado.

Aliás, no caso de um símbolo orgânico específico, o do nascimento, nos sonhos, ele costuma ser entendido como uma referência a um processo iniciado cerca de nove meses antes. Ou a idade de uma figura no sonho pode ser uma referência a alguma energia que tenha "nascido" há tantos e tantos anos. Porém, mais do que isso, é como se o 6º sonho, em outubro, soubesse o que o 29º sonho de abril fosse colocar e estivesse preparando o sonhador com *insights* precursores. Sonhos subseqüentes podem, com freqüência, portanto, requerer uma análise à luz dos precedentes, que podem ter lidado com a mesma questão ou outra, semelhante. Um tema central ou temas centrais são desenvolvidos em seqüência, com o passar do tempo. Muitas vezes, não se pode evitar a impressão de que a série funciona como se o inconsciente fosse capaz de "antecipar... futuros desenvolvimentos conscientes", não menos que futuros dilemas inconscientes, como se um sonho antigo parecesse já "saber" ou "planejar" o que um sonho posterior deve retomar mais adiante. Esse é um aspecto daquilo que Jung chamou de "função prospectiva" dos sonhos.[2]

Geralmente, essa elaboração não ocorre em progressão linear, mas como um movimento circular ou espiral em torno de um cerne temático central,[3] lançando luz sobre o tema central a partir daquilo que poderíamos considerar diferentes ângulos psicológicos. É como se o primeiro sonho elegesse um tema; o segundo sonho aparentemente está tratando de um outro tema diferentemente; o terceiro sonho apresenta novamente um outro ângulo, e assim por diante; o 12º sonho pode talvez retomar o tema do 1º e do 14º, unir aquilo que foi tratado no 3º e no 12º e assim por diante. Essa circumambulação do campo psíquico do sonhador traz repetidamente, portanto, os complexos cruciais e elabora-os, construindo sobre uma consciência anterior. Gradualmente, um senso de "padrão de totalidade" vai se desenvolvendo por um processo de exposição dos vários aspectos dos temas, apresentados em todas as suas variações a partir de vários pontos de vista. Acompanhando as imagens de uma série de sonhos, a pessoa pode acompanhar sua vida — e processo de individuação.

Um exemplo de três sonhos do mesmo sonhador, no período de um ano, lidando com o motivo de uma fúria inconsciente e prejudicial, mostra o desenvolvimento do ego em sua relação com o impulso arquetípico transpessoal:

(1) Há um tornado, do qual estou me escondendo numa caverna. Um vórtice de energia negra me agarra e me leva embora rodopiando.

O sonhador de fato tendia a se abrigar das emoções da vida na ilusão da proteção materna. Tinha acabado de perder o manuscrito de uma história que concluíra depois de beber para comemorar o êxito de sua conclusão. O sonho complementa a situação, mostrando ao sonhador de forma dramatizada a dinâmica de sua atuação autodestrutiva. Mostra que ele está em perigo, não por causa daquilo que, em masoquista autodepreciação, ele considerara sua própria "estupidez", mas por uma forma inconsciente que prejudica seu senso de realidade. A imagem despertou esse medo e mostrou a ele o poder arquetípico que tinha contra si e, assim, começou o lento processo de separá-lo de sua fúria, cindida e voltada contra sua frágil e imperfeita existência humana. Isso começou a consolidar seu ego.

(2) Um matador está à solta na adega. Ele está quebrando todo o sistema de aquecimento com a intenção de explodir a casa. Tenho medo e saio correndo para me esconder.

Neste sonho, o fato do medo é percebido pelo ego onírico, portanto, o afeto está começando a alcançar a consciência. O medo é comunicado ao ego-onírico, mas a fúria está projetada no matador. A atitude do ego agora tornou-se o foco do trabalho com o sonho:

135

Por que o ego onírico se sentiu incapaz de conseguir ajuda para enfrentar essa energia enfurecida? O sonhador continuava negando que sua fúria assassina estava ligada à sua realidade emocional. O matador é um impessoal "ele". O medo do ego onírico era o único sintoma emocional de sua presença. O afeto inconsciente estava na adega, que lembrava ao paciente o lar paterno. No sonho, ele foge dali, aterrorizado. Na elaboração do sonho, ele recordava que experimentara um terror similar e se escondera debaixo da cama, por causa das explosões do pai bêbado. O sonho apontava que a fúria que poderia, legitimamente, ser a dele mesmo, continuava contida no complexo do pai temido. Não confrontado, o afeto oculto ameaçava destruir seu espaço psicológico.

Era possível, no trabalho com esse sonho, relacioná-lo com algo ocorrido na sessão precedente. O sonhador tivera que esperar do lado de fora porque o analista esquecera de destrancar a porta do consultório a tempo, antes da sessão. O sonhador não estava consciente da dimensão de sua raiva e negava-a toda, admitindo apenas um ligeiro "aborrecimento" ao expressar uma "compreensão" empática.

Ele pôde ver que teve medo de que o terapeuta viesse a retaliar se ele expressasse abertamente seus sentimentos. Desse modo, tornou-se capaz de encontrar sua fúria na projeção sobre o terapeuta. Mais tarde, sua fúria por ter ficado trancado do lado de fora foi descoberta e legitimada. Ele pôde começar a sentir que essa raiva era dele, pessoalmente, diferenciada do complexo paterno e que ele temia como uma fúria assassina nele mesmo.

(3) No metrô, um homem agarra meu braço e começa a me empurrar. Eu grito e aponto minha velha lanterna de acampamento para seu rosto. Ele recua e olho para ele.

A tendência para a agressão primitiva ainda é tosca e um pouco compulsiva, mas o ego onírico agora é capaz de usar a luz da consciência, que tinha começado a desenvolver em uma breve experiência com camaradas em uma grande bagunça no acampamento de verão aos 9 anos. Relembrando essa experiência, que lhe ensinara que dentro de certos limites um pouco de bagunça pode ser aceitável como parte da identidade, ele é capaz de enfrentar sua reação automática de fúria. Quando, finalmente, foi perguntado sobre quem o homem que o empurrara no metrô o lembrava, o sonhador descreveu um conhecido que perdia a calma quando ficava inseguro. Sem maior dificuldade, o sonhado foi capaz de conscientizar-se de sua própria beligerância defensiva em recente discussão com a esposa.

136

VARIAÇÕES SOBRE UM TEMA

Há outro tipo de agrupamento temporal de sonhos, que se desenvolve em variações sobre um tema central, mas os sonhos podem acontecer antecipatória, sincrônica ou simultaneamente. Sonhos que ocorrem na mesma noite ou, menos evidentemente, sonhos lembrados e trazidos para discussão ao mesmo tempo (mesmo se sonhados em noites diferentes, até com um intervalo entre um e outro) provavelmente se agrupam e elaboram um tema comum. Da mesma forma, padrões comportamentais ou de eventos que coincidem com o sonhar ou se relacionam com um sonho devem ser considerados e tratados como associações ou amplificações relevantes (ver Capítulo 5). Na dimensão dos sonhos, nossos padrões racionais de espaço, tempo e causalidade não se aplicam. Portanto, os sonhos que também referem ou comentam eventos da vida diária, muitas vezes não ocorrem depois, mas antes do evento, mesmo quando o sonhador possa ter ignorado completamente o que estava para acontecer.

Um exemplo ocorreu com uma analisanda relativamente nova, que entrou na sala do terapeuta sem fechar a porta da sala de espera, como já havia feito antes. Desta vez deixou-a escancarada. Conforme a sessão transcorria, ela colocou o problema de seu "medo do sucesso" e seu efeito de sempre estorvar sua vida e suas relações. Ela então, de repente, lembrou-se de que tivera um "sonho bem trivial":

Estou no meu quarto de criança e a porta está escancarada.

A ligação com o evento comportamental já observado chamou de imediato a atenção do terapeuta. Discutindo o contexto da porta aberta de seu quarto de infância, apareceu que ela nunca tivera permissão para fechá-la, porque isso era considerado um sinal de insociabilidade. Para a sonhadora, porém, porta aberta era sentida como negação de sua privacidade e ameaça de ser invadida. Achava impossível concentrar-se em "fazer suas próprias coisas". Embora, com o tempo, tivesse aprendido a aceitar a exigência e até tivesse desenvolvido o hábito de deixar as portas abertas atrás de si, tanto literal quanto figurativamente, era como se nada pudesse ser considerado seu. Nada estaria resguardado em seu próprio espaço; nada parecia estar suficientemente vinculado com ela que merecesse ser completado. As coisas eram sempre mantidas "em aberto", escancaradas. Por causa disso, seus projetos, pensamentos e relações pareciam inadequadamente próximos e eram prematuramente abandonados.

A questão era a porta aberta, não o medo do sucesso. E esse sonho "trivial", assim como o acontecimento "trivial" da chegada ao consultório contribuíram em sua elaboração seqüencial e sincronística. Sonhos diferentes, contados ou lembrados juntos, estão provavelmente elaborando os mesmos temas, até quando suas imagens, à primeira vista, não revelam isso. Da mesma forma, sonhos que ocorrem em seqüência temporal tendem a trabalhar e desenvolver questões colocadas por sonhos anteriores, mesmo que estes não tenham sido imediatamente precedentes. Em ambos os casos, esse desenvolvimento acontece mediante variações, extensão ou amplificação. Conseqüentemente, com base no pressuposto de que outro sonho, provavelmente, transmitirá mensagem similar ou parecida, mas de uma perspectiva ligeiramente diferente, costuma ser possível esclarecer sonhos obscuros quando se analisa um outro, com ele relacionado em termos seqüenciais ou de simultaneidade. Quando se lida com uma série de sonhos, portanto, é sempre importante procurar denominadores comuns, temas centrais e/ou polarizações de opostos aos quais se refere cada um dos sonhos, individualmente considerados, a modo de variações sobre um mesmo tema.

Os três sonhos seguintes foram trazidos juntos à terapia. Ocorreram todos numa noite só.

(1) Coloco um peixe numa balsa, que é muito pequena, na esperança de que o sol o cozinhe.
(2) Estou comendo salada de frutas. Mas eu tinha despejado o suco. Agora estou bebendo o suco, mas descubro que está contaminado pela água do mar.
(3) Peço à minha esposa que pegue para mim um livreto de instruções.

O primeiro sonho, mesmo sem termos ainda as associações pessoais, revela uma expectativa bastante irreal: a "esperança" de que o sol cozinhe o peixe, em vez de estragá-lo. Uma tarefa que deve ser executada pessoalmente, com o auxílio de uma fogueira ou de um fogão, é relegada a uma força cósmica, o sol. Além disso, o recipiente é inadequado: a balsa é pequena demais.

Podemos de imediato perceber um tema correlato no terceiro sonho. Ele pede à esposa que pegue algo para ele. Em si, isso não precisa ser necessariamente irrealista, não fosse pelo motivo similar do primeiro sonho. Após algumas questões, o sonhador admitiu que ele de fato tendia a depender da esposa para fazer as coisas por ele. Ele gostava de transferir a responsabilidade para ela, principalmente em questões práticas.

Uma inesperada confirmação disso apareceu na discussão do segundo sonho. O terapeuta pediu ao sonhador que associasse ou imaginasse como ou porque o suco poderia ter-se contaminado com água do mar. Ele respondeu que talvez por ter lavado a louça no mar, em vez de fazê-lo na pia da cozinha. Temos aqui novamente uma repetição do primeiro sonho, em que o cozimento é feito pelo sol e não pelo fogão. Mais uma vez, um esforço pessoal é evitado e transferido a um nível cósmico — e, por isso, neste contexto, torna-se abstrato e impróprio.

É preciso haver associações para compreender esses significados gerais mais concretamente. A associação com peixe foi: comida contra arteriosclerose (uma associação bem inesperada, mas por isso ainda mais relevante). O terapeuta perguntou: "O que é arteriosclerose?" (explicação). A resposta foi "incapacidade para pensar". Então, sabemos que o processamento da proteção contra a incapacidade para pensar é transferido a uma ordem cósmica, em vez de ser obtido por esforço pessoal e, acima de tudo, está contido em um recipiente muito pequeno.

Todos os três sonhos, portanto, concordam que a tarefa imediata — algo expresso como proteção contra a incapacidade para pensar, no sonho 1, e como cuidados fáceis, no 2, e como obter instruções, no 3, é transferido para o sol, o oceano e a esposa, respectivamente. Quando lhe foram apresentadas essas imagens, o sonhador respondeu, admitindo que, de fato, gostava de evitar ter de lidar ou pensar em questões práticas. Ele esperava que elas "sumissem" ou que uma outra pessoa (sua esposa, basicamente) cuidasse delas. Até aí, muito bem, mas, por que essa equivalência esposa, sol e oceano? Claramente, essa equivalência indica um princípio arquetípico por trás do pessoal. Mitologicamente, o oceano é a "mãe do mundo"; o sol, nas representações alquímicas, a alma do mundo, a *anima mundi*. Da Mãe do Mundo é esperado que resolva o problema prático do sonhador, e, da esposa, é esperado que funcione como representante da Mãe do Mundo, ou Grande Deusa. Esse papel fora desempenhado pela própria mãe do sonhador, conforme acabou ficando esclarecido.

Os três sonhos apontam, então, para a atitude escapista do sonhador diante dos problemas concretos e práticos da vida, sendo a responsabilidade por eles delegada à divindade, providência, esperança, acaso, mãe e esposa.

Um outro aspecto sutil se acrescenta quando prestamos atenção ao tema do suco de fruta. Salada de frutas, para o sonhador, é "alimento saudável", em parte análogo ao peixe; e suco representa a "parte saborosa, agradável dela". Ou seja, está implícito que o aspecto agradável de planejar a vida, a alegria de viver e de lutar, é perdido quando "contaminado" pela transferência da responsabilidade e isenção. Ao fugir dos problemas da vida, o sonhador corria de si mesmo; na evitação, ele se esquivava de experienciar sua própria realidade, e, com isso, não se sentia vivendo completamente. Pode-se ler tudo isso em uma avaliação cuidadosa das "variações sobre o mesmo tema" de uma série de sonhos.

PESADELOS

Pesadelos são sonhos que assustam o sonhador e/ou o ego onírico. Geralmente, são mensagens urgentes enviadas pelo Self Orientador do sonhador, sobre material até então ignorado, negado ou inadequadamente considerado. Podem indicar novos problemas e adaptações distantes da atitude do ego do sonhador e aparecer como invasores assustadores no espaço psicológico confortável e habitual do ego onírico. Podem expor limitações obsoletas e/ou constituir convites a desenvolvimentos que o sonhador teme arriscar. Os pesadelos servem para promover a morte da atitude costumeira do ego; nessa medida, podem abranger sonhos com morte ou desmembramento.

Outros pesadelos podem assinalar elementos prejudiciais atacando capacidades e atitudes recém-integradas. Às vezes, chegam inclusive a usar a imagem de monstros ameaçadores. Podem servir para consolidar a nova posição do ego, trazendo ameaça ou revide de complexos inerciais como um perigo a ser enfrentado e combatido.

Outros pesadelos repetem situações traumáticas como que para forçar o sonhador a enfrentá-las e assim ajudá-lo no processo de chegar a uma relação consciente com as energias estressantes e assustadoras nos níveis do sujeito e do objeto.

Os pesadelos devem ser abordados com as mesmas técnicas aplicadas aos demais sonhos, mas, em vista da preemência de sua mensagem, prestar atenção neles deve ser prioritário.

Capítulo Dez

PROGNÓSTICOS A PARTIR DE SONHOS

Ao apresentar a situação como ela é, com suas implicações para o desenvolvimento potencial, os sonhos também proporcionam inestimável evidência diagnóstica e prognóstica. Geralmente, as imagens falam por si mesmas. Outras vezes, é a atmosfera emocional, apreendida pelo terapeuta sensível, que fornece a pista-chave.

O sonho seguinte é o sonho inicial de um rapaz que queria ser advogado, mas sua questão presente era "problema para conseguir fazer as coisas no trabalho":

> Vivo em uma casa que é um barracão infestado de fantasmas, decrépito, construído sobre palafitas podres em um pântano. A estrada lamacenta que leva até ali está repleta de minas enterradas.

Para o analista em treinamento, esse sonho apresenta com veemência a situação prospectiva do cliente, altamente instável. O "barracão" do sonhador, ou seja, a estrutura psicológica, é "decrépita", quase caindo aos pedaços. Qualquer abordagem de seus problemas pode ser "explosiva". O sonho adverte sobre a necessidade da mais absoluta circunspecção no trato com uma possível psicose.

As implicações dessas imagens são evidentes em si. (Outros exemplos de imagens desse tipo podem incluir motivos como ficar emparedado, aprisionado em vidro, mutilações e outras ameaças biológicas sérias.)

Depois de ter sido encaminhado a outro profissional pelo analista em treinamento, que considerou seriamente a advertência do sonho, eis um outro sonho, que teve na noite anterior à primeira consulta:

> Vejo um horrível rosto de animal no canto do meu quarto. Aí estou no que penso que seja seu consultório e vejo um quadro com esse rosto feroz, emoldurado, em sua estante de livros.

O sonho é mais sutil e ambíguo. À primeira vista, daria a impressão de que o terror inconsciente pode ser controlado e "contido"

141

em uma imagem emoldurada, e então reconhecido e abordado, pelo menos em certo grau, pelo processo analítico.

Por outro lado, a imagem está na estante e reduzida a uma abstração fechada no vidro, que se tornou apenas um esquema, quando se pediu a ele para desenhá-la.

A implicação sutil assinala uma provável tendência ao uso de defesas intelectuais para reduzir o afeto feroz a abstrações livrescas. Como era de esperar, a terapia atolou na insistência desse paciente (ou possivelmente sua necessidade) de manter uma distância intelectual e racional de seu "animal feroz", a fúria inconsciente dentro dele.

Um outro exemplo óbvio de uma séria advertência transmitida pela atmosfera do sonho, assim como por seus conteúdos específicos, é o sonho inicial de uma professora de enfermagem de 50 anos. Ela procurou a terapia para tornar-se terapeuta e considerava-se muito competente e estável.

> Estou andando por uma cidade deserta, tudo está vazio. De repente, um grande negrume avança e tento sair de lado ficando fora de seu caminho, para evitar ser esmagada, mas só fico saltando no mesmo lugar. Percebo que estou morrendo de medo. Começo a gritar por minha irmã mais velha. Então me lembro de que ela está morta e desmaio.

Num local deserto, em vez de encontrar ajuda coletiva, civilização e potenciais de adaptação urbana, ela encontra o vazio. É ameaçada por um desastre natural, pela treva inevitável, um esmagador aumento de inconsciência. Seu recurso é tentar, em vão, atirar-se numa antiga defesa maníaca e pedir a ajuda de sua "irmãzinha doentia e mimada, que morreu antes dela (a sonhadora)... nascer". O sonho não oferece meios de apoio à sonhadora; embora ela se descreva como "em geral alegre, boa profissional e com muitos conhecidos — mas ninguém de quem eu realmente goste". A tentativa do ego onírico de chegar a uma *lysis* acaba em desmaio. Esse sonho foi considerado uma séria advertência para o terapeuta. Ele indica graves dificuldades relacionadas à possibilidade de uma depressão psicótica e um prognóstico terapêutico incerto.

Polarizações extremas entre as posições e imagens conscientes e inconscientes, como no caso acima, podem sugerir incapacidade para elaborar qualquer dialética criativa, a menos que uma identidade psicológica mais estável possa ser construída antes.

Um sonho relatado por Jung, sobre um médico "inteiramente normal", querendo tornar-se analista, mostra uma polarização extrema. O homem se considerava um profissional maduro e realizado e dizia não ter "problemas". Seus sonhos, no entanto, indicavam um prognóstico diferente.

Seu primeiro sonho foi sobre uma viagem de trem, e sua chegada a uma cidade estranha, para uma parada de duas horas. O ego onírico encontrou uma construção medieval, talvez o prédio da prefeitura. Estava cheio de antigas pinturas e objetos preciosos. Ao aproximar-se o anoitecer, ele percebeu que estava perdido e que não tinha encontrado nenhum ser humano. Uma porta, que esperava pudesse levá-lo à saída, abriu para dentro de um grande aposento escuro. No centro desse quarto havia uma criança idiota, de 2 anos, sentada num urinol e lambuzada com suas próprias fezes. O sonhador acordou gritando, em pânico.[1] Como Jung registrou, a criança idiota e suja com as próprias fezes não é, como tal, patogênica. Poderia representar uma personalidade parcial do sonhador, ainda com 2 anos, precisando ser integrada. Mas a localização da criança, no centro de um amplo e desabitado espaço sombrio, no centro da cidade, a atmosfera irreal e a dramática constatação do ego onírico de que o sol estava se pondo e que estava perdido e sozinho — tudo isso, somado ao sonho posterior, de ser perseguido por um psicótico perigoso (*Geisteskr anker*) justificou a suposição de Jung, de uma psicose latente.

Por outro lado, um sonho analítico inicial de uma outra mulher, muito obsessiva e autocontrolada, retratava-a em uma posição perigosa.

Estou deitada num riacho que atravessa minha casa, flutuando como Ofélia.

Ela disse que a experiência do sonho era boa, como um alívio, diferentemente de seu senso consciente de rejeição miserável, "loucura compulsiva e necessidade de controle". O sonho compensa sua posição consciente, mas também mostra que há perigo para o ego onírico.

Diferentemente do sonho inicial precedente, este, sonhado no decorrer do trabalho sobre seu estado obsessivo-compulsivo, é visto como uma complementação e como uma advertência. Ele revela que o fator naturalmente compensatório contra suas tendências obsessivas de controle é de natureza potencialmente prejudicial: vai longe demais.

Como o precedente, este sonho também mostra uma situação perigosa (a imagem é semelhante à de Ofélia, no *Hamlet* de Shakespeare) — sua inclinação a um flutuar suicida e entregar-se, sentindo-se "bem" com isso. Mas, diversamente da situação do sonho precedente, do médico, o impasse está na exposição, não na resolução; no presente, ele não é um impasse potencialmente catastrófico, mas é uma imagem da situação que, sem mostrar crise ou *lysis*, deixa em

143

aberto a via pela qual a reação e o desenvolvimento podem encaminhar-se.

Nesse caso, a sonhadora foi capaz de assimilar a imagem que o Self Orientador criara dela, e admitir o escapismo suicida que, em seu caso, era uma forma bastante extrema de exteriorizar o desejo de desistir de suas defesas obsessivas, flutuando em paz até desaparecer e desmanchar-se em fantasias românticas — sua antiga solução autista contra os abusos de seu meio na infância. Seu sonho assinala o perigo dessa espécie de fuga e a necessidade de construir um espaço psíquico interior mais estável e bem delimitado.

Diante desse tipo de material onírico, o terapeuta sempre enfrenta a decisão clínica sobre a capacidade do cliente para tolerar a dor e o conflito necessários ao trabalho analítico. Se o ego for muito medroso, rígido, fragmentado, caótico, fusional, sem limites, pode não ser capaz de empreender um diálogo com o inconsciente sem somatizar ou cindir em uma psicose.

Os estados de deficiência do ego se refletirão nos sonhos. Saltos caóticos, irracionais, na imagética do sonho, por exemplo, podem sugerir patologias limítrofes. O sonho inicial de um engenheiro de computação mostrou as imagens seu estado confuso e sem vínculos humanos e mostrou ao terapeuta seu profundo problema limítrofe-esquizóide.

Todos os computadores estão quebrados; estão misturando todos os programas, de modo que é impossível ler o que é o que.

Uma dona-de-casa perfeccionista, com sua auto-estima danificada pelo complexo de uma mãe dominadora, apresentou-se para terapia com um sonho:

Estou deitada no chão. Um leão está comendo minha mão; depois, meu braço.

Ela não pôde relacionar a imagem da energia instintiva, simbolizada pelo leão, exceto lembrando que "Leões comiam os mártires cristãos, não comiam?". Sua própria fúria era tão inconsciente — e por isso projetada e/ou com ela mesma identificada e masoquistamente voltada contra ela mesma — que vivia o papel de uma virtuosa mártir cristã. Ela sequer sentiu-se ameaçada quando o sonho foi discutido. Só quando avaliou qual seria sua reação se fosse sua filha, em vez dela mesma, começou a admitir que poderia estar havendo algum problema, e que a imagem seria representação de seu modo de vida. Seu papel de mártir cristã substituía a falta de uma consciência do ego individualizada.

144

Os sonhos também podem mostrar que o ego é forte. Uma mulher tão deprimida e ansiosa que mal conseguia falar, sonhou o seguinte:

Um velho me mostra que sou dona de um jardim em flor. Eu não sabia que ele existia.

Mais tarde, ela sonhou:

O gato do meu amigo está se afogando. Consigo salvá-lo.

No primeiro sonho, o fértil espaço criativo é apresentado como já existente e pronto para ser reivindicado por ela. Ela precisa de ajuda para tornar esse fato conscientemente dela mesma. Suas associações com jardim foram o buquê que ganhara no trabalho. Assim, o sonho apontava como área disponível para seu desabrochar a sua relação com o trabalho, que ela desvalorizara por considerações meramente financeiras.

Com amigo, ela associou uma pessoa que fora capaz de reestruturar sua própria vida independente e criativamente. O gato era um elemento detestável para a sonhadora, porque era dado a deixar abundante e ruidosamente claras suas necessidades. O sonho mostra sua capacidade de reavaliar e apoiar ativamente seu instinto de sobrevivência.

Às vezes, os sonhos iniciais assinalam precisamente como a terapia deve prosseguir e dão muitas informações ao analista, mesmo que elas sejam pouco discutidas com o analisando. Um rapaz trouxe dois sonhos para sua primeira sessão. O primeiro:

Estou começando a atravessar um lindo tapete oriental em uma sala desconhecida. Ele afunda. Eu puxo o tapete e descubro que ele escondia um tanque de piranhas do seu tamanho.

No segundo:

Estou em meu quarto de criança, atirando repetidamente o meu velho ursinho contra uma cadeira de balanço vazia. Por causa disso, começo a distinguir a forma de uma mulher de aparência comum na cadeira.

Os dois sonhos apresentam os problemas que subjazeriam ao trabalho terapêutico por muitos anos, conforme ele ia descobrindo o sadismo vicioso e devorador sob a fachada elegante e narcisista do complexo materno. Inicialmente, no entanto, como sugere o sonho das piranhas sob o tapete, ele tinha um medo tão grande de cair

145

pelo chão adentro e, com isso, confrontar os conteúdos devoradores e vorazes do inconsciente (as piranhas são peixes pequenos, notórios por sua capacidade de atacar e devorar rapidamente grandes animais), que teve dificuldades em entrar na análise, para o seu próprio bem. Ele se esquivava de lidar com seus problemas pessoais concentrando-se nas "maravilhosas imagens" dos sonhos, análogas aos belos padrões do tapete — assim como acabou ficando claro que ele sentia que sua mãe se concentrara nas "belas" realizações dele para seu próprio engrandecimento. Ele passara a fazer análise, ostensivamente, para ser capaz de usar essas lindas imagens em seu trabalho com filmes. No primeiro sonho não há um chão firme no qual se sustentar. O segundo mostra que, por ele reivindicar a própria fúria — transformando a energia da piranha —, aparece uma figura materna naquilo que antes fora um espaço de vazio psíquico.

O resultado positivo de atirar o ursinho pode ser entendido pelo terapeuta como uma mensagem sobre o resultado positivo de aceitar as manifestações da fúria infantil do sonhador. Estas irrompiam quando suas defesas e idealizações eram desafiadas, mas os confrontos serviam para trazer a "mulher de aparência comum". Com essa figura, ele associou uma figura materna — muito distante da mãe exigente, elegante e narcisista que conhecera. Durante a terapia, acabou ficando claro que essa figura representava seu potencial para uma auto-aceitação mais serena.

No primeiro sonho, a agressão destrutiva é mostrada na voracidade instintiva primitiva e agressão oral — especificamente, piranhas. No segundo, ela é humanizada, no contexto de uma relação em que há expressão da fúria infantil contra o vazio materno. Desse modo, é evocada uma nova qualidade humana, a princípio depreciativamente chamada por ele de "comum".

Esses sonhos apresentam uma transformação da energia, do nível primitivo, inconsciente e obsessivo (piranhas), através da agressão infantil, a um potencial para auto-aceitação como parte da humanidade comum.

SONHOS DE MORTE OU ENFERMIDADE

Uma categoria especial de sonhos prognósticos são os sonhos relacionados com morte ou enfermidade.[2]

Embora cada sonho, potencialmente, possa assinalar um desenvolvimento futuro e, nesse sentido, ser usado prognosticamente, sonhos com morte real raramente devem ser tomados literalmente. Na maioria das vezes, referem-se a uma morte simbólica e ao processo de renascimento inerente a qualquer desenvolvimento psicológico.

146

A velha atitude deve "morrer" para permitir a criação/descoberta de uma identidade recém-percebida.

Por outro lado, ameaças biológicas podem ser representadas em sonhos. Um exemplo de sonho prognóstico desse tipo foi trazido por uma mulher que veio para terapia porque descobrira recentemente um caroço no seio. Ela sonhou o seguinte:

> Encontro com meu marido, que me diz que tudo vai ficar bem, e que eu não preciso me preocupar. Aí me despeço dele e estou à beira-mar. A praia estava deserta e a luz indo embora. A praia estava vazia, exceto por algumas barcas.[3]

Com o marido ela associou "um otimista tolo, que nunca quer encarar a realidade". As barcas lembravam-na das barcas egípcias da morte, que tinha visto no museu. A luz indo embora, a praia vazia com as barcas esperando e sua descrição evocaram uma atmosfera lúgubre no terapeuta. Isso não fazia parte de seu próprio estado de ânimo, fora induzido pelo sonho. Juntos, todos esses elementos transmitiam claramente uma mensagem de morte. A cena da exposição, que mostra a situação como ela é, refere-se a um otimismo irreal, seguido de uma imagem de morte. De fato, aquele caroço acabou se confirmando canceroso e levou-a à morte. É conjectura pensar que se ela tivesse confrontado o otimismo irrealista que a impedia de enfrentar a realidade, poderia ter chegado a um diagnóstico precoce e a um desfecho melhor. Em termos da estrutura e seqüência dos eventos do sonho, essa possibilidade não deve ser excluída.

Um outro cliente sonhou o seguinte:

> Um homem em trajes formais de noite está montado num cavalo. Ele vê um menestrel a pé, caminhando devagar, e tenta alcançá-lo. Enfurecido pela ameaça e assustado, o menestrel apanha um machado e começa a bater no cavalo e mutilá-lo.

O homem em trajes formais de noite foi associado pelo sonhador com formalidade social, convencionalismo e tédio resultante. O menestrel, um artista andarilho, representava para ele sua natureza romântica e seu anseios emocionais, assim como seu saudável exibicionismo. Com cavalo ele associou "força animal" e "cavalos-força". Eis aqui um caso em que as associações pessoais estão de acordo com os significados universais e arquetípicos. O próprio Freud usava a imagem do cavalo e do cavaleiro para ilustrar a relação entre a psique consciente e a dinâmica corporal inconsciente. Mitologicamente, o cavalo aparece como uma imagem da energia instintiva e do poder de motivação. Nesse sentido, Poseidon e Mannanan

147

Mac Lir, senhores dos mares, são também os senhores dos cavalos; a carruagem solar com sua energia doadora de vida é puxada por cavalos.

O sonho mostra que a energia de vida está sendo "montada" por uma atitude de rígida formalidade e convencionalismo social. Ameaça alcançar e abater seu lado emocional, sua necessidade e anseio por reconhecimento. Por sua vez, a dinâmica emocional ameaçada retalia com autodestrutividade — atacando a energia vital. Na realidade, o homem parecia dócil e discreto ao extremo, mas estava repleto de uma fúria abrasante, de dúvidas sobre ele mesmo e de raiva passivo-agressiva. Além de descrever acuradamente sua situação psicológica, para que ele com ela pudesse se relacionar, o sonho contém uma advertência sobre o perigo de ameaça somática. Se mantida, essa postura repressiva e autonegadora pode ser uma ameaça no nível biológico: a força vital ou desejo de viver está sendo mutilado.

Outros exemplos de motivos reais de ameaça à vida são expressos por imagens oníricas de inundações, ondas gigantescas, tempestades de areia, terremoto ou outras catástrofes naturais. Há uma ameaça à vida psicológica e/ou biológica quando eles realmente danificam ou destroem num sonho a imagem simbólica do ser do sonhador ou sua criança (como vida futura — não a infantilidade), ou animais pessoalmente relacionados com ele (como vida instintiva), ou imagens que representariam entidades vitais básicas como florestas, campos de trigo etc., ou continentes básicos da vida, como a casa ou o leito. A maioria das outras figuras, inclusive o ego onírico, uma vez que representam personalidades parciais ou complexos, são "consumíveis", embora a perda ou a desestruturação do complexo fixado possam ser dolorosas para o sonhador.

Alguns motivos associados a perigos reais, que podem até incluir padrões de eventos exteriores, ocorrem nos sonhos como erupções simbólicas. O sonho de uma mulher em que "os edifícios da cidade caíam" ocorreu dois dias antes de um grande abalo financeiro na bolsa de valores. Embora suas imagens antecipassem o evento exterior, em que as finanças da família se arruinaram, a quebra real que o sonho anunciava era psicológica. Relacionava-se com as conseqüências, em sua psique, da inesperada rejeição do marido ao seu casamento.

Guerra nuclear costuma aparecer como metáfora de convulsão radical, "nuclear" e de aniquilação e caos temporário subseqüente, sentido como aterrorizante pelo ego onírico, mas que não é necessária e objetivamente destrutivo — dependendo, claro, do contexto global e dos possíveis fatores de compensação.[4] Doenças nos sonhos geralmente devem ser vistas em termos de seu significado metafórico, embora existam também casos de predições literais. Por exemplo, a leucemia, como excesso na proliferação de células brancas de defesa, costuma indicar um sistema psicológico excessivamente defensivo, e, nessa medida, ineficaz e fora de controle. Por outro lado, sonhos com AIDS parecem, em contextos de trabalho onírico, assinalar uma incapacidade geral de defender a própria integridade psicológica. O câncer pode ser uma metáfora para qualquer processo inconsciente proliferador — uma energia cindida e negligenciada — e, portanto, fora de controle e destrutiva.

A "personalidade" do padrão da doença deve ser imaginativamente experienciado em seu significado simbólico. Qualquer tema biológico de enfermidade transmite um motivo arquetípico crítico, que está requerendo corporificação adequada. Apresenta um conflito até então não assimilado entre uma dinâmica arquetípica e o ego, a qual exige que o problema arquetípico e seus significados sejam reconhecidos. Ele é representado como enfermidade porque qualquer crise constitui para nós um mal-estar.

Também são pertinentes as implicações dramáticas em um sonho. Nos sonhos, a destruição pode ser seguida de renascimento, desde que as imagens da energia vital e da integridade sejam preservadas. Além disso, em qualquer sonho de destruição, o desenvolvimento dramático também pode indicar sob quais circunstâncias ou com qual atitude a ameaça pode ser evitada. Numa enchente, o sonhador pode conseguir com esforço nadar até um local seguro. Ou pode conseguir manter a cabeça fora d'água até que a maré recue ou descobre que está a salvo num ponto da vida real, litoral ou construção sólida etc. Todos esses detalhes da história dramática do sonho devem ser levados em consideração para se chegar a uma avaliação clínica da situação do sonhador e ao prognóstico. As associações do sonhador, inclusive aquelas relacionadas à parte do corpo afetada, também sempre são decisivas (ver Capítulo 11).

Em vista disso tudo, é importante ter em mente quais motivos nefastos devem ser considerados advertências, mas nunca como predições definitivas ou finais. Em particular, como mencionamos acima, morte e transformação equivalem, para a psique inconsciente. Sendo assim, imagens de morte e transformação nos sonhos são indistinguíveis uma da outra. Motivos de transformação podem pressagiar morte, se houver uma cena dramática adequada, e sonhos aparentes com morte podem referir uma transformação fundamental. Podemos dispor de indícios ou advertências sem qualquer garantia, mas só podemos ter certeza retrospectivamente.

Além disso, não há sonho que conte uma história definitiva ou inalterável. O sonho representa a "situação como ela é", dadas as circunstâncias presentes da posição e consciência do sonhador. Conforme essa posição muda, possivelmente devido a um crescente aumento da consciência, decorrente da compreensão do próprio sonho ameaçador, o sonho subseqüente geralmente desenhará uma imagem diferente. Os sonhos expressam potencialidades, até probabilidades, em sua forma dramática. Só em raras circunstâncias indicam finalidade. Nesses casos, os motivos "escolhidos" pelo sonho simplesmente apresentam uma situação que, por sua própria natureza, não pode ser transformada. A mulher que estava à beira-mar perto das barcas dos mortos ainda poderia voltar atrás e lidar com a atitude tolamente otimista que alimentava em si, e que a conduzia à praia da morte (a seqüência de eventos costuma indicar causalidade; ver Capítulo 9). Mas nem ela, nem o sonhador do sonho do crepúsculo são representados em situações com muitas chances de reestruturação. Contrariamente ao seu otimismo inicial, essa mulher descobriu que sua análise seria para ela uma preparação para morrer.

No entanto, mesmo quando nenhuma outra alternativa for apresentada, é prudente esperar por aquilo que os sonhos subseqüentes têm a dizer. Os *insights* neles contidos poderão trazer mudanças ou a possibilidade de abordagens diferentes. Interpretações ou compreensões inadequadas ou errôneas resultarão em repetições ou, talvez, formas modificadas da mesma mensagem, ou até em pesadelos, enquanto a mensagem importante não for "ouvida". Pontos vitais que foram negligenciados ou não receberam atenção suficiente podem tornar-se temas de novos sonhos.

Capítulo Onze

IMAGENS CORPORAIS

> Mente e corpo são presumivelmente um par de opostos e, como tal, são expressão de uma só entidade, cuja natureza essencial não se pode conhecer, nem a partir das manifestações materiais exteriores, nem de sua percepção interna e direta ... [o] ser vivo aparece no plano exterior como corpo material, mas internamente como uma série de imagens das atividades vitais que nele têm lugar. São os dois lados de uma mesma moeda (*CW*, 8, par. 619).

Do ponto de vista da psique inconsciente, o corpo é experimentado como o veículo ou lugar da encarnação. (Encarnação, como processo arquetípico, significa expressão existencial da personalidade viva aqui e agora.) Esse veículo tem sua própria dinâmica biológica e ritmo, que interagem reciprocamente com a dinâmica psíquica, e que não estão, em sua maior parte, sujeitos ao controle direto do ego. Nesse sentido, a dinâmica corporal representa forças da vida orgânica, funções que expressam e são analogias da vida animal, na impulsividade do afeto e da vida vegetativa em crescimento e decadência. Essas dinâmicas devem ser consideradas como um dado *a priori*; elas não podem ser transformadas deliberadamente.

Nos sonhos, referências ao corpo, funcionamento corporal, necessidades corporais ou patologia corporal podem ser representadas por imagens de estruturas sólidas de todo tipo — construções, como casas ou cabanas; veículos, como automóveis, barcos etc. O denominador comum de tudo isso é que são habitáveis ou utilizáveis como continentes da vida. Enquanto continentes, também podem servir de veículos para expressar atividade humana.

Referências ao corpo também podem ser representadas por imagens de animal ou planta. Nesses casos, a qualidade particular, o impulso ou os padrões formais associados pelo sonhador, metafórica ou simbolicamente, à planta ou animal em particular, estarão indicando o significado específico do corpo ou da função afetiva específica a que a imagem onírica se refere

Como exemplo (mas só como exemplo, não como fórmula fixa ou estereotipada) podemos considerar que um cavalo representa poder e força vitais ("cavalos-força" nos torna capazes de fazer coisas que não podemos fazer a pé). Essa força sustenta e carrega o cavaleiro, a pessoa humana, como o corpo sustenta e carrega a personalidade. A imagem do cavalo pode, evidentemente, referir-se também a uma divindade-cavalo mitológica que, por sua vez, poderia expressar as mesmas forças da vitalidade e do poder de carga, com nuanças de atributos masculinos ou femininos. E/ou a imagem do cavalo no sonho pode também ter associações com as qualidades do cavalo que o sonhador cavalgou num hotel-fazenda no último verão.

Uma árvore pode estar associada a uma certa árvore no jardim da infância, com a árvore ancestral, com a verticalidade e a conexão entre os reinos natural e transcendental, e/ou com a força vital e capacidade de crescimento e de resistência.[1] No sonho, uma árvore derrubada pode representar a imagem do fim de uma fase particular do processo vital. Se a árvore, em vez disso, for representada morta, danificada ou atrofiada, o intérprete pode considerar a possibilidade de um dano correspondente no nível biológico; ou seja, uma enfermidade física que ainda não se manifestou nem foi detectada. Ou o dano pode brotar de fatores psicológicos ou espirituais do sonhador. Para esclarecer isso, o analista deve examinar a que imagem se refere ou está compensando na vida do sonhador e o que contribuiu para a condição da árvore no sonho.

Um sonho contendo uma séria advertência sobre colapso corporal foi sonhado por uma mulher na véspera dela ter um ataque. No sonho, ela viu que o telhado de sua casa fora perfurado pelos galhos de uma árvore abalada por uma tempestade de vento.

Na categoria das imagens que alegorizam o corpo, devemos considerar sonhos com ritmos sazonais ou diurnos, em termos de suas transformações e/ou do fracasso do ego para adaptar-se a essas transformações. Tais imagens poderiam indicar manhã ou crepúsculo, primavera, verão, outono, inverno da vida do sonhador.

Um exemplo de um sonho assim, que realmente prefigurou a morte do sonhador, aconteceu na noite anterior à sua morte. No sonho, ele é chamado pela voz da avó, morta há muito tempo, que lhe diz que faltam cinco minutos para as quatro.[2] Ele associou às quatro horas "intervalo para café", e, para ele, intervalo para café era "um momento em que se pára de trabalhar e se faz um intervalo temporário, para depois voltar ao trabalho, descansado e refeito". A imagem implica que o relógio corporal fez uma pausa e que o sonhador está sendo chamado por seus ancestrais, pela Grande Mãe (figura mitológica comum para a deusa do destino individual);[3] não obstante, também implica em renascimento ou reencarnação como evento cíclico.

Quando nos deparamos com a imagética corporal, por exemplo, em sonhos com doença de pele, do coração, câncer ou ossos fracos, ou quando encontramos imagens oníricas relativas a funções corporais particulares, como sexualidade, excreção, comer, dormir etc., primeiramente a alusão deve ser explorada no nível do objeto, literal. Há algum problema real para o qual o sonho esteja apontando? Qual é a relação consciente do sonhador com aquela função corporal particular? Quando a interpretação no nível do objeto não parece adequada — mas também quando é, e somada a ela — as implicações no nível do sujeito, alegóricas ou simbólicas, da dinâmica psicossomática devem ser examinadas. Isso pode decorrer das associações ou explicações pessoais para as partes do corpo em questão, assim como de associações ou explicações coletivas (ou mitológicas) comparativamente fixas para essas partes. Exemplos dessas explicações coletivas são firmeza e estrutura, para ossos; raiva agressiva, amargura ou cólera, para vesícula biliar ou bile; depressão, para bile negra; sentimentos e conexão com o que é "percebido" como um centro espiritual transpessoal, para coração; atividade autônoma destrutivamente "infiltrada" ou atividade proliferadora de um complexo psicológico, para câncer etc.

Nessa categoria também se pode considerar os sonhos com morte do sonhador e com agonia. Em contraposição aos exemplos acima, sobre transformações nos ritmos biológico ou temporal, os sonhos com morte raramente se referem ao evento literal. Como dissemos no Capítulo 10, prognósticos a partir de sonhos, em geral, assinalam um final radical de um ciclo e, conseqüentemente, também um novo começo. Essas imagens oníricas referem-se a impulsos e dinâmicas afetivas que estão enraizadas profundamente nos padrões corporais e instintivos; portanto, não se pode esperar que se transformem facilmente ou sem a "morte" psicológica que a transformação costuma exigir.

SEXUALIDADE

Embora a sexualidade seja pensada em termos de gênero sexual, arquetipicamente, seu alcance é muito maior. O simbolismo yang-yin, lingam-yoni, parece arquetipicamente entranhado em nossas psiques como uma representação da polaridade fundamental entre parceiros e na psique individual. Sociável-retraído, luz-treva, ativo-passivo, criativo-receptivo, assertivo-adaptativo, são alguns dos possíveis significados associados ao gênero nos sonhos, seja qual for o sexo do sonhador. As associações pessoais e explicações do sonhador também devem ser levadas em consideração.

O simbolismo sexual é uma forma costumeira de imagem mental do corpo nos sonhos. Em seu significado mais amplo, refere-se à atração e ao anseio de fundir e unir com o que quer que seja sentido como polaridade oposta. Essas imagens geralmente ocorrem quando há algum problema para reduzir a distância emocional entre posições (por exemplo, entre analista e analisando). Nesse sentido, positivamente, pode indicar complementação psicológica ou, negativamente, um estado de ser atraído ou "envolvido" por uma dinâmica que pode prejudicar o desenvolvimento psicológico e/ou relação genuína.

Um exemplo que pode ilustrar isso. Um rapaz com traços ligeiramente obsessivos teve o seguinte sonho:

> Estou em meu carro, pronto para pisar no acelerador, quando reparo que uma mulher à minha direita está acariciando apaixonadamente e excitando meu pênis, que tem ejaculações repetidas. A sensação parece-me familiar, e gosto dela, mas estou um pouco preocupado quanto a dirigir desse jeito, uma vez que, a longo prazo, pode esgotar minhas energias e me confundir. Então, um homem que estava sentado atrás de mim, toca-me gentilmente na bochecha, e isso me parece uma carícia amorosa. Decido voltar-me para ele e ver quem é, pois gostei mais da sensação do seu toque do que da intensidade dela. Mas, para poder me virar e ver o que ele quer, tenho de me desembaraçar dela e tirar o pé do acelerador.

Com a mulher à direita ele associou uma conhecida, por quem não sentia atração particular; chegava até a uma certa irritação. Descreveu-a como um tipo amazona de mulher, muito ambiciosa, competitiva e forçada, mas também inclinada ao que chamou de "histeria e embirramento se as coisas não aconteciam como ela queria". A personalidade dessa mulher lembrava-lhe sua mãe, que caracterizou como um tipo semelhante.

O homem não lhe lembrava ninguém que conhecesse. Quando solicitado a visualizar essa figura em fantasia, o sonhador descreveu um artista quieto, afetuoso e sensível. Esse homem era bem o oposto do modo como o próprio sonhador se via. Sua auto-imagem era de um homem de negócios racional e friamente eficiente, ocasionalmente ambicioso e excitável, mas primordialmente sólido e prático.

No nível do objeto não havia qualquer questão de homosexualidade. Nem havia qualquer atração, incestuosa ou outra, pela figura real da mulher do sonho. No entanto, no nível do sujeito, quando considerado em termos de atração e de fusão libidinosa, o sonho trouxe importantes *insights*.

A cena e o desenvolvimento mostram o ego onírico no "corpo que dirige" o automóvel, pronto para pisar no acelerador. A imagem é a corporificação do impulso de prontidão, alerta. No mesmo momento, o ego onírico descobre que está libidinalmente fundido (sexualmente excitado) com seu lado direito (cérebro esquerdo: ação racional), com uma encarnação da ambição, competitividade ativa e propensão à histeria e acessos de birra (suas associações com a mulher). Está recebendo um conhecido, repetido e prazeiroso "gozo". Essa figura desperta seu falo, expressão potente, assertiva do que ele sente como sua masculinidade.

O ponto alto crítico do drama onírico é a inesperada intervenção do rapaz no banco de trás. O ego onírico se percebe sendo tocado por qualidades dele mesmo que desconhecia totalmente. O rapaz sensível, afetuoso, artístico, no banco de trás é uma figura que alegoriza seu próprio potencial inconsciente. O sonho coloca que ele só terá acesso a ele distanciando-se da figura excitante e tirando o pé do acelerador. Ambas as imagens referem-se ao seu problema com controle do impulso.

O sonho representa um desvio do padrão comum daquilo que o sonhador e o coletivo consideram masculino e feminino. A atração pelo rapaz atrás do ego onírico expressa o anseio por realizar uma masculinidade mais completa. Isso, nos termos do sonho, pode ser alcançado conectando a sensibilidade, a afetuosidade com as qualidades artísticas que o sonhador costuma considerar "femininas". Por sua vez, a atitude heróica, masculina, é representada por uma figura de mulher. Ela representa uma função do lado auto-indulgente e "feminino" de seu ser, uma expressão de sua antiga fusão libidinosa com a mãe e suas ambições para ele, e que ainda continua drenando suas energias.

Este sonho ilustra algumas nuanças diferenciais na qualidade do envolvimento entre o ego onírico e as parte que se atraem. Com a figura da mulher, há um contato sexual diretamente excitante. A *anima* o está "masturbando"; ele não participa conscientemente. O homem sensível apenas toca-o e desperta uma resposta, ainda distante, de atração. O envolvimento íntimo precedente expressa exatamente isso: um estado de *identidade* com um complexo. Nele, o ego onírico é representado identificado com a *anima* obsessivamente ambiciosa, histérica e excitante. A atração sexual ou emocional que não resultou, ou não ainda, em contato corporal íntimo assinala que existe uma pulsão inconsciente. Isso significa um vetor libidinoso na direção da entidade configurada, uma pulsão, mas para um potencial que ainda não foi consumado.

Paradoxalmente, podemos notar uma relação de polaridade entre sonhos sexuais e sonhos com invasores e perseguição. Enquanto os sonhos sexuais mostram aquilo que atrai o ego onírico, os sonhos com invasor ou perseguidor mostram o que é atraído para o ego onírico — que "quer chegar até mim".[4] Representam conteúdos do inconsciente que pressionam preementemente para alcançar a consciência, e isso contra o medo e/ou a resistência do sonhador. As chamadas "perversões" sexuais representam variações da forma ou conteúdo da atração libidinosa. Devemos ter em mente que toda tentativa de definir aquilo que, supostamente, é "normal" ou "anormal" no nível da dinâmica instintiva lança mão de normas sociais para o nível do impulso pré-social. Um comportamento ostensivo de descarga pode ser julgado anormal; mas não podemos aplicar em absoluto tais padrões a uma imagem ou sonho, que simplesmente descreve a natureza da pulsão libidinosa segundo diretrizes arquetípicas instintivas. Isso não quer dizer que esses sonhos não possam representar patologia, particularmente quando apontam para uma tendência de descarga autodestrutiva. No entanto, isso se aplica igualmente a qualquer sonho, seja sexual ou não.

Motivos homoeróticos, como nosso exemplo mostrou, demonstram uma atração por aspectos que expressam o próprio gênero do ego onírico, ou que tendem a completar seu caráter. Tais aspectos, quando completamente integrados, tornariam o sonhador um homem ou mulher mais completos, nos termos da imagem do Self Orientador sobre aquilo que essa pessoa "pode vir a ser", no caminho da individuação.

Literalmente, masturbação é auto-excitação. Ela pode sugerir o prazer inerente à capacidade de "ficar excitado" por se tornar mais positivamente autônomo, autoconfiante e afetuoso. Esse voltar-se para si mesmo e auto-excitação podem representar potenciais criativos a serem despertados a partir da profundidade do sonhador, levando a uma capacidade para esforço individual criativo e a enfrentar a tarefa de vida que se impõe (há um mito egípcio em que o mundo foi criado por um ato masturbatório de uma divindade).[5] Ou pode assinalar tendências autistas ou de vício solitário, que contêm o arquétipo da autocriação de forma ainda compulsiva.

Motivos sádicos às vezes podem apontar a preemência da necessidade inconsciente de mais asserção, domínio e controle. Em outros momentos, podem representar o meio pelo qual um certo aspecto da psique se compraz em dominar, violar ou maltratar os outros. Motivos masoquistas podem representar a necessidade ou "chamado" para uma adaptação mais submissa àquilo que tiver sido alegorizado pelo parceiro, ou, contrariamente, uma tendência exagerada e imprópria à submissão. Esses motivos requerem um cuidadoso exame dos parceiros envolvidos, tanto no nível do objeto como no do sujeito, e devem ser vistos da perspectiva do princípio da compensação.

Uma mulher de meia-idade sonhou:

Estou na cama com um homem idoso, meio parecido com meu pai. Ele me bate brutalmente e me estupra. Estou horrorizada, mas mesmo assim sinto um intenso prazer e uma excitação sexual orgiástica.

Ela lembrava do pai como "uma figura excitante e inspiradora, às vezes um pouco severo e com convicções fortes", mas que ela considerava essencialmente benévolo e prestativo. Só depois de intensa elaboração das lembrança relevantes evocadas associativamente por este sonho, ela conseguiu lembrar-se de que fora realmente brutalizada física e mentalmente, e que não lhe foram consentidos modos próprios de sentir, pensar e agir. No entanto, como fora dessa única maneira que a garotinha tivera a atenção do pai, tudo isso fora glorificado e sentido como manifestações de amor e proteção paternais. Resultou disso que ela se tornara uma réplica das convicções e posições paternas, raramente pensando algo que fosse dela mesma e se casou com um homem igualmente dominador, de quem se ressentia amargamente sem, porém, poder separar-se nem afirmar-se. Embora se ressentisse conscientemente, inconscientemente ela glorificava ser vítima.

No entanto, paradoxalmente, e contrariando a própria visão da sonhadora sobre ela mesma, as outras pessoas achavam que era uma pessoa muito voluntariosa, dominadora e forte. Seu marido, que sob uma superfície arrogante e rude era um homem bem fraco, admitiu em sessões de aconselhamento conjugal que tinha medo dela, e também alguns dos membros do grupo de terapia.

Aqui, as implicações do sonho no nível do sujeito são significativas; aliás, uma cuidadosa leitura do sonho deveria nos levar a suspeitar de que o significado no nível do sujeito é o primordial. A retificação de sua opinião sobre o pai e sobre sua influência sobre ela eram de importância vital. Mas, nos termos do sonho, deveria apenas servir como material associativo. Pois o sonho não mostra o parceiro sexual sádico como seu pai, mas como um estranho, que apenas parece um pouco o pai. A figura representa uma parte da personalidade interior (uma figura do *animus*, na terminologia junguiana). Essa figura representa a semelhança com o pai como uma parte de sua própria personalidade; em outras palavras, sua própria força desconhecida — de fato, brutalidade e dogmatismo ditatorial —, com a qual ela é mostrada em estado de identidade psíquica (na cama: envolvida íntima e/ou sexualmente). Ela se submete com deleite a esse brutal ditatorialismo e, inconscientemente, exterioriza em agressão passiva. Ela domina por seu papel de vítima sofredora e maltratada.

E, projetivamente, induz e atrai o papel complementar do agressor ativo nos homens que a cercam, inclusive seu terapeuta. Assim, sentindo-se sempre e novamente confirmada em seu "desamparo", ela não consegue se valer de sua própria força oculta. Continua desamparadamente atada à força que a "estupra", mas que não está disponível para ela como sua própria força. Se fosse capaz de assimilar o significado do sonho, aceitando e vinculando-se conscientemente (a imagem sexual) às capacidades assertivas potenciais representadas pela figura do sonho, ela seria capaz de integrar uma peça que está faltando em sua totalidade psicológica que é relevante para sua individuação.

As chamadas "perversões" sexuais nos sonhos devem ser consideradas como tentativas apaixonadas de fazer ou estar em contato com as tendências alegorizadas pela imagem. Embora seja necessário primeiramente examinar essas imagens no nível do objeto, elas apontam para uma dinâmica psicológica e, em geral, para anseios espirituais. O vampirismo, por exemplo denota "sede" pelo "sangue da vida". Representa drenar a intensa energia vital (correta ou incorretamente, conforme o contexto do sonho) do objeto do desejo vampiresco. No nível do objeto, isso pode indicar um vampirismo psicológico, uma tendência à superdependência dos outros para apoio, iniciativa e força psicológica. Essa tendência, em virtude da indução psíquica, é capaz de drenar a vitalidade das pessoas escolhidas como objetos do vampiro. Esse é um tema comum nos sonhos de crianças quando as necessidades narcísicas dos pais estão drenando a energia vital e a autonomia da criança. No nível do sujeito, como ânsia oral, geralmente é uma alegoria de necessidades infantis simbióticas que estão cindidas e atacam o ego onírico.

O fetichismo expressa uma devoção — mobilizada ou fixada e/ou superenvolvente — pelas qualidades representadas no fetiche. Um exemplo relativamente comum seria o fetichismo masculino por sapato ou calcinha de mulher, que costuma expressar atração ou ânsia inconscientes de devoção pelo "ponto de vista" (sapato) ou pelo "mistério velado" feminino, por aquilo que cobre ou oculta o "segredo" feminino e partes "sagradas". O *voyeurismo* tem uma conotação similar, e seu significado alegórico depende do objeto enfocado pelo sonhador. Todo sonho com imagens de "perversão" deveriam ser examinados a fundo. As indicações gerais sobre significado aqui sugeridas devem ser tomadas como simples indicadores para amplificação de tendências arquetípicas gerais — nem mais, nem menos. A aplicação específica desses contextos sempre dependerá e será modificada pelas explicações e associações do sonhador individual.

IMAGENS DOS ORIFÍCIOS CORPORAIS

Os orifícios corporais, principalmente boca, vagina, bicos dos seios, ânus e uretra, assim como olhos, nariz e ouvidos contêm um significado que parece pertencer a um nível filogeneticamente muito remoto (cérebro reptiliano) de relação com a realidade. Eles funcionam como portas de entrada — e de saída — para o mundo exterior. Muito foi escrito sobre esses orifícios e sobre a dinâmica neles encontrada e projetada. Quando essas imagens aparecem nos sonhos, é importante que o intérprete tenha uma compreensão da literatura clínica, mas ele também precisa ter uma compreensão experiencial e imaginal dessas metáforas corporais. A literatura e a arte em todo mundo estão repletas dessas imagens. Elas podem ser proveitosamente estudadas para que o terapeuta chegue a uma compreensão imaginal mais completa dos ricos e polivalentes significados do simbolismo corporal.

Através da boca, do nariz e dos ouvidos entram substâncias sólidas e fluidas, ar, odores e sons; pela uretra e pelo ânus substâncias fluidas e sólidas querem e/ou exigem sair. Pelos bicos dos seios flui a nutrição primodial, o leite benéfico ou o "amargo veneno". A vagina é a entrada para o poderoso e numinoso feminino, para o prazer, inseminação ou terrível voragem. De suas trevas flui ritmicamente o potente sangue da menstruação, que assinala um estágio da feminilidade, e que apresenta o problema de acompanhar o fluxo, fertilidade, sujeira, comunhão com as outras mulheres e a natureza. Por ela luta o nascituro, e essa imagem é também encontrada como porta no retorno às trevas, que é a morte. Cada uma dessas imagens deve ser vista de acordo com a dinâmica dos níveis do sujeito e do objeto.

A boca funciona como um órgão do paladar, a entrada para o alimento que sustenta a vida e como o meio primário de incorporação. Pode servir de metáfora para tudo isso, assim como de expulsão deliberada de ar, saliva, vômito, e como expressão de sentimentos em soluços, beijos, gritos e fala. Motivos orais sugerem variações sobre temas como receber material de apoio à vida ou lesivos a ela, assim como auto-expressão primária e auto-afirmação. Freqüentemente, referem-se a necessidades de dependência, à capacidade pegar ou recusar o que é oferecido, necessário ou requer metabolização. (Motivos orais sexuais podem representear o anseio de "assimilar" a energia fálica ou yônica.) Os dentes se ligam à capacidade oral de morder, "cravar os dentes em", "mastigar bem". Eles preparam o conteúdo do mundo exterior para a assimilação. Mordem. Nesse sentido, eles também podem referir a agressão oral, ambição e inveja devoradora. Perder dentes pode referir a perda de uma adaptação particular à realidade, e a esperança de que seja substituída por outra, nova, ou por próteses. Por outro lado, sonhos em que os próprios dentes estão abalados ou são perdidos sem chance de reposição podem dar uma perspectiva bem duvidosa da capacidade de recuperação do cliente quanto às funções representadas pelos dentes.

Olhos, nariz e ouvidos servem como meio para a mais elementar orientação e autopreservação, no nível animal. Dizemos "estou vendo" ou "estou ouvindo" quando queremos indicar uma percepção que foi "assimilada", que é mais do que mera compreensão intelectual. Quando "farejamos" complicações, indicamos uma consciência corporal instintiva e/ou intuitiva de alguma coisa que, racionalmente, não é explicável, mas mesmo assim orienta. Motivos visuais tendem, por outro lado, a referir capacidade de "assimilação" relativamente consciente e objetiva, em espaço "iluminado" ou dificuldades nesse processamento. Aquilo que chega aos ouvidos ou através dele envolve uma percepção sensorial instintiva, sutileza e dificuldades para receber mensagens da realidade interior e exterior.[6]

O simbolismo metabólico — comer, digerir, assimilar — é comum nos sonhos e alegoriza processos, realidade e questões psicológicas a serem metabolizados. Certa mulher sonhou que estava comendo suas próprias fezes, sob a forma de uma hóstia. O sonho despertava-a crua e enfaticamente para uma necessidade de metabolizar um fragmento de sua sombra negativa, como se fosse sagrada comunhão com o transpessoal.

Imagens de excreção não se referem apenas a dejetos. Transmitem "numinosidade negativa".[7] Pois o que é excretado é também produto da atividade do corpo — e portanto da alma encarnada — em um ego prematuro ou nível pré-egóico. Os sonhos, muitas vezes, apontam um problema relacionado com contenção adequada, quando a figura onírica urina ou defeca na sala, ou por exemplo o vaso sanitário está transbordando. Dejetos e sujeira são materiais que fazem sentir estar em lugar errado. Portanto, material excretório refere-se a uma atividade ou a um anseio potencialmente criativo ou transformador, que deve ou está para encontrar seus próprios canais. Vasos sanitários seriam uma referência a uma situação em que as formas adequadas de anseio de auto-expressão e descarga de necessidades estão obstruídas, indisponíveis. A atividade de um encanador pode então relacionar-se com o processo terapêutico.

Defecação é uma atividade geralmente deliberada de expressão assertiva. Representa um estágio instintivo preliminar de vontade consciente e deliberada. Na constipação, a pessoa é incapaz ou não quer "pôr para fora" o conteúdo que, na diarréia, "foge" ao controle. Portanto, o simbolismo anal também inclui a noção freudiana de desejo de dominar ou reter. (No vocabulário de certas culturas, o pinico ou assento sanitário ainda é designado como "troninho".)

Como imagem, urinar representa auto-expressão por um entregar-se ou permitir que fluam as necessidades que dominam alguém. É uma expressão do Self. Tem uma tonalidade mais afetiva do que deliberadamente desejada (os rins, como o coração, são tradicional e arquetipicamente associados ao sentimento). O simbolismo urinário tem então a ver com entregar-se e consentir nas emoções, ou com sua inibição, quando, por exemplo, a pessoa sonha que precisa ir urgentemente ao banheiro e segura a vontade. Muito provavelmente, a imagem da enurese (ou o significado alegórico de sua ocorrência real) pode ter a ver com a auto-expressão, controlada ou supercontrolada, no nível de consciência diurna e que durante a noite rompe essas inibições.

A dinâmica do treino da higiene, então, seria uma referência aos modos mediante os quais expressões afetivas cruas, instintivas, estão sendo ou foram colocadas sob controle consciente — de maneira adequada, prematura, muito ou insuficientemente radical, conforme o contexto do sonho:

Alguns exemplos:

> Fui ao banheiro, mas já o encontrei lotado de fezes. Tentei dar a descarga mas só consegui que a água subisse e transbordasse, inundando até a sala.

Aqui os canais de descarga estão evidentemente congestionados. Não há um receptáculo disponível para a auto-expressão. De fato, o conteúdo residual, as manifestações de outras pessoas (fezes), estão obstruindo a situação. A energia disponível (água) não consegue superar o impasse, que inunda o espaço vital.

O sonhador estava paralizado pelas limitações de seus hábitos preconceituosamente limitados e pressupostos obstinados. Não havia espaço disponível para a expressão de seu estilo individual, de sua imaginação e sentimentos. Quanto mais ele tentava, por mera força de vontade, superar o que lhe parecia ser sua timidez, mais ele "entupia de merda o espaço vital", por tentar superar suas inibições privilegiando, inadvertidamente, a expressão de seus conteúdos preconceituosos e dogmáticos.

Um outro sonho:

> Descobri que tinha guardado minhas fezes secas na caixinha de jóias de minha mãe. Fiquei repugnado com o cheiro e joguei aquilo tudo no vaso sanitário. Mas, então, percebi que também tinha jogado fora as jóias verdadeiras e preciosas de minha mãe.

Fezes, aqui também, representam expressões que foram armazenadas e ressecaram: possibilidades assertivas ou criativas não vividas. Estão deslocadas entre as "jóias" da mãe. O sonhador lembrou, na associação, que sua mãe costumava chamá-lo sua "jóia preciosa", e que ele, para corresponder, sempre tentara ser digno dessa designação. Por conseguinte, confinava-se nos limites super-refinados e esnobemente estreitos de sua caixa de jóias, e com isso tivera que evitar qualquer comportamento autêntico e auto-expressão genuína que não merecessem a aprovação da mãe. Agora, a constatação de sua autolimitação imposta evoca uma super-reação de rebelião. Ele queria descartar todos os valores e padrões culturais da mãe. Permitiu-se mergulhar no mundo das drogas e comportamentos auto-indulgentes. Dessa maneira, como o sonho advertiu, ele descarta também valores genuínos do Self ou para a individuação (as jóias), juntamente com os dejetos. A linguagem bem "chula" deste sonho pode ser considerada uma compensação para o esnobismo super-refinado, pertinaz e inconsciente do sonhador, que ainda busca sua torre de marfim, ao "viajar" com drogas.

Pudemos abordar apenas rapidamente o amplo e importante tema do simbolismo corporal. Nossas colocações, repetimos, não deverão ser tomadas como um sistema de interpretações fixas, mas tão-somente como diretrizes para uma investigação posterior dos possíveis significados alegóricos e simbólicos.

Capítulo Doze

SONHOS SOBRE TERAPIA E FIGURA DO TERAPEUTA

Este capítulo abordará alguns dos elementos centrais do processo terapêutico, como são representados nos sonhos que trazem a figura do terapeuta e metáforas do próprio processo da terapia. A discussão procura esclarecer de que modos os sonhos podem revelar o complexo campo terapêutico, em que tantos são os vetores que intervêm. Por isso, ela pode parecer confusa ao leitor, exigindo compreensão racional e intuitiva. Ela não é, porém, de modo algum, diferente da natureza da própria interação terapêutica. No entanto, em sua tentativa de separar alguns elementos da rica matriz, a discussão também pode parecer muito simples, muito abstrata e carente da vida multidimensional que todo sonho evoca — especialmente aqueles sonhos sobre o próprio campo terapêutico. Não pretendemos simplificar ou reificar os aspectos envolvidos na totalidade do campo. Em vez disso, esperamos proporcionar um foco e circum-ambular questões e problemas que, provavelmente, serão trazidos à baila quando esses sonhos forem apresentados. O campo da terapia, assim como, dentro dele, a relatividade do analista-observador, são temas apresentados pelo Self Orientador do sonhador-analisando e, às vezes, pelos sonhos do próprio terapeuta.

Uma vez que todo sonho revela informações sobre o processo psicológico, a dinâmica física e o processo espiritual do sonhador, todo sonho também toca questões de relação projetadas do passado, problemáticas do presente e/ou recém-emergentes. Como, além disso, o exame da dinâmica envolve, inevitavelmente, sua projeção (e às vezes indução) nas relações íntimas, todo sonho pode revelar como estão consteladas as questões de transferência e contratransferência ou como podem se desenvolver.[1] Neste sentido, os sonhos facilitam a análise de velhos padrões que impossibilitam as relações — com o terapeuta, com os outros, com o trabalho profissional e as necessidade de gratificação, com o inconsciente e/ou com o Self.

Na melhor das hipóteses, o trabalho com o sonho pode servir para construir a capacidade para relações francas, confiantes e viáveis em todas essas áreas. Ele pode ajudar a construir e manter a aliança terapêutica e a possibilidade de um diálogo frutífero entre as posições do ego consciente e os processos inconscientes. Na pior, o enfocar imagens oníricas pode ser usado para evitar um trabalho adequado com a transferência e contratransferência, e, inclusive, para impossibilitar relações pessoais.

Como disse Freud certa vez, a "transferência está sempre presente", embora talvez "possa não ser reconhecida".[2] Isto é igualmente verdadeiro no trabalho com os sonhos. Mas nem todo sonho é para ser abordado em termos do "reconhecimento" da questão da tranferência, mesmo se o sonho também revelar informação sobre o processo terapêutico. Os problemas que ele formula podem ser mais gerais do que a terapia; a análise da tranferência pode não ser apropriada no momento para o sonhador; pode não haver, no momento, problema agudo de contratransferência. Mas, mais importante, é que a cena do sonho sempre apresentará as questões a partir da perspectiva particular que represente a via mais proveitosa de abordagem para sua assimilação, pelo sonhador, em cada situação dada. O tempo e o lugar da cena onírica mostram onde o complexo projetado está constelado para um trabalho sob as melhores condições. Sendo assim, é recomendável que o intérprete siga as questões formuladas pelo sonho lembrando que elas podem já ter ocorrido ou virão a ocorrer na transferência terapêutica.[3] A cena do sonho orienta sobre a melhor ordem de abordagem. Se a cena se refere ao local de trabalho ou lar do sonhador, o sonho estabelece essa metáfora como aquela por meio da qual o problema pode ser exposto do melhor modo. Mesmo que o analista esteja plenamente consciente das implicações transferenciais, em geral deve silenciá-las enquanto a metáfora do sonho não tiver sido explorada. Por outro lado, nos sonhos que situam o problema em uma cena que representa o terapeuta ou o processo terapêutico, é mais recomendável a ordem inversa de trabalho: as implicações transferenciais devem ser investigadas primeiro.

Em alguns casos, será melhor que os sonhos com a figura do terapeuta ou com a terapia sejam analisados em silêncio, apenas pelo terapeuta, por suas mensagens contratransferenciais. Eles fornecem imagens em torno das quais ele se orientará para estabelecer e manter um ambiente terapêutico adequado o suficiente para prosseguir com o trabalho (veja a seguir).

Quando a figura do terapeuta aparece num sonho, pode representar:

1. O terapeuta real e as qualidades realisticamente associadas a ele, no nível do objeto.

2. Uma projeção tranferencial pessoal no terapeuta, relacionada à experiência passada do sonhador com a dinâmica interpessoal.
3. O terapetua interior/curador/Self.
4. A contratransferência do terapeuta.
5. O processo terapêutico.
6. Qualidades projetadas no terapeuta relativas à dinâmica do nível do sujeito do sonhador — ou seja, uma questão da sombra.
7. A natureza de uma projeção arquetípica na terapia ou na figura do terapeuta.

No mais das vezes, há uma complexa combinação de alguns ou de todos os itens acima, e é preciso uma cuidadosa classificação para descobrir a natureza dos entrelaçamentos, na medida em que a imagem multifacetada do terapeuta serve para iluminar o campo terapêutico. Nenhum sonho com o terapeuta pode ser *a priori* encaixado em qualquer categoria particular. Ele deve ser avaliado no amplo âmbito de possibilidades em um campo constelado mutuamente. Só por meio da elaboração do drama onírico no contexto das associações, explicações e amplificações é que esses sonhos com a figura do terapeuta podem ser adequadamente situados no *continuum* transferência/contratransferência. Enquanto o sonho não tiver sido analisado, várias hipóteses podem ocorrer à mente do terapeuta espontaneamente, mas devem ser silenciadas. Em situação alguma, intuição e sentimento — e, particularmente, a defensiva cegueira contratransferencial — são tão perigosos como quando fomentam conclusões prematuras.

A REALIDADE DO TERAPEUTA

Os sonhos com a figura do terapeuta podem referir a *realidade do terapeuta, no nível do objeto.*

Um exemplo de sonho desse tipo foi apresentado em uma primeira sessão de terapia:

Meu terapeuta confronta-me com o meu problema. Agora estou correndo pela rua.

Uma vez que, na ocasião do sonho, a sonhadora ainda não estava conscientemente informada sobre a personalidade do analista, este sonho deve ser visto como uma compensação no nível do objeto para a idealização consciente da sonhadora de sua nova terapia. Embora sua imagem do terapeuta, sem dúvida, capte uma reação subliminar ao breve contato telefônico em que foi combinado o horário de sessão, e embora o terapeuta possa deduzir dela uma importante informação sobre questões de transferência/contratransferência no nível do sujeito, é uma mensagem sobre a realidade objetiva, para a sonhadora. O sonho transmite uma imagem de terapeuta que é confrontadora e de seu efeito sobre o ego onírico. Esse estilo confrontador provoca medo e fuga no ego onírico, talvez porque ameace seu próprio hábito de tagarelar evasivo, talvez porque ative um complexo parental e/ou um medo de dano real. Essas hipóteses podem ser examinadas em algum momento com o sonhador. No caso em questão, o terapeuta reconheceu que era uma descrição objetiva de seu estilo e pôde facilmente admitir que a imagem do sonho transmitia um fator real. Por ter concordado francamente com a veracidade da descrição do sonho, neste caso, transmitiu à sonhadora uma posição de confronto consigo mesmo que serviu como modelo para a paciente e mitigou seu medo. Isso anulou o recuo da sonhadora e promoveu uma aliança baseada na realidade, e assim o trabalho pôde prosseguir.

Sonhos com o terapeuta real podem referir também as reações do sonhador durante uma sessão anterior, e que precisam tornar-se conscientes. Um exemplo é o sonho da mulher (ver p. 177) que tomou consciência de seu medo de ser abandonada por sua reação aos planos de férias do terapeuta. Seu sonho mostrava a figura do terapeuta sentado em sua cama quando ela despertava. Como já foi dito antes, sua associação foi com sua própria visita a uma tia doente e prestes a falecer, quando era mais jovem. Por implicação, ela se identificara com a tia moribunda e sentia como se fosse morrer. O sonho levou-a ao reconhecimento da realidade da partida do terapeuta, por um período de seis meses, e possibilitou explorar sua depressão infantil de abandono, que lhe havia parecido uma morte. Essa reação fora negada quando a questão da separação foi discutida na sessão anterior, porque ela se fundira com o que presumira serem os sentimentos do terapeuta, e superempatizara com a necessidade de férias dele. Essa fusão, agora, como o sonho coloca, é comparável à morte, pois é uma ameaça à vida individual da sonhadora. Dessa forma, o sonho formula a questão real em torno da qual esse medo da separação tem que ser elaborado.

Um sonho com a realidade concreta do terapeuta pode compensar uma projeção. Um exemplo é o sonho de um rapaz:

Trago um livro para o meu terapeuta.

As associações para o sonho expressavam uma questão que o sonhador tinha relutado em trazer para análise. O livro acabou sendo associado ao catálogo de uma escola, na qual ele estava incerto de se matricular. Ele tanto queria ter trazido esse dilema para a terapia como se sentia inibido. No trabalho com o sonho, emergiu a natureza do complexo inibitório. Ele havia guardado a informação por temer a inveja paterna, destrutiva, de sua capacidade intelectual. E descobriu que tinha projetado isso no terapeuta.

REAÇÕES TRANSFERENCIAIS

Como neste caso, os sonhos com o terapeuta podem também referir *reações transferenciais* no nível do sujeito, pessoais. Às vezes, há uma interação de uma sessão anterior ou um aspecto do ambiente terapêutico que deve ser explorado como desencadeador específico da projeção transferencial. A sonhadora com a tia moribunda teve sua transferência de abandono ativada pelos planos de viagem do terapeuta. O sonhador com o problema de matrícula enganchou sua proteção da inveja anti-intelectual no fato de haver poucos livros no consultório do terapeuta. Em outro exemplo, o complexo materno de uma mulher foi constelado como um fator transferencial já antes da primeira sessão. Na primeira consulta trouxe o seguinte sonho:

> Vou para a terapia. A mulher está ocupada com a mobília, limpando e tirando o pó. Ela não me dá atenção.

Esse comportamento, ela associou à sua mãe. Neste caso, o sonho e a conduta da sonhadora ao contá-lo alertaram a terapeuta para a sensibilidade da paciente à rejeição. Uma vez que o comportamento da sonhadora, no sentido de exigir atenção e cuidado, começava a induzir na terapeuta uma reação impaciente, sádica, semelhante à da atribulada mãe da paciente, a analista pôde monitorar suas próprias reações de identificação projetiva com a ajuda da descrição transferencial metafórica do sonho (ver adiante, "A dinâmica contratransferencial"). A imagem onírica também retrata a "terapeuta interior", o modo como sua obsessão em manter-se ocupada ignora sua própria realidade. Na ocasião do sonho, a terapeuta ainda tinha que guardar para si essa mensagem, porque era a primeira sessão e a capacidade da cliente para uma assimilação no nível do sujeito ainda não fora avaliada.

O TERAPEUTA INTERIOR

Sonhos com a figura do terapeuta podem se referir também ao *terapeuta interior, curador ou Self Orientador do sonhador* e à relação do sonhador e sua projeção nesse centro de percepção e de autoridade. Esse terapeuta interior constitui o modo como o sonhador se trata terapeuticamente — a atitude terapêutica subjetiva da pessoa para com seus próprios problemas — assim como as expectativas sobre o tratamento no processo terapêutico. Esses sonhos podem, desse modo, indicar uma dinâmica, potencial ou real, projetada no campo terapêutico e em prováveis questões contratransferenciais, mas devem ser examinadas no nível do sujeito.

> Estou com um guia turístico num trabalho de escavação em ruínas indígenas. Ele me mostra os arredores de modo casual. Parece-se com meu terapeuta.

A cena é um fosso arqueológico ativo, um local para "desencavar" questões enterradas. Como é uma escavação ativa (explicação), um guia turístico está ultrapassando inconvenientemente. Aqui, a atitude de turismo casual, em vez de desencavar nos níveis "indígenas" da psicologia da sonhadora, se imiscui no trabalho profundo. Para a sonhadora, índios representam "pessoas apaixonadas, derrotadas e quase desaparecidas... que estavam aqui antes". Metaforicamente, estão relacionados com os níveis primários do afeto derrotado, que estão sendo sistematicamente exumados numa revisão consciente. Simbolicamente, sugerem — entre outras coisas — uma visão de mundo reverente e uma sintonia espiritual com a natureza. Apesar disso, o terapeuta interior "se distrai" com o que está vindo à tona, em vez de afundar na terra para experienciar sua redescoberta.

Quando perguntada sobre em que setor sentia ter existido uma atitude "casual" com seus sentimentos, a sonhadora respondeu: "Na semana passada, você se mostrou abertamente interessado na imagem do meu sonho, não nos meus sentimentos. Geralmente, tento despistá-lo dos meus sentimentos e você não se abala; você simplesmente diz o que estou tentando fazer". Com a ajuda do sonho "turístico", e na projeção, ela pôde começar a ver como era e se separar de sua tendência à "distração" e de rotular seus problemas para poder controlá-los intelectualmente. O terapeuta pôde usar a projeção nele para provocar raiva verdadeira ("apaixonada") e depressão que estavam requerendo escavação mais profunda na sonhadora.

No exemplo acima, é possível falar alguma coisa sobre a qualidade da terapia, a partir do fato de o contexto da cena ser um fosso arqueológico no qual a visão de guia turístico do terapeuta se imiscui. De todo modo, a contratransferência deve ser considerada.

Sempre que a figura do terapeuta aparece num sonho, o terapeuta deve avaliar com cuidado sua própria e provável contratransferência. Neste sonho, a mensagem coincidiu com a reação consciente da sonhadora; não a compensava. Por isso, teve que ser interpretada para a sonhadora essencialmente no nível do sujeito, como sua atitude "terapêutica" para com ela mesma (terapeuta interior) que, aqui, como em geral acontece, tornou-se uma projeção transferencial. Os sonhos que repetem atitudes conscientemente sustentadas devem ser interpretados como fenômenos no nível do sujeito (ver antes, Capítulo 6). Mas isso não exclui um possível gancho contratransferencial. Esse terapeuta precisa refletir sobre o que o induziu a focalizar as imagens oníricas por exclusão da sonhadora na sessão anterior.

Uma vez que o campo terapêutico é mutuamente constelado, às vezes o fato do terapeuta estar trabalhando em sua contratransferência pode ser registrado pelo sonho como um auxílio na transformação do próprio curador interior do sonhador — compensando as atitudes conscientemente sustentadas para com o sofrimento e seu alívio. No exemplo:

Meu terapeuta deita na cama do doente e muito descontraído com tudo. Sento-me calada ao seu lado.

Houve duas associações. A sonhadora disse: "Você apenas deita ali, fraco e inerte". Quando perguntada sobre como sentia ser o caso na sua terapia, ela disse que sentia que "nada está sendo trabalhado, mas você fica sentado aí enquanto eu continuo abalada". Por outro lado, ela estava perplexa com o fato do terapeuta não estar abalado com a enfermidade, como ela mesma tendia a ficar. "Não há em você, no sonho, a menor sensação de pânico."

Enquanto o sonho estava sendo considerado, o terapeuta revisou silenciosamente sua própria luta particular com as reações de pânico da sonhadora, sem saber se uma intervenção maior era cabível no seu caso. Para lidar com o problema, ele teve de mergulhar mais profundamente nas lembranças de sua própria mãe doente e alarmista, e em sua tendência contratransferencial para reagir intensamente. Nesse ponto, os complexos da sonhadora e do terapeuta intersectam.

O sonho confirmava, tanto para a cliente como para o terapeuta, que, contrariamente às expectativas dela e às dúvidas íntimas do terapeuta, uma espera atenta, paciente e confiante no processo transpessoal de cura era a melhor abordagem neste caso e momento. Na sonhadora, para quem uma precipitada ação maníaca sempre parecera o único modo de aliviar o sofrimento e evitar "uma inércia débil", o sonho sugeria a possibilidade de uma atitude diferente, uma postura terapêutica mais receptiva e descontraída para com seus próprios problemas existenciais.

Em outras ocasiões, o sonho com a figura do terapeuta pode indicar um tipo diferente de intersecção entre o terapeuta interior e exterior. Num determinado caso, um homem sonhou:

Tenho que carregar meu terapeuta nas costas até o hospital.

Este sonho despertou no sonhador uma sensação de que vinha tentando se afastar e não queria considerar pertinente a realidade do terapeuta. Como associação para a doença do terapeuta, o sonhador disse que sentia que o terapeuta não era adequadamente sensível para com ele e seus problemas. Mas, em vez de afirmar isso, ele "decidiu que era uma projeção" e sentiu-se o único responsável pelo impasse no "sucesso da terapia". Ele estava tentando "carregar" todo o processo da terapia em suas costas como seu próprio problema. Dessa forma, o ego onírico ficou severamente sobrecarregado. Ele não confia no processo de cura do Self (curador interior) como capacitado para conduzir a ambos e, por isso, se esforça tanto; e/ou é mostrado a ele que seu terapeuta, efetivamente, é fraco demais para se sustentar.

É provável que o sonhador estivesse assumindo muita responsabilidade pelo "sucesso" do trabalho, pois não reconhecia ou não comunicava esses sentimentos negativos e dúvidas sobre a terapia e o terapeuta, e só fez isso quando contou esse sonho, anos mais tarde, a um amigo. Tinha sentido medo de ser "mandado embora". Isso acabou virando uma repetição de seus medos decorrentes das ameaças de abandono que sua mãe lhe havia feito. Ele sentira esse medo ser desencadeado quando, em uma sessão anterior, o terapeuta fizera um comentário descuidado, revelando seu aborrecimento com a postura passivo-agressiva do sonhador.

Contudo, quando um sonho assim aparece na terapia, chama a atenção do terapeuta para que avalie a adequação de seu trabalho com o sonhador e a natureza de sua "doença", que tem impedido o diálogo terapêutico e que, agora, ficou tão séria que deve ir para o "hospital", para recuperar a saúde do impasse mutuamente constelado.

DINÂMICA CONTRATRANSFERENCIAL

Como já vimos, os sonhos que representam a figura do terapeuta devem ser igualmente examinados em termos de sua *dinâmica contratransferencial.* Essas reações podem ser projetivamente induzidas ou pertencer à psicologia real do terapeuta, da qual este precisa tomar consciência na época do sonho, pois impedem seu trabalho com o sonhador. Um ponto que podemos reiterar é que essa conscientização das questões contratransferenciais, embora decorrente de uma interpretação adequada do sonho, não deve ser comunicada ao cliente. Ela requer do terapeuta uma atenção responsável, sem excluir um profundo trabalho de auto-análise ou de supervisão, mas a questão relacionada àquilo que deve ser incluído no diálogo terapêutico é mais pertinente a um julgamento clínico em cada caso individual.[4]

Um exemplo de um sonho aparentemente "destinado" ao terapeuta foi trazido para supervisão. A cliente do analista em treinamento sonhou:

> Vou para a sessão e me sento. Meu terapeuta deixa-me para fazer entrar um entregador, que lhe traz um embrulho. De algum modo, ele rouba minha bolsa.

A estrutura dramática do sonho, mesmo sem quaisquer associações, mostra um sério emaranhado transferencial/contratransferencial. A cena normal de uma consulta terapêutica, privativa, é interrompida pela saída do analista, pela intromissão de uma entrega e por um roubo.

As associações da sonhadora com o embrulho foram "você parece gostar de colecionar estatuetas e livros. Eles podem estar trazendo outros mais, ou talvez uma enciclopédia ou mais livros de psicologia". Com o entregador, ela associou um conhecido, que lhe parecia uma pessoa "medíocre e rude". Com a figura do terapeuta, ela associou "inteligente, prestativo, protetor".

O intérprete ficou de imediato perplexo com a polaridade compensatória entre o idealizado terapeuta-colecionador de estatuetas e livros e o rude entregador que rouba. O conteúdo do sonho e das associações sugere que o terapeuta está negligenciando grosseiramente sua analisanda. Ele deixa-a e permite invasão e roubo. A figura do terapeuta é descrita como um colecionador de estatuetas: metaforicamente, alguém que aprecia possuir imagens não-individuais. Não há ainda como saber se isso significa uma relação positiva com imagens arquetípicas ou um reducionismo da realidade pessoal e viva. Não há associações. Contudo, ele recebe mais imagens estilizadas, de uma atitude rude que rouba a identidade feminina individual e a libido da sonhadora (sua bolsa, ela disse, continha documentos e dinheiro). Ele deixa a realidade do ego onírico para se ocupar com suas imagens. Ou talvez ele receba descrições intelectuais, categorizadas, do mundo (enciclopédia). Estará ele precisando aprender mais sobre psicologia ou aprender mais nos livros, em vez de com a mulher diante dele? Todas essas questões foram discutidas em supervisão, assim como a necessidade de obter mais associações.

Quando, mais tarde, foi solicitada a fazer mais associações sobre o que as estatuetas representavam para ela, a sonhadora identificou-as como "figuras femininas de entalhes delicados". Além disso, ela pensou, talvez tivesse se sentido "uma estatueta" para seu pai, a quem idealizava como "culto e inteligente" e "apoiava todos seus desejos". Ela não se dava conta de como sua descrição transmitia uma complascente e talvez sádica diminuição "esculpida" dela mesma, nem de que tinha usado adjetivos similares para descrever seu terapeuta. Quando indagada sobre como era ser tratada como estatueta e como aplicar isso ao que sentia sobre a terapia, ela "achou" que "não tinha de se preocupar com isso, porque seria impossível".

Certamente, há uma poderosa transferência do pai idealizado para o terapeuta, que o sonho parece estar querendo abalar. Ele representa o terapeuta claramente deixando de dar atenção ao processo dela e sendo grosseiramente negligente. O sonho contradiz o ponto de vista da sonhadora. As questões que ela não conseguia ver em relação ao pai, o sonho está ajudando a expor em uma transferência negativa, em que poderão ser elaboradas.

Há dois pontos teóricos que devem ser levados em consideração: deverão o entregador e o conteúdo do embrulho ser entendidos como contribuições úteis ou como interferências prejudiciais? Deverá o sonho ser tomado no nível do sujeito, como referência ao terapeuta interior, ou no nível do objeto, como uma referência ao terapeuta e sua contratransferência, ou em ambos os níveis?

A primeira questão depende das associações. Aquilo que foi entregue pode ser uma contribuição potencialmente útil, a menos que seja declarado o contrário. As associações da sonhadora para estatuetas "delicadamente entalhadas", enciclopédias e livros de psicologia tornam essa entrega imprópria tanto por seu conteúdo como pelo momento. A intromissão é tal que significa a redução da sonhadora a uma imagem delicada de mulher, livresca, que faria o terapeuta perder de vista o relacionamento individual, essencial para uma boa terapia. O sonho declara que essa intromissão constitui um roubo da individualidade da sonhadora.

A figura do entregador é arquetípica, como mensageiro ou psicopompo (por exemplo, Hermes). No drama onírico, a figura é dramaticamente tão central quanto a protagonista. Ele é o portador de uma importante mensagem psicológica para a sonhadora e para o terapeuta. Ele conscientiza e interrompe um processo terapêutico de colusão. Ele também mostra a agressão crua (associações para o entregador), qualidade esta muito distante da identidade ideal do ego da sonhadora, mas que, depois, poderia ser descoberta como auxiliadora e guardiã das sementes de uma autenticidade genuína, que poderiam se introduzir na transferência negativa porque a antiga identidade "delicada" e idealizada não reivindica mais a lealdade do ego.

Para decidir o segundo ponto teórico, precisamos fazer uma referência ao princípio da compensação. Se a sonhadora considerasse o terapeuta negligente e pedante, o sonho deveria ser considerado no nível do sujeito, como revelação da projeção dessas qualidades que, primariamente, eram da sonhadora. No entanto, mesmo neste caso, o sonho providenciaria matéria para a reflexão do terapeuta sobre si mesmo. Uma vez que, neste caso, a sonhadora idealiza o terapeuta, o sonho já é compensatório no nível do objeto e diz respeito ao terapeuta real. O sonho representa-o incapaz de prestar atenção à sonhadora, pois sua sombra (o entregador), ou seja, uma atitude rude, exclui a sonhadora e o aprisiona em idéias teóricas (terapia livresca). Indutivamente preso na transferência do pai idealizado, o terapeuta pode estar menosprezando a individualidade dessa mulher de modo similar ao do pai, e que ela não pode ver. O sonho faz uma séria advertência para o terapeuta, informando-o de questões contratransferenciais pessoais e induzidas, às quais ele precisa urgentemente prestar atenção.

Por outro lado, o sonho também tem implicações no nível do sujeito, para o terapeuta interior da sonhadora, apontando a negligência da própria sonhadora consigo, falsos e abstratos ideais do ego e sua autodesvalorização. O sonho e suas associações descrevem o terapeuta interior condicionado pelo complexo paterno. Esse terapeuta interior tende a uma idealização do "livresco" e da devoção ao esteticismo, que inevitavelmente diminui o auto-respeito da sonhadora. Ela nunca pode corresponder aos ideias dessa autoridade masculina interior. Seu rude entregador de ideais (estatuetas e livros) rouba seu valor pessoal.

Sempre que uma projeção é induzida no terapeuta, o problema correspondente do próprio terapeuta tende a aumentar o processo indutivo. Esses problemas fusionais são comuns e levam tanto a um desastre como a uma cura profunda, porque podem ser extremamente proveitosos como apoio a um aumento de empatia e consciência, quando o terapeuta analisa seu compartilhamento do problema intersectado.

Uma vez que o sonho com a figura do terapeuta aponta questões em que se intersectam complexos do sonhador e do terapeuta no campo psíquico mutuamente constelado, essas representações de campo às vezes tornam possível que o terapeuta — após checar as indicações contratransferenciais mais óbvias — examine o sonho do analisando como se fosse seu próprio sonho, sonhado por algum aspecto dele mesmo. Então, as associações do terapeuta para o sonho do cliente podem esclarecer a questão de sua própria dinâmica, que contribui para a confusão do campo mútuo. Às vezes, isso pode ajudar a descobrir os complexos que interferem no campo a partir da psicologia do analista. Desnecessário acrescentar que essas associações só devem ser aplicadas à contratransferência após cuidadosa consideração das associações e dos problemas do sonhador. Talvez e cautelosamente sua relevância para o sonhador possa ser testada.

Como vimos, questões fusionais não são necessariamente negativas. Geralmente, enredam a díade terapêutica em lutas profundas, em que ambos devem desenvolver sua consciência para promover o bem-estar do cliente.

Um exemplo de como as associações do terapeuta podem ser acrescentadas para maior compreensão das implicações contratransferenciais de um sonho é o seguinte:

> Vejo o pai de minha terapeuta olhando pela janela do consultório. Ele parece muito incomum, vagamente misterioso.

Suas associações foram com seu próprio pai, que "costumava" fazer críticas depreciativas. Quando a terapeuta perguntou-lhe sobre sua sensação de ter sido criticado na sessão precedente, ele reconheceu que sentira medo de que, ao revelar sua dependência, provocaria uma reação de desaprovação na terapeuta, embora isso não tivesse ocorrido. Enquanto essa questão era elaborada através de uma projeção transferencial e como uma questão relacionada ao próprio terapeuta interno do analisando, a terapeuta silenciosamente fez um auto-exame de seus sentimentos de menosprezo que pudesse ter induzido projetivamente. Ao constatar que não, ela registrou a possibilidade, para futura consideração.

A terapeuta percebeu que, como o sonho se referia ao seu próprio pai, sobre o qual o analisando nada sabia, ela pôde usar suas próprias associações com seu pai que fossem relevantes na questão da dependência, para um trabalho mais profundo, fora da sessão desse sonho. Ela se deu conta de que o pai incentivava dependência para nutrir suas próprias necessidades narcisistas e depois invejava aquele que infantilizara. Essa associação levou a analista a se dar conta de que a revelação da dependência do sonhador, de fato, estimulara seu próprio complexo paterno, não em termos criticistas, mas em termos de incentivo à dependência, que poderia levar à inveja prejudicial do dependente. Isso fez a terapeuta conscientizar-se de que, con-

174

trariamente à sua avaliação consciente, essa inveja poderia tornar-se um problema na contratransferência e se fundir com expectativas transferenciais. Ela pegou seu material e com ele trabalhou para manter o nível de higiene psíquica necessária ao processo terapêutico. E também abriu uma possível via de abordagem do medo que o cliente tinha do criticismo.

Além da questão transferencial/contratransferencial levantada por este sonho, duas questões adicionais devem ser consideradas. O pai do sonho é descrito como "muito incomum, vagamente misterioso". Está observando o processo terapêutico de modo "incomum", ao qual o sonhador não está acostumado, porque uma aceitação acrítica da dependência lhe pareceria incomum. Sendo assim, há um contraste com seu pai real: um novo tipo de pai. O pai do sonho levanta o problema do complexo paterno na terapia. O sonhador pode "ver" seu problema paterno pessoal através da janela aberta da terapia. A questão do criticismo do sonhador consigo e com os outros, introjetada do pai pessoal, é suscitada no processo terapêutico para ser vista e trabalhada.

A imagem de um pai incomum, por ser "misterioso", deve também ser considerada em seu nível sobrenatural ou mítico. Sugere um pai arquetípico, contra o qual a má constelação do pai pode ser realçada. Essa imagem paterna constela um pai arquetípico para o sonhador — os princípios de provimento, autoridade, ordem, objetividade paternas etc. E também sugere uma transferência arquetípica (ver. p. 172).

INDUÇÕES DO TERAPEUTA

Para complicar ainda mais as coisas, pode haver um efeito indutor do ponto de vista do terapeuta sobre o analisando. Esse viés possível também deve ser levado em consideração. Às vezes, isso é um fator a considerar quando se avalia a direção da interpretação quanto à provável função compensatória do sonho. No exemplo da página 171, teve considerável trabalho interior para descobrir de que modo suas perspectivas costumeiras e ideais sobre "feminino" constituíam uma distorção da individualidade potencial e desenvolvimento da sonhadora. Inicialmente, ele se sentia à vontade com o ideal feminino da sonhadora, "delicadamente entalhada", e não achava que faltasse algo nisso. Sua própria projeção dessa identidade na sonhadora continuou, portanto, em colusão com a projeção paterna induzida. Enquanto ele não descobriu isso analisando o problema contratransferencial que esse sonho levantara, seu viés ia endossando sutilmente a autodepreciação da sonhadora.

Para dar exemplos mais drásticos de sonhos de analisandos como alerta para o trabalho com questões contratransferenciais e seu efeito indutor no sonhador:

Estou sendo posta num torcedor de roupas por meu terapeuta.

Ou:

Meus dentes são tratados por um dentista incompetente.

Ou:

Não consigo ver. Meu terapeuta não presta atenção.

Todos esses sonhadores alimentavam dúvidas não admitidas sobre seus terapeutas. A primeira sentia-se espremida em um sistema interpretativo pelo terapeuta (ela contou que o terapeuta tinha interpretado esse sonho como uma defesa contra ter que admitir que se apaixonara por ele.) Os outros também se sentiam incertos sobre a competência de seus terapeutas. Mas, sob o efeito da sugestão indutora das convicções e da auto-imagem do terapeuta, eles negavam seu mal-estar para eles mesmos. Identificavam-se com a posição do terapeuta. Nessas situações, a posição do terapeuta, que por indução se tornou a do próprio cliente, acabou por anular a consciência sub-liminar do sonhador. Os sonhos então compensam e desafiam o que acabou por se tornar uma *folie à deux*.

Geralmente, incapazes ou temerosos de enfrentar as dificuldades do trabalho com o material dos sonhos em que os terapeutas estão envolvidos, os sonhadores levam esses sonhos a outros analistas. Isso fomenta cisões.

Às vezes, os efeitos indutores não são necessariamente negativos. Assim como os pais tendem a cuidar, espelhar e promover as potencialidades latentes do filho, os terapeutas às vezes podem ver, através daquilo que é presentemente problemático, potencialidades do sonhador/analisando. Elaborar esses complexos para descobrir essas potencialidades faz parte do processo. Às vezes, a intuição do terapeuta, de que existem, pode dar ao cliente a esperança que o anima durante os períodos dolorosos. Essa percepção das qualidades autênticas do Self e do potencial positivo da sombra pode, em caso negativo, resultar na perda de perspectiva do terapeuta sobre a realidade dos complexos em questão. Portanto, essa percepção e seus possíveis efeitos indutores devem ser conscientemente equilibrados, para que as inadequadas estruturas egóicas reais do cliente, como se apresentam no momento, não sejam perdidas de vista. Os sonhos, tanto quanto as reações do sonhador, costumam servir para alertar o terapeuta sobre essas induções positivas, quando problemáticas. Exemplo:

Meu terapeuta mostra-me jóias. Mas elas não são minhas.

O valor é mostrado como algo presente na psique do sonhador, mas o ego onírico não consegue reivindicá-lo, pois as jóias ainda "pertencem" a um complexo inconsciente.

O procedimento a ser seguido para compreensão adequada desses sonhos deve incluir o trabalho com associações e explicações relativas às imagens do drama onírico e a descoberta do possível elemento desencadeador (explicação) nas sessões anteriores ao seu aparecimento no sonho. Em segundo lugar, é preciso examinar o que o sonho representa como problemático ou doente no processo terapêutico, no terapeuta interior e/ou na contratransferência. Enfim, é importante levar em conta aquilo que o sonho pode estar apontando como dinâmica das relações e de uma atitude modificada do sonhador perante seus próprios problemas. Só vendo o sonho no contexto amplo do campo que representa, o intérprete pode começar a decifrar seu sentido.

O único modo do terapeuta poder lidar com as questões que envolvem seus próprios pontos cegos — e sua influência sobre o campo terapêutico e a psique do analisando — é constatar seriamente o fato de que todos os sonhos relacionados com o terapeuta ou a terapia devem ser considerados como muito prováveis implicações contratransferenciais. Essa atitude de disposição para examinar a contratransferência, inclusive seus efeitos indutores sobre o analisando-sonhador, é fundamental para a integridade terapêutica.

SONHOS SOBRE O PROCESSO DA TERAPIA

Os sonhos com a figura do terapeuta também podem se referir ao *processo da terapia em si*. Neles, quaisquer questões relativas a quaisquer aspectos ou mudanças no campo analítico, o próprio estilo da interação terapêutica em si, podem ser apresentados ao sonhador.

Uma mulher sonhou:

Meu terapeuta está mudando para outra cidade.

O trabalho com este sonho formulou seu medo de ser abandonada, projetado no afastamento do terapeuta por seis meses. Con-

177

forme se descobriu, esse medo brotou como uma reação de autopunição pela sessão anterior, em que a sonhadora, segundo ela mesma disse, tinha sido "muito inconveniente": "Eu praticamente ordenei que você abrisse a janela, e lhe disse o que pensava quando você não se levantou". Quando isso foi elaborado até que suas raízes fossem localizadas num esmagador complexo materno ("nunca devo ser tão dominadora quanto minha mãe"), o terapeuta perguntou para onde o terapeuta do sonho estava se mudando. Sem hesitação, a sonhadora disse: "Para a Califórnia". Suas associações mostravam a Califórnia como o lugar de "liberdade tranqüila e relativa auto-indulgência". Então ela pôde compartilhar com o analista a singular metáfora onírica sobre a mudança de seu próprio processo, enquanto ela, com "auto-indulgência" e "tranqüila liberdade" falava com mais veemência para expressar suas necessidades e sentimentos.

Os sonhos associados ou relativos ao terapeuta, ao local e à época da terapia, ou a quaisquer mudanças nesses elementos, são comentários alegóricos sobre o processo terapêutico. Às vezes, como já vimos, eles se referem a experiências específicas de sessões anteriores ou a complexos que vêm à consciência no campo mútuo entre sonhador e terapeuta e interferem negativamente ou solapam o processo. Mas às vezes referem-se a fatores e qualidades que precisam estar presentes e ainda não estão. Estes podem ser descobertos por um exame completo das associações, ou até mesmo interrogando o sonhador sobre como as qualidades sugeridas pela imagem são projetadas pela figura invasora na situação real.

Um exemplo:

> Chego cedo para a sessão, e seu filho está lá. Ele me mostra uma vaga segura e boa para estacionar meu carro.

Primeiro foi examinada por associações a chegada adiantada do ego onírico. Isso patenteava uma ânsia encobrindo um controle impaciente e medo de não ser desejado, dinâmica esta que prejudicara suas relações e seu funcionamento sexual. É o problema para cuja solução — dirigindo-o ao local seguro para "estacionar" seu modo habitual de proceder e assim encontrar seu próprio processo terapêutico de cura — o "filho" aponta.

À figura do filho do analista, o cliente associou suas fantasias: "alguém descontraído, direto, aberto". Por quê? "Ele se sente apoiado." Quando perguntado como o filho poderia sentir-se sobre ter chegado cedo, o sonhador disse com amargura: "Ele não precisaria correr; ele poderia confiar que você estaria lá para ele". O fato de ter sonhado com essa figura implicava que o potencial já estava semeado nele, e, na discussão, ele tomou consciência dos momentos em que, de fato, tinha sentido essa confiança. A consciência dessa confiança e a imagem do "filho", como criança-produto e futuro do próprio processo terapêutico, puderam ser então utilizadas para começar a alterar sua identidade habitual, de forasteiro "amargo".

Imagens oníricas relativas ao processo terapêutico podem ser ordenadas em um amplo espectro. Isso inclui procedimentos médicos e odontológicos e outras formas de trabalho e cuidados corporais: fazer a barba, comprar e preparar comida, fazer ginástica; alegorias de cuidados com o corpo: consertar e cuidar do próprio carro, do lar, das ferramentas, dos instrumentos musicais, encanamentos, aparelhos elétricos, do jardim, do lixo, de animais, das próprias roupas, da alimentação; rituais xamânicos e sacerdotais e ensinamentos; trabalhos de construção ou arquitetura de todo tipo, incluindo escavação e demolição; explorações, viagens; situações de ensino e treinamento: domesticação e adestramento de animais; interações entre pais e filhos; e muitas outras possibilidades ainda, inclusive apresentar-se num programa de perguntas e respostas.

A lista parece interminável. Cada imagem tem um tom particular e importantes diferenças qualitativas como metáfora do relacionamento e das tarefas terapêuticas. Cada uma pode revelar as expectativas e sentimentos do sonhador projetados no processo terapêutico ou nele objetivamente presentes.

Cada qual pode ser também considerada como indicação contratransferencial, exigindo do terapeuta que examine seu próprio investimento contratransferencial no papel representado. O sonho do pássaro exótico do guru é um exemplo (ver p. 25), levando o terapeuta a examinar sua própria necessidade de identificação com guru e a lidar com os eventuais aspectos do complexo de poder que essa identificação gratifica, às custas do paciente.

Detalhes do comportamento da figura onírica no lugar do terapeuta podem expressar de maneira pungente as reações e antecipações inconscientes do sonhador. Uma mulher trouxe um sonho inicial:

Estou sentada na cadeira do dentista e me nego a abrir a boca, com medo de ser machucada.

Essa imagem assinala um medo e uma resistência ao processo analítico. Quando solicitada a fazer associações com o dentista, a sonhadora disse: "Todos os dentistas são sádicos". Deve-se notar que ela não conseguiu associar com um dentista em particular, mostrando uma incapacidade (e/ou medo) para fazer distinções. Essa incapacidade estende-se ao terapeuta (assim como aos outros e a ela mesma). Ela é incapaz de vê-lo como indivíduo, e não como um membro impessoal de um coletivo sádico. O sonho, por conseguinte, é imediatamente diagnóstico sobre seu nível de relação, primário e prejudicado, e a qualidade de sua defesa contra uma presumida invasão oral negativa.

Os dentistas trabalham com os dentes ou, metaforicamente, com o processo de morder e começar a assimilar questões da realidade e tornar digerível essa nutrição. A antecipação da sonhadora, baseada em suas experiências prévias de ser explorada, projeta sadismo e impessoalidade no terapeuta e no processo e inibe sua própria oralidade e agressão oral.

Após algumas sessões, uma outra mulher sonhou:

> Estou construindo uma nova casa. Vai demorar, mas estou contente de poder mudar do pequeno apartamento de minha mãe. Há um trator imenso tirando terra para fazer as fundações. Fico aterrorizada, porque isso poderá mudar toda a paisagem. Quero ir embora.

O sonho é uma metáfora descritiva do modo como a sonhadora experienciava o processo analítico. Seu conflito foi revelado pelo afeto do ego onírico — seu contentamento por sair do espaço materno, agora "pequeno" demais para ela, e seu medo do trator. A sonhadora associou com essa imagem sua impressão de que tratores são "agentes de destruição da paisagem natural". Sua formulação tinha um tom de retórica política radical, que, questionada, revelou ter raízes nos dogmas socialistas da mãe. Como os tratores (explicação) são manifestações relativamente insensíveis do poder da transformar e foram vistos com tanto medo, o terapeuta foi alertado para a força quase brutal como qualidade que a sonhadora antecipava e/ou experienciava na terapia. A analogia pôde ser explorada primeiro como referência a experiências reais no passado da sonhadora e, depois, como uma referência às percepções de sessões anteriores de terapia, e, finalmente, como expectativa projetada no trabalho, cujas raízes estavam no complexo materno algo brutal e na lembrança de "ter sido jogada de um lado para outro, para o meu próprio bem, várias vezes arrancada de onde estava para ir onde o Partido nos mandasse".

Um sonho inicial: "Aproximei-me de um transatlântico. Ele não sai das docas", previa o desfecho da própria terapia. Não ia a parte alguma. Se o terapeuta tivesse perguntado sobre associações ou incentivado fantasias sobre o que estava faltando, o impasse poderia ter-se tornado consciente, e o "navio" da terapia teria podido fazer-se ao mar. Navio é uma imagem arquetípica para travessia das águas do desconhecido; nessa medida e nesse contexto, como sonho inicial da análise, estava fazendo referência ao processo da terapia. Um sonho aparentemente inocente foi levado a um terapeuta muito inexperiente:

Começo uma viagem, mas paro em Veneza. Mas fico com fome e não consigo achar onde comer, exceto uma barraquinha de comida ruim, cachorros-quentes feitos de qualquer jeito.

Este sonho sobre um processo embaralhado também lança mão de alusões metafóricas à análise. A viagem é uma alegoria que ocorre com freqüência. Aqui, as associações da sonhadora com Veneza, "linda cidade romântica, que eu amo", faziam um forte contraste com a explicação dada por ela: "lugar decadente, velho, que afunda lentamente". O sonho coloca-a num lugar decadente com um bela fachada romantizada. Nessa cena, o único modo de se alimentar, e alimentar sua viagem, foi "comida ruim, rápida". O sonho descreve um romantizado enredo transferencial/contratransferencial eróticofálico ("cachorro-quente"), que oferece "comida ruim" em vez de um trabalho sólido, nutritivo. O terapeuta deixou-se impressionar demais com o simbolismo arquetípico (viagem, bela cidade Self) e com a disposição da sonhadora para o romance, e não foi capaz de ver as nefastas implicações do sonho.

VARIAÇÕES SOBRE O TEMA DO PROCESSO TERAPÊUTICO

Alguns sonhos que envolvem o terapeuta ou o espaço do encontro com o terapeuta indicam, metaforicamente, questões que surgirão no processo da terapia:

Meu analista vai à casa em que morei aos 7 anos.

Ou:

Minha mãe (ou irmã ou avô etc) vem à minha sessão de terapia .

No primeiro, o aspecto transferencial se localiza no espaço psicológico dos 7 anos. A terapia evocou experiências da idade de 7 anos e que agora devem ser elaboradas. No segundo, a questão familiar específica se imiscui para ser tratada pela aliança sonhador-terapeuta, focalizando o fator que se introduz.

Outros sonhos indicam metáforas que mostram como o processo da terapia, a transferência e a contratransferência estão em foco

— quer sejam repetições prejudiciais de uma dinâmica antiga que deve se tornar consciente, quer signifiquem interações terapêuticas potencialmente corretivas (ou prejudiciais). O conteúdo do sonho especificará a natureza da dinâmica psicológica envolvida — geralmente por meio dos detalhes da descrição e do espaço-tempo da cena:

> Estou tendo minha sessão na sala de espera...

> Vou à casa do meu terapeuta e nos encontramos no quarto...

Ambas as imagens representam o tema do processo terapêutico, mostrando variações daquilo que é sua estrutura usual e aceita. Essas variações vão sendo exploradas em associações, explicações — quando pertinentes — e amplificações. Ter uma sessão na sala de espera pode significar resistência à terapia como hesitação para enfrentar questões ou pressa para descarregar antes de entrar no espaço ritual apropriado. Pode significar falta de privacidade e/ou medo do clima confidencial ou um problema de rivalidade fraterna desencadeado pelo encontro de outro cliente na sala de espera — ou quaisquer associações que ocorram com "sala de espera" e com a questão "como você se sentiria se essa situação fosse real?".

Uma sessão no quarto do terapeuta pode significar uma intimidade excessiva ou imprópria, vivenciada, esperada ou projetada na terapia. Pode assinalar uma dinâmica transferencial/contratransferencial erotizada, a presença ou a necessidade de mais intimidade, e até aspectos da relação pai-filho, tudo isso conforme as associações com quarto, disposição do quarto e terapia.

Outra variação comum sobre o tema do processo terapêutico envolve transformação da estrutura habitual:

> Vou para a terapia. Um bando de adolescentes barulhentos ocupa o espaço, de modo que não posso ter a minha consulta.

Como o sonho representa o bando já presente no consultório do terapeuta, em vez de colocá-lo como invasor, possivelmente apresenta uma dinâmica contratransferencial — seja induzida seja como complexo da própria psicologia do terapeuta. Este deve examinar se essa possibilidade é válida no nível do objeto. Tem ele um problema de adolescência, ou é por demais formal, distante e autoritariamente sério com adolescentes? Está deixando de ver o sonhador como indivíduo ou, em vez disso, como, por exemplo, uma categoria diagnóstica coletiva, não-individual — um bando? O terapeuta deve permitir que essas questões lhe venham à mente ao examinar essa imagem onírica. Se o bando de adolescentes estivesse para invadir uma

182

sessão em curso, o mais provável é que estaria sugerindo a invasão de um problema subjetivo, similar ao sonho precedente, dependendo das associações e fatores compensatórios.

É importante também averiguar se esta perturbação pode ter sido sentida pelo sonhador em interações anteriores, especificamente na sessão que precedeu o sonho e analisar as emoções, atitudes, fantasias e defesas do sonhador decorrentes dessa percepção.

Também é importante examinar o nível do sujeito do sonhador. Associações com adolescentes e lembranças da própria adolescência do sonhador devem ser despertadas e exploradas. A atitude do sonhador para com a terapia deve ser investigada. Está tingida pela frivolidade adolescente, rebelião, gregarismo ou por uma pressão idealizadora que o impede de abrir-se para um trabalho individual profundo "de modo que não pode ter sua consulta"? O sonho pode estar chamando a atenção para esses elementos e para a necessidade de tomar consciência deles como empecilhos ao processo terapêutico.

Tivesse o sonho apresentado os adolescentes, e até seu barulho, como um acréscimo não-incômodo ou como uma proveitosa compensação do autoconceito do sonhador, ele significaria a necessidade de procurar atitudes e experiências adolescentes que poderiam ser benéficas, e que, apesar de antes evitadas, emergem agora para serem integradas no processo, tanto pelo terapeuta quanto pelo sonhador. O terapeuta pode precisar ver o que o impede de consentir nessas atitudes.

As imagens do envolvimento do terapeuta com mais alguém além do ego onírico requerem um exame das qualidades projetadas na figura alternativa.[5] Pode ser que o sonhador sinta que o terapeuta/pai/Self prefere outrem — e isso revela problemas de rejeição, fraternos e edipianos projetados. Ou pode ser que existam aspectos do ego onírico ou do sonhador que, na verdade, estão ausentes devido a problemas contratransferenciais ou às preocupações do terapeuta, que investe pouca energia na análise do sonhador. Esses problemas podem fazer com que o terapeuta focalize somente certas qualidades da sombra do sonhador (que podem ser positivas ou negativas). Ou pode haver qualidades vistas pelo terapeuta interior e/ou exterior e ainda não valorizadas pelo sonhador.

Meu terapeuta prefere Agnes.

As associações com Agnes foram "boa", no sentido de "aplicada, ela anota os sonhos". De fato, o terapeuta nunca pedira que os sonhos fossem anotados e não se importava com isso no caso desse sonhador. O sonho pode significar que o sonhador supõe que deva agradar o analista com uma aplicação como a de Agnes. Por outro lado, pode estar significando que o ego onírico é por demais antagônico e que, em seu aspecto Agnes inconsciente, há uma capacidade para ser menos obsessivamente rebelde, "preferível" para o processo terapêutico. A interpretação do sonho, e se deve ser considerado no nível do sujeito (do terapeuta interior) ou do objeto (do terapeuta exterior), dependerão da posição consciente que o sonho compense melhor; dependerão também da confirmação profunda proporcionada pelo próprio corpo do sonhador, pelo Self e pelos sonhos posteriores, corrigindo e/ou comentando aquilo que o sonhador compreende a respeito.

IMAGENS DE TERAPEUTAS ALTERNATIVOS

Outras figuras oníricas, além da figura do terapeuta na função de terapeuta, ou figuras similares na aparência, na roupa ou outros detalhes, ou associadas à pessoa do terapeuta, podem ser interpretadas como aspectos do terapeuta interior do sonhador. É melhor abordá-las como atitudes do sonhador e, secundariamente, aplicá-las às projeções transferenciais. Sonhos com a família do terapeuta ou com terapeutas de outro sexo, ou com outra personalidade, diversa da do terapeuta real, geralmente referem-se a abordagens alternativas do processo e de si mesmo, condizentes ou não, de acordo com o contexto. Sejam quais forem as qualidades e as propriedades associadas a essas figuras, elas são indicadas como relevantes para o processo, invasivas, necessárias, representando ajuda ou empecilho, conforme o caso. As imagens deveriam também ser sempre examinadas no sentido das implicações contratransferenciais até então despercebidas.

Quando, por exemplo, um terapeuta alternativo conduz a sessão, talvez alguém de sexo oposto ao do terapeuta, as qualidades representadas pela figura (mais feminina ou mais masculina, ou seja qual for a qualidade alternativa mais importante que surja por associação ou explicação) são necessárias ou já estão presentes como obstáculo. Isso pode ser determinado pela estrutura do drama, pela compensação ou pela complementação, e, às vezes, também pela impressão que o sonhador tem desse encontro, caso fosse uma situação real. Por exemplo, uma mulher sonhou:

Vou para a sessão. Sua esposa está lá e faz terapia.

Pela explicação, a esposa não é terapeuta; portanto, seu aparecimento como terapeuta, provavelmente, é impróprio. Se ela fosse terapeuta, seu aparecimento poderia compensar um possível problema contratransferencial, como no sonho citado mais adiante.

As associações e reações emocionais da sonhadora à "esposa" foram: "Você se importa mais com ela do que comigo; você está disponível para ela". Como é ela? "Ela é afetuosa e atraente." A elaboração ajudou a sonhadora a ver que invejava e idealizava irrealisticamente a relação conjugal como "disponibilidade quase simbiótica". Isso lembrava-a da íntima relação dos pais, que fazia-a sentir-se excluída. Questões de competição com a própria mãe, "afetuosa" e "atraente", devem ser levadas em conta, assim como seu desespero em reivindicar sua própria afetuosidade e atratividade.

Em outro sonho do mesmo tipo, com outra sonhadora, a associação com esposa foi: "Ela é mais afetuosa e próxima do que você". Neste caso, essas qualidades foram sentidas como ausentes do processo e necessitando ser aí introduzidas pelo terapeuta e/ou pela sonhadora, para auxiliar o trabalho. Contudo, inversamente, pode ser que a sonhadora estivesse tentando atrair essa atenção gratificante para evitar o confronto consigo mesma. O sonho então confronta-la-ia com o fato de seu próprio terapeuta interior estar usando o desejo de uma empatia afetuosa como defesa.

Cabe repetir que sempre que um sonho parece confirmar uma posição conscientemente assumida pelo sonhador, as imagens oníricas devem ser compreendidas como um comentário no nível do sujeito — projeções de atitudes, emoções e complexos do sonhador em terapia. Como são representadas pela figura do terapeuta, é melhor trabalhar com elas como transferência.

Sonhos sobre interações especificamente eróticas ou agressivas com o terapeuta indicam tendência para atração/união ou destruição/separação dirigida à pessoa do terapeuta, no nível do objeto, às qualidades projetadas no terapeuta procedentes no nível do sujeito, ao processo terapêutico ou ao curador ou Self Orientador do sonhador.

Como foi mencionado antes (ver Capítulo 11), motivos eróticos ocorrem quando há uma sexualidade reprimida, que desperta na transferência. Mas eles também podem ocorrer para tornar consciente ou compensar uma aceitação ou consciência inadequadas (pelo terapeuta e/ou pelo sonhador) do processo terapêutico e do profundo envolvimento emocional que nele ocorre. Os possíveis e reais sentimentos que esses sonhos trazem à tona devem ser trabalhados primeiro. Muito freqüentemente, eles são reações complementares a vínculos sentimentais inadequados — por exemplo, quando o terapeuta e/ou o sonhador estão emocionalmente distantes de sua relação e, por isso, do processo em si. Eles podem ser compensatórios quando o sonhador está preso a uma resistente transferência negativa e/ou resiste ou nega o valor da terapia e do terapeuta.

Motivos sexuais podem também revelar que há uma resistência erotizada ao surgimento de necessidades de dependência pré-edipianas, com suas inevitáveis frustrações concomitantes. Isso é particularmente verdadeiro nas fases regressivas, em que a projeção do provedor ideal resiste a desafios.

Em outros momentos, eles podem revelar uma dinâmica de poder primitiva, por meio da qual o ego onírico tenta enredar ou violar o terapeuta, para ser magicamente curado ou impedir isso.

Outras vezes, a imagem arquetípica da relação sexual fornece uma imagem para os profundos níveis comunicativos interpenetrantes do trabalho. Ela pode brotar num sonho após o trabalho com uma questão transferencial particularmente dolorosa e negativa e indicar uma união potencialmente frutífera entre o ego onírico e o Self/terapeuta interior, assim como uma relação revitalizada entre sonhador e analista. Quando da apresentação de cada sonho, as implicações psicológicas específicas devem ser examinadas, e não apenas a interação concreta.

Um exemplo de sonho erótico:

> Na terapia, fui para o banheiro para tomar banho. Quero que minha terapeuta entre comigo, se dispa e entre na ducha para fazer sexo comigo.

O sonhador associou "formal demais" à figura da terapeuta. Ele queria mais envolvimento e relação pessoal. À ducha, ele associou "calor, um modo de aquecer rapidamente após ter trabalhado fora", ainda do tempo em que trabalhara no Ártico. Despir-se, disse ele, significaria "ser pessoalmente mais aberto". Isso foi explicado com "remoção de invólucros externos, papéis".

No nível do objeto, o sonho apresenta "querer" um procedimento impróprio e contraproducente. Representa desejos eróticos usados a serviço de uma gratificação imediata. As raízes dessa necessidade de mais "nudez" e calor logo seriam encontradas na transferência de um complexo materno frio e rejeitador, continuamente negado e continuamente vivenciado pelo sonhador.

Porém, encontramos aqui descritos vários temas arquetípicos de profundo significado, que ainda não consideramos. A imagem do banho ou ducha é limpeza e transformação, uma imersão batismal. Banhar-se com alguém significa estar na mesma água — estar reunido e compartilhando a mesma experiência abrangente. Sexualidade é um processo arquetípico de conexão — interpenetração instintiva, existencial. Temas arquetípicos sempre indicam potenciais intrinsecamente positivos e necessários, mesmo quando são constelados de modo negativo ou destrutivo. Conseqüentemente, esse sonho não pode ser considerado adequadamente interpretado enquanto essas implicações positivas também não forem encontradas. Elas estão apenas no nível do sujeito. O tema do despir refere-se à necessidade do sonhador de se desfazer de sua proteção defensiva. Ele também precisa tornar-se mais íntima e afetuosamente envolvido com seu terapeuta interior, aceitar-se mais. Sua atitude remota e distante consigo mesmo (terapeuta interior), derivada de seu complexo materno, é fria e formal demais. Essa frieza impessoal é projetada na terapeuta real. O sonho então compensa uma transferência negativa e aponta para sua possível resolução.

Neste caso, a terapeuta também precisava examinar uma posição possivelmente formal demais, pois as impetuosas demandas sexuais do sonhador tinham, de fato, despertado nela um distanciamento defesivo dele. Ela precisava lidar com a contratransferência da mãe fria (induzida).

A TRANSFERÊNCIA ARQUETÍPICA EM SONHOS

Como no exemplo acima, sonhos com o terapeuta não se referem apenas às questões de transferência pessoal e contratranferência, mas também podem assinalar aspectos arquetípicos da terapia e da transferência. O processo da terapia é, efetivamente, arquetípico: ou seja, aliado intimamente ao processo de individuação, de transformação e integração fundamental e transpessoal, independente da vontade pessoal e potencialmente capaz de tornar o sonhador/analisando aquilo que "deve ser ". Pode-se falar de uma transferência arquetípica quando energias e imagens transpessoais são simbolicamente experienciadas por intermédio da pessoa do terapeuta ou aparecem como representações do processo terapêutico.

Geralmente, no começo da terapia e em outras ocasiões, os níveis pessoal e arquetípico da transferência se misturam. As imagens oníricas ajudam a discernir esses níveis, chamando a atenção para questões pessoais particulares e/ou arquetípicas que devem ser enfrentadas, de acordo com o momento do processo em andamento. A dinâmica da transferência e os sonhos, nessas ocasiões, podem indicar a dimensão transcendente como fonte de experiências corretivas e/ou destrutivas-prejudiciais, acima e além da interação puramente pessoal.

Um sonho que revela, expressa e constela essa experiência corretiva na relação terapêutica foi o seguinte:

Sonho com uma figura que tem o seu rosto (da terapeuta) mas não é você. Ela veste saias muito amplas e rodadas, e seus seios estão à mostra. Sinto que devo engatinhar para baixo de suas saias para ficar a salvo.

A associação do sonhador foi: "Isso seria estimulante. Tenho dito a você que venho tentando chegar a isso o tempo todo". Uma transferência aparentemente sexual é expressa através do sonho. Mas, neste caso, isso não está mostrando nada novo. Portanto, neste nível, o sonho não está adequadamente compreendido.

A descrição da figura onírica indica que ela se parece com muitos exemplares esculpidos da fértil deusa da terra, das plantas e da vida animal. Engatinhar para baixo de suas saias é uma característica de certas cerimônias tradicionais de adoção. Engatinhar entre as pernas abertas das "mães" da tribo é parte dos rituais de iniciação ao segundo nascimento, que conduz à maturidade, como membro iniciado da tribo.[6] O sonho assinala os temas de ser adotado pela mãe transpessoal e realizar a plena masculinidade adulta entre os homens, tornando-se filho da deusa. O que parece ao sonhador uma imagem puramente pessoa e sexual é mostrada contendo em si a necessidade oculta de renascer como filho da Grande Mãe do Mundo: Se conseguir assimilar e se relacionar com a numinosidade das imagens do sonho, o sonhador poderá ser conduzido para além das más-constelações do vínculo pessoal mãe-filho rompido, com as quais sofre, e, também, para além de suas defensivas e fúteis tentativas donjuanescas de punir a mãe má e recuperar a boa, por meio da dominação sedutora de muitas mulheres.

Quando ocorre uma transferência transpessoal, o terapeuta pode aparecer como dirigente deliberado (deusa, sacerdotista, mágico xamã, regente, alquimista, capitão etc.) — na aparência pessoalmente responsável pelo processo. Nesses casos, o Self está projetado no terapeuta, que adquire poderosa numinosidade, até como foco central na vida do sonhador.

A fenomenologia da transferência arquetípica também pode ajudar a compreender reações grosseiramente irreais e cindidas ao terapeuta, que aparece como o portador do arquétipo da mãe ou pai. Constelações arquetípicas pais-filho ativam expectativas instintivas pré-pessoais de maternagem, paternagem etc, que são projetadas no campo terapêutico, no qual podem ser conscientizadas. Portanto, esses elementos projetados na transferência arquetípica podem, quando elaborados, em última análise vincular o sonhador, no nível do sujeito, com as poderosas forças transpessoais de apoio, nutrição, direção e energia.

Quando essas energias profundas não foram adequadamente mediadas pelo pai e pela mãe pessoais, aparecerão de forma arquetipicamente exagerada, em geral polarizada. Uma maternagem inadequada despertará imagens de bruxa destrutiva e sufocante, de rainha má, caixa de gelo fechada, seios cancerosos etc. Também despertará imagens de fontes supernutrientes: seios jorrando, cornucópia ou caverna quente (mesmo em forma moderna), deusa ou fadamadrinha protetora e acolhedora etc. O arquétipo paterno aparecerá, negativamente, nos sonhos, como ditador, chefão mafioso, bruxo malvado, violador; ou, positivamente, como autoridade benigna, sábia e orientadora, como uma imagem fálica procriadora ou qualquer um dos tradicionais padrinhos etc. Quando elaboradas pessoalmente, essas imagens e seus efeitos na transferência transpessoal constelam e mediam experiências emocionais corretivas, que reparam o cuidado inadequado, reconectando o sonhador à própria fonte transpessoal.[7]

No sonho da p. 174, do o pai "incomum" do terapeuta que está olhando pela janela, já foram discutidas as implicações transferenciais e contratransferenciais. Como representação do potencial para experiência corretiva do padrão paterno arquetípico, o sonho suscita questões de ordem, apoio, proteção, orientação, sabedoria objetiva e relações positivas com a realidade coletiva, com o trabalho e limites — algumas das implicações simbólicas da imagem do pai.

Um outro exemplo de transferência arquetípica é o sonho de uma paciente de Jung com o deus dos grãos.[8] O sonho apresentou-lhe o analista como uma figura de um gigante sobre uma colina coberta de campos de trigo, levando o ego onírico como se fosse uma criança. Ele mostra uma imagem do analista como divindade — numa confusão de dimensões decorrente da projeção de uma energia transpessoal nele. Analisando essa projeção, foi possível discernir a dimensão espiritual da pessoal e separar o que poderia ser integrado pela responsabilidade pessoal daquilo que só poderia ser visto, aceito e, depois, sofrido e servido.

Quando as imagens são positivas, podem estar representando alguma forma de idealização. Isso pode servir como tela defensiva, protegendo o cliente de se abrir e se relacionar pessoalmente com o terapeuta e manter tanto o terapeuta como o processo terapêutico à distância. Como essas idealizações, geralmente, são acompanhadas de medo e compensam um desdém, o sonho é provavelmente compensatório. Ele evoca a sombra pessoal do terapeuta ou representa a qualidade arquetípica de modo negativo ou humorístico. Essas imagens oníricas servem para reavaliar as qualidades idealizadas.

"Minha terapeuta é a Imperatriz da China", apresenta uma imagem onírica que leva a idealização e a inveja oculta aos limites mais absurdos, e pode também advertir o terapeuta para que trabalhe com sua ilusão contratransferencial de grandeza.

A idealização envolve a projeção de energias transpessoais. A projeção é um primeiro passo para a consciência. Sendo assim, embora o sonho idealizador possa ridicularizar a projeção transferencial, também serve para facilitar sua assimilação.

> Estou à mesa do jantar. Meu terapeuta está à cabeceira. Sinto-me honrado e intimidado. Ele me oferece uvas. Então ele se transforma em macaco e começa a pular na cadeira.

A imagem de um terapeuta virando um macaco ridículo compensa a idealização da sonhadora, de que seu terapeuta é uma autoridade séria e de imenso saber. Ela sente-se "intimidada e muito honrada por ter sido recebida como paciente" de um "um grande homem". Ela trabalhava bem duro em sua terapia e levou uma amplificação cuidadosamente elaborada da imagem das uvas, associando-as com Dioniso e Cristo. Quando solicitadas suas associações pessoais, ela lembrou, com culpa, que quando criança tinha roubado uvas sem semente da tia, só porque gostava da doçura dessas frutas, e que tinha medo de macacos porque certa vez sua mãe fora mordida pelo macaco domesticado de um amigo. Ela queria poder discutir Hanuman, o deus-macaco de Ramayana, mas não lera o suficiente. Suas idealizações do terapeuta e do processo terapêutico são apresentadas como ridículas pelo sonho. Elas devem ser reavaliadas. Para isso, o terapeuta ideal vira um macaco.

Certamente, o potencial positivo do arquétipo do macaco deve ser considerado. O macaco, sem dúvida, não é o ideal da sonhadora, mas sua imagem indica o cerne de um padrão de energia arquetípico do qual ela deve se tornar consciente. O macaco é um símbolo das qualidades hedonistas pré-humanas espontâneas e onipresentes que em geral nos divertem. Essas qualidades poderiam ser usadas no processo terapêutico da sonhadora.

As imagens oníricas de transferência arquetípica negativa geralmente representam poderes destrutivos, amedrontadores. Servem para tornar conscientes as forças que prejudicam as possibilidades da terapia, atacando e impedindo a relação.

Uma moça sonhou:

> Estou indo para a análise. Há uma médica que tem serpentes no cabelo. Estou aterrorizada.

O sonho mostra que o arquétipo da Medusa paralisante foi constelado na terapia. A Medusa é uma figura mitológica. Envolve a dinâmica da mãe pessoal, mas não pode ser reduzida a ela. A imagem assinala que é preciso que a sonhadora encare seu medo da terapeuta, que se tornou a portadora da realidade assutadora como tal. Um extraordinário grau de medo humano generalizado da vida e do viver, e do próprio inconsciente, concentrou-se no medo da sonhadora da terapeuta. Irá ela encarar esse medo, nos diz o mitologema, por intermédio do escudo de Atena — da compreensão da experiência, ao invés de encará-la por intermédio da identificação com o afeto. Ela deve "decapitar" a fonte do medo com a "espada" da discriminação, e, depois, conter suas poderosas emoções no vaso transpessoal do próprio processo da terapia. Esta imagem, e a mitologia por trás dela, apresentam a abordagem particular requerida pelas necessidades da cliente nesse estágio — a abordagem que dá ênfase ao confronto heróico. Explorar o terror da sonhadora pela pessoa do terapeuta, em termos das experiências específicas das sessões anteriores, revelou seu medo da acuidade da analista, que, por sua vez, lembrava-a de sua mãe invejosa. A analista resolveu admitir que isso era um dos obstáculos com os quais ela lutava e que tinha tentado superar, mas que poderia dar à sonhadora a oportunidade de correr o risco do confronto "heróico". Ao expor o fator da realidade e vincular a cliente para confrontá-lo, o terapeuta tentava começar a mediar e humanizar uma fonte arquetípica de medo, que também era medo da vida. Assim procedendo, ela passou à posição Atena, companheira do herói, no mito de Medusa.

Quando o lado fraco, a sombra do terapeuta, é mostrado, isso geralmente é uma experiência negativa para o cliente idealizador, a menos que o caráter arquetípico desse fato possa ser conscientizado. Com alguma aceitação, essa revelação pode servir para construir uma ligação empática entre sonhador e terapeuta, e para superar a distância entre a consciência e o aspecto ferido do sonhador:

Meu terapeuta está de cama, doente e muito descontraído com isso. Sento-me calada ao lado dele.

Este sonho já foi discutido antes. Aqui ele será examinado da perspectiva arquetípica. Geralmente, como dissemos antes, motivos pessoal e arquetípico aparecem juntos no mesmo sonho, e/ou uma imagem arquetípica ocorre sob um disfarce mais pessoal e moderno.

Aqui, o próprio futuro curador é mostrado doente. O motivo do curador ferido ou sofredor é universal: Jesus, Odin, Quíron, são alguns exemplos.[9] Como diz o oráculo de Delfos, "Aquilo que fere, cura". Pois só por seu próprio sofrimento, conscientemente contido, o curador pode conhecer adequadamente a natureza da doença e ajudar. Além disso, ao se dar conta de que o próprio terapeuta sofreu e está pacientemente se esforçando em seu próprio caminho, através de seus próprios problemas vitais, o sonhador pode aceitar melhor as limitações da humanidade do terapeuta, e, dessa forma, as suas próprias — pode aceitá-las com uma atitude de empatia, em vez de fugir defensivamente e com rejeição.

SONHOS SOBRE TERAPIA APENAS PARA O TERAPEUTA

Há uma grande classe de sonhos sobre terapeuta e terapia que apresenta imagens do processo terapêutico transferencial e contratransferencial. Parece que são sonhados apenas para o terapeuta ou, basicamente, para que ele possa ajustar-se ao campo mútuo. Esses sonhos acontecem quando o processo da terapia se limita à análise de relações transferenciais regressivas. Para esses sonhadores, trabalhar com uma imagem ou, especialmente, uma amplificação, é experienciado como descuidar do tratamento dos afetos esmagadores ou, inclusive, como um dano ao frágil vínculo terapêutico. Apesar disso, o cliente continua a sonhar e trazer sonhos e, às vezes, trabalha com um deles com atenção ou sente prazer em destruir qualquer possibilidade de interpretação ou perturba, se recusando a fazer associações.

Apesar disso tudo, os sonhos são inestimáveis para o terapeuta. Fornecem pistas para aquilo que está acontecendo no campo arquetípico da relação primária entre a criança e os pais, que é constelado na transferência e na contratransferência terapêuticas. Na falta de associações verbais, o comportamento paralelo ao sonho as substitui, como se estivessem associados. Para o sonhador, geralmente é isso que deve ser interpretado, em vez do próprio sonho. Para o terapeuta, contudo, essas associações comportamentais costumam fornecer meios para compreender tanto o sonho quanto as transformações no processo terapêutico, para as quais o sonho está apontando. E, mesmo não havendo associações verbais espontâneas depois que o sonho é contado, às vezes o terapeuta complementa uma compreensão mais profunda das imagens oníricas, lembrando de coisas comunicadas em outras sessões que forneceram material relevante.

Um exemplo foi o sonho de uma mulher que só veio para terapia porque o juiz o exigiu e que "destruía" todas as tentativas de discutir seus sonhos; apesar disso, de vez em quando, apresentava algum:

192

Visito a sua casa (da terapeuta). Estou com fome, mas não digo nada. Você me dá um sanduíche de carne. Eu o como, e está tudo bem.

O fato de a cena não se passar no consultório e de a sonhadora ganhar carne, a terapeuta interpretou como pertinente à problemática de material mencionado em outras sessões. Havia uma forte inveja ligada a uma fantasia sobre a "casa rica" da terapeuta. E a sonhadora era vegetariana.

Apesar disso, o sonho é uma declaração metafórica de que o processo terapêutico está tendo fortes efeitos sobre a sonhadora, despertando fomes que estavam sendo satisfeitas, mesmo que o ego onírico e a cliente "não digam nada". Apesar das resistências e do medo, pode estar havendo transformação. Isso é expresso na última frase do sonho: a sonhadora está recebendo nutrição que o ego-onírico acha que está "bem". A mensagem é contrária ao seu comportamento manifesto e o compensa. Saber disso alimentou a paciência da terapeuta com a difícil cliente.

A terapeuta teve que considerar várias quesões, quando analisava o sonho para ela mesma:

A casa do terapeuta ainda é um lugar da inveja? Quem sente inveja, o ego onírico ou quem a alimentou? A inveja torna a sonhadora faminta? Já não estará tão invejosa que pode "visitar" o espaço psicológico "mais rico"? Se ela não consegue "falar" será isso medo, resistência ou dinâmica regressiva pré-verbal? O que aconteceu com as suas fomes que a impossibilita de falar? Que espécie de dano subjaz ao silêncio? Espera-se dela que fale de suas necessidades? Por que sua dieta vegetariana não está disponível? Ela estaria querendo mudar sua dieta; ou, mesmo estando tudo "bem", será que a carne não é mais um tabu tão forte para ela? etc.

Todas essas indagações podem levar a hipóteses a serem mantidas em mente para consideração futura. Nesse ponto, diante da falta de associações da cliente, não se podem tirar conclusões.

SONHOS DO TERAPEUTA SOBRE O CLIENTE

Sonhos do terapeuta com o cliente sempre envolvem problemas contratransferenciais; portanto, é preciso que o terapeuta trabalhe para ver qual problema arquetípico ou complexo pertencentes a ele mesmo estão sendo projetados no cliente.[10] Comumente, a projeção envolve um problema com a sombra, um afeto que não pode ser metabolizado ou uma fusão do cliente com a família do terapeuta. Mas há também contratransferência arquetípica. A figura do cliente pode aparecer como Self, criança, amante ou inimigo, ideal a ser invejado ou demônio prejudicial. A projeção, pessoal ou arquetípica, significa que a relação terapêutica está encontrando dificuldades e que o terapeuta tornou-se manifestamente identificado com o cliente, ou o está "usando" como portador de certas partes de sua própria psicologia. Analisar o sonho é geralmente essencial e de extrema utilidade para desemaranhar o nó transferencial/contratransferencial.

Em alguns casos, o sonho do terapeuta compensa uma percepção incorreta do cliente. No sonho de Jung com a cliente que ele "olhou de cima para baixo" ela aparece no alto de uma torre.[11] O fato de ela provocar nele um distanciamento na sessão, assim como o fato de ela aparecer no sonho, assinalam um problema de contratransferência. No entanto, o sonho alertou Jung para a contratransferência.

Capítulo treze:

CONCLUSÃO

O sonho é uma pequena porta oculta no interior e mais secreto recesso da alma aberta naquela noite cósmica que era a psique muito antes de haver qualquer consciência do ego, e vai permanecer psique por mais que nossa consciência do ego se estenda (*CW*, 10, par. 304).

Os sonhos são a porta para a fonte da vida. Eles mostram a situação do sonhador tal como ela é. Nisso eles às vezes podem ser experimentados como brutais e até ameaçadores ou destrutivos, e chamados de sonhos "ruins", pois confrontam o sonhador com fatos psicológicos e espirituais aparentemente duros, sobre sua realidade atual. Não obstante, essa brutalidade é tão objetiva e desprovida de sentimentos quanto qualquer outro processo natural. Nesse sentido, não há sonhos bons ou ruins. Quando o sonhador pode assimilar a intenção do sonho e adaptar-se à perspectiva do Self Orientador, essa adaptação ao fundamento existencial resulta em sensação de estar "bem" ou "no Tao". Então, a fonte, ou Self, parece prestativo e "bom". Quando essa adaptação não é possível, a impressão ameaçadora de um sonho "ruim" pode, de fato, perdurar.

Quando trabalhamos com sonhos, podemos encontrar um sentimento de profunda numinosidade e assombro perante a objetividade e criatividade da entidade desconhecida que chamamos, por falta de nome melhor, de Self Orientador. Esses sentimentos brotam de experiência de receber uma sucessão de mensagens relevantes das imagens oníricas e de um senso concomitante de crescimento pessoal.

Por outro lado, mesmo após muitos anos de trabalho terapêutico, às vezes lamentamos a incapacidade de um certo sonhador para se abrir às oferendas do Self Orientador — e a alienação de seu próprio potencial, totalidade e realidade. Essa alienação do sentido individual da vida às vezes pode ser tão profunda que bloqueia ou prejudica a percepção da transformação e do desenvolvimento.

Muitos terapeutas, trabalhando com pessoas limítrofes ou psicóticas, acabam constatando que os sonhos desses pacientes não podem ser adequadamente analisados nem compreendidos pelo sonhador. Eles se perguntam se o propósito clínico desses sonhos seria nada mais que aprofundar a compreensão do terapeuta da transferência/contratransferência e do processo terapêutico. Nesses casos, o terapeuta tem como que substituir a aterrorizada consciência do sonhador, modelando uma atitude de atenção reverente para com as mensagens do *Self* Orientador do sonhador. Com paciência e persistência, o terapeuta pode, primeiro, conseguir uma participação limitada do sonhador e, depois, uma participação progressivamente maior. E, mesmo se isso não for possível, o terapeuta pode ficar com a sensação de assombro de que os sonhos não cessam, que o Self Orientador não interrompe o fluxo solidário de suas expressões, esteja ele sendo ouvido ou não.

Para aqueles sonhadores que — geralmente com a ajuda de um trabalho terapêutico com sonhos — desenvolveram uma posição do ego mais coerente, os processos descritos neste manual podem servir para desbloquear tanto quanto possível o frutífero e multidimensional diálogo com o inconsciente. Como vimos, a mesma mensagem pode derivar de várias modalidades de abordagem. Um trabalho cuidadoso para extrair associações, explicações e para enraizar as imagens metafóricas e simbólicas do drama onírico, da imaginação ativa ou dirigida e/ou do trabalho para explorar as implicações transferenciais do sonho nos níveis pessoal e arquetípico otimizarão sua intersecção para dar ao sonhador e ao terapeuta, essencialmente, as mesmas mensagens básicas sobre o desenvolvimento e o processo do sonhador.

Por outro lado, viver com os sonhos e trabalhá-los não precisa ser uma atividade limitada à patologia e à terapia. Esperamos que o terapeuta, não menos que o analisando/sonhador, terá aprendido o incomensurável valor de um diálogo com o sempre-fértil inconsciente, passado a ter reverência por essas expressões do Self Orientador, diálogo este ao qual deve dar seqüência com parceiros adequadamente experientes.

Diz a lenda[1] que, antes do nascimento, o anjo acende uma luz sobre a alma, "com a qual a alma pode ver de um extremo a outro o mundo... em que ela viverá e morrerá... e ele a conduz pelo mundo inteiro, apontando os justos e os pecadores e todas as coisas". Mas, logo após o nascimento, o anjo "apaga essa luz" e a criança esquece tudo que sua alma já viu e aprendeu e entra chorando no mundo, pois acaba de perder um local de proteção, segurança, repouso. No entanto, assim que passa à vida, "a alma escapa todas as noites do corpo, sobe aos céus e vai buscar uma nova vida"...

Talvez, ao sonhar, estejamos tentando relembrar aquilo que nossas almas sempre souberam.

NOTAS

1. Introdução à interpretação clínica dos sonhos.

1. Um livro excelente que apresenta e discute essas questões é o de W.D. O'Flaherty (1984) *Dreams, illusions, and other realities*, Chicago e Londres: University of Chicago Press.

2. Para esse material comparativo, consultar *Dream Interpretation: a comparative study* (1978) org. por James L. Fossahge e Clemens A. Loew, Nova York e Londres: Spectrum Publications.

3. Para a bibliografia, consultar *Dreams in new perspective: the royal road revisited* (1987) org. por Myron L. L. e Silas W., N.Y.: Human Sciences Press, cf. J. Allan Hobson e Robert W. McCarley, "The brain as a dream state generator: an activation-synthesis hypothesis of the dream process", *American Journal of Psychiatry*, 134, n? 12 (dezembro de 1977), 1335-48.

4. Ver Thomas B. Kirsch, "The relationship of REM state to analytical psychology", *American Journal of Psychiatry*, 124, n? 10 (abril de 1968), 1459-63.

5. Ver, porém, J. Hall (1977) *Clinical uses of dreams: jungian interpretations and enactments*, Grune and Stratton, Nova York; J. Hillman (1979) *The dream and the underworld*, Harper and Row, Nova York; M. Mattoon (1978) *Applied dream analysis: a jungian approach*, Winston, Washington; M. -L. von Franz (1986) *On dreams and death*, Shambala, Boston e Londres; E.C. Whitmont (1978) "Jungian approach", in *Dream interpretation: a comparative study*, org. por J.L. Fosshage e C.A. Loew, Spectrum Publications, Nova York e Londres, pp. 53-77.

6. C.G. Jung (1963) *Memories, dreams, reflections*, Pantheon, Nova York, 161-2.

7. Embora seja lembrado e, muitas vezes, sentido como pertencente ao passado, o relato do sonho em terapia é melhor aproveitado quando formulado no tempo presente. Assim, o sonho fica mais próximo do sonhador e ganha em intensidade e presença a retomada vivencial de suas imagens e de seu enredo.

8. Não estamos lidando aqui com os fenômenos do sonho lúcido, nem com as diversas terapias que incentivam o sonhador a ativar o ego onírico no sonho, para que execute incumbências conscientes.

9. Ramon Greenberg (1987), discutindo a pesquisa sobre os sonhos de pacientes afásicos, *Dreams in new perspective: the royal road revisited*. Human Sciences Press, Nova York, p. 134.

10. W.D. O'Flaherty (1984) *Dreams, illusions and other realities*, University of Chicago Press, Chicago e Londres, p. 3.

11. O famoso sonho de Kekulé, com as serpentes enrodilhadas, uma da quais morde a própria cauda, deu-lhe a idéia para a fórmula do anel de benzeno. Ver este e outros sonhos em Raymond de Becker (1968) *The understanding of dreams and their influence on the history of man*, Nova York, Hawthorn Books Inc., p. 84; cf. *Dreams in new perspective*, pp. 9-21.

12. James L. Fossage (1983) "The psychological function of dreams: a revised psychoanalytic perspective", *Psychoanalysis and contemporary thought*, vol. 6, n. 4, p. 657.

13. Jean Gebser (1985) *The ever-present origin*, tradução de N. Barstad e A. Mickunas, Atenas, Ohio, Londres, Ohio University Press, Capítulo 3.

2. Trabalho com sonhos na prática clínica

1. Para uma breve discussão dos principais aspectos da divergência entre as posições freudiana e junguiana, ver A. Samuels *Jung and the post-junguians* (1985), Routledge and Kegan Paul, Londres.

2. Ver, por exemplo, R. Stolorow e G. Atwood (1982) "The psychoanalytic phenomenology of dream", em *Annual of Psychoanalysis*, 10, pp. 205-20. J.L. Fossahage (1987), "A revised psychoanalytic approach" em *Dream interpretation: a comparative study*. Edição revista. Fossage e Loew, orgs. PMA Publishing Corp., Nova York. *Dreams in new perspective: the royal road revisited* (1987) M. Glucksman e S. Warner, orgs. Human Sciences Press, Nova York.

3. Os sonhos com material psicologicamente muito distante do nível de consciência do paciente em geral não são lembrados, ou podem trazer imagens remotas no tempo ou na forma. Aquilo que pode ser mais prontamente assimilado pode conter pistas, como ser claramente iluminado, ser vívido à percepção ou parecer que tem alguma relação pessoal com o sonhador.

4. Um exemplo seria o sonho da paciente de Jung, em que ela vê o analista como divindade. *CW*, 7, parágrafos 214-16. Ver também Capítulo 12: Sonhos sobre terapia e figura do terapeuta — a transferência arquetípica nos sonhos.

5. Esta frase nos foi apresentada por Edward Edinger.

6. Num processo grupal, o mais proveitoso, em geral, é provocar respostas do sonhador e depois incentivá-lo e estimular o grupo a interagir, fazendo perguntas, expondo suas reações, associações e tentativas de interpretação. As diferentes personalidades e percepções dos vários membros do grupo tendem a mobilizar e captar um amplo espectro de nuanças e respostas, mesmo que, em razão de uma relativa falta de experiência clínica, essas pessoas possam não ter condições de utilizar plenamente essas respostas nas interpretações. Torna-se então tarefa do líder do grupo resumir a mensagem do grupo.

7. Jung propunha essa atividade em relação aos sonhos: "Sempre tomo bastante cuidado para fazer com que a interpretação de cada imagem termine como uma pergunta cuja resposta fica a cargo da livre atividade de fantasia do próprio paciente". (*CW*, 8, par. 400, p. 203); ver J. Hall (1977) pp. 331-47, para referências a modalidades específicas de atividade da imaginação .

8. M.-L. von Franz, "Dreams of Themistocles and Hannibal", *London Guild of Pastoral Psychology*, agosto de 1960, palestra 111, p. 16.

9. M. Masud R. Khan (1972) "The use and abuse of dream in psychic experience", em *The privacy of the self: papers on psychoanalytic theory and technique*. International Universities Press, Nova York, pp. 316-15.

10. O débito do autor para com D.W. Winnicott não é adequadamente quitado apenas com a explicitação em rodapé dos termos por ele adotados.

11. No caso de pacientes psicóticos, isso pode não acontecer. W.R. Bion (1967, *Second thoughts: selected papers on psycho-analysis*, Heineman, Londres, p. 98) refere-se à ausência de sonhos entre os pacientes equizofrênicos com os quais trabalhou suas "alucinações-visíveis" e suas posteriores experiências das imagens nos sonhos com objetos sólidos como fezes, em contraste com "os conteúdos dos sonhos que eram um *continuum* de minúsculos e invisíveis fragmentos" análogos à urina. Considerar esses produtos no plano simbólico, em vez de apenas como reduções à dinâmica do estágio pré-edipiano, aponta seu profundo valor (ver Capítulo 11). Em oposição, J.W. Perry (1976, *Roots of renewal in myth and madness*, Jossey-Bass, São Francisco) relata os sonhos de jovens esquizofrênicos como fonte de imagens que os guiou através de um processo de desmembramento, morte e renascimento.

12. Jung, C.G. (1984) *Dream analysis: notes of the seminar given in 1928-1930*, Princeton University Press, Princeton, NJ, p. 475.

13. *CW*, 8, par. 568.

14. Freud comentou esse ponto em 1909, *The interpretation of Dreams*, Random House, Nova York, p. 10.

15. Jung, C.G. (1966) *CW*, 16, par. 316.

16. Neumann, Erich (1976) "On the psychological meaning of ritual", *Quadrant*, 9/2, p. 11.

3. A situação como ela e

1. *CW*, 7, par. 210, "The relation between the ego and the unconscious", 1928.

2. *CW*, 16, par. 304. *The practice of psychotherapy*, "The practical use of dream-analysis".

3. *CW*, 8, par. 482.

4. Sem dúvida, é importante para o ego consciente decidir como manifestar tais elementos na vida diária, quando for o caso. O sonho com ser assassino ou ser perseguido por um assassino implica na necessidade de re-

conhecer e confrontar um afeto assassino já existente na vida da pessoa. Os sonhos não dizem o que é para ser feito. Isso fica sob a responsabilidade da consciência do sonhador. Mas de fato eles indicam o que "simplesmente é" na situação existencial do paciente — tanto no nível do objeto quanto no do sujeito.

5. *CW* 11, par. 391. 1958, *Psychology and religion*.

6. "Nossos modelos são adequados, mas não são verdadeiros, pois para que uma descrição possa ser verdadeira, ela deve poder ser comparada diretamente com os fatos concretos. Isso em geral não acontece com os nossos modelos (do átomo)". Schrodinger, E. (1961) *Science and humanism*. Cambridge University Press, p. 22.

7. Em contraposição ao antigo uso do termo individuação, que se limita a indicar um processo de introversão da libido durante a segunda metade da vida, parece que a expressão "tornar-se o que se é" refere-se a um processo contínuo que abrange toda a vida da pessoa e inclui tanto as relações extrovertidas como a centração introvertida.

8. Ver Capítulo 6: Compensação e complementação.

9. Ver Capítulo 6: os níveis do sujeito e do objeto nos sonhos.

10. *Sombra* é o termo que Jung usou para a parte inconsciente da personalidade caracterizada por traços e atitudes — positivos e negativos — que o ego consciente prefere ignorar ou rejeitar.

11. Bion, W.R. (1967) *Second thoughts: selected papers on psychoanalysis*, Jason Aronson, Nova York, p. 265.

12. O terapeuta considerou-o tanto como uma declaração objetiva sobre a qualidade e o perigo da ordem discriminativa na vida da paciente — a partir da qual sua difusão era uma modalidade de sobrevivência defensiva — quanto como um sonho transferencial. Na qualidade de comentário sobre a sessão anterior, sugeria que a tentativa terapêutica de mobilizar uma consciência ordenadora, questionando até mesmo as imagens oníricas, era um processo incisivo para a analisanda, que lhe parecia os arquivos impessoais de discriminações sem sentido, que feriam sua capacidade de pôr as mãos no trabalho (ver Capítulo 12: Reações transferenciais). As imagens oníricas permitiram ao terapeuta mudar o estilo da terapia — excluindo até mesmo a pergunta sobre ter tido sonhos ou não — a fim de acompanhar de maneira mais empática a difusão e consolidar o vínculo de confiança no relacionamento terapêutico.

13. Bion (1967), p. 165.

14. *CW*, 10, par. 304.

15. *The Oxford book of dreams*, escolhidos por Stephen Brook, 1987, Oxford University Press, pp. 143-4.

16. *CW*, 8. par. 542.

4. Linguagem dos sonhos

1. A descrição dada por Freud para o processo primário é relevante, embora não a vejamos segundo a perspectiva da repressão e da gratificação

de desejos. Ele declara "até onde sabemos, não conhecemos um aparato psíquico que possua apenas o processo primário ... (no entanto) a essência de nosso ser... continua algo que não pode ser apreendido ou inibido pelo pré-consciente ... (Esses) processos ... (são) os modos de funcionamento do aparato psíquico quando livre de inibições". Cf. *The interpretation of dreams* (1909) Modern Library (1950), pp. 455-6.

2. *CW*, 8, par. 402.

3. Ver Susan K. Deri, *Symbolization and creativity*, International Universities Press (1984), Nova York, esp. Parte II.

4. *CW*, 11, par. 307.

5. Os terapeutas geralmente descobrem que seus clientes estão trazendo sonhos que contêm imagens associadas a um material que estão estudando. Este é um exemplo convincente da força do campo psíquico que envolve ambos os parceiros no relacionamento terapêutico e que fornece evidências para que o terapeuta continue trabalhando em seu próprio processo e desenvolvimento pessoal.

6. *CW*, 12, par. 403; Rycroft, C. (1979) *The innocence of dreams*. Pantheon, Nova York, p. 71.

7. *CW*, 6, *Psychlogical types*, par. 814.

8. *CW*, 11, *Psychology and religion*, par. 307.

9. *CW*, 8, par. 644.

10. *CW*, 11, par. 222.

11. *CW*, 6, par. 401.

5. Associação, explicação, amplificação: o campo onírico

1. *CW*, par. 471.

2. Sylvia Brinton Perera (1989). "Dream design: some operations underlying clinical dream appreciation", "Dreams in analysis", *Chiron Clinical Series*, Wilmette IL.

3. Haft-Pomrock, Yael. "Number and myth: the archetypes in our hands", *Quadrant*, outono de 1981, pp. 63-84.

4. *CW*, 8, parágrafos 8-6-986. Cf. o relato de Jung sobre o escaravelho, *CW*, 18, par. 202-3.

5. Para informações sobre a imaginação ativa, ver J. Hall (1977), pp. 339-48; Barbara Hannah. Para informações sobre imaginaçao dirigidaver Assagioli (1965); Desoille(1966); Epstein(1978); Happich (1932), Leuner (1955).

6. Ver Hans Dieckmann (1980) "On the methodology of drean inter-pretation", em *Methods of treatment in analytical psychology*, org. I. Ba-ker, Bonz, Fellbach; e James Hall (1977) *Clinical uses of dreams: jungian interpretations and enactments*. Grune and Stratton, Nova York, pp. 331-48.

6. Compensação e complementação: nível do objeto e nível do sujeito

1. *CW*, 8, par. 493.

2. Jung, 1938-9. *Psychologische interpretation von Kinderträume und Älterer Literatur über Träume*, notas do seminário Eidgerossische Technische Hochschule, Zurique, pp. 5-6.

3. *CW*, 12, 1944, par. 48.

4. Termo de Jung. Estes são comuns em pacientes com patologia préedipiana, naqueles com uma sombra essencialmente positiva e uma identidade consciente seriamente comprometida ou fragmentada e cindida.

5. Muito provavelmente, isso se aplica também aos sonhos de estresse pós-traumáticos, que repetem os incidentes assustadores de guerra, incesto, catástrofes etc. Esses sonhos podem ser um apelo para que o sujeito encare, tolere e elabore conscientemente o sofrimento; mas podem também assinalar um complexo interno, um dinamismo no nível do sujeito.

6. Sonho de Jung sobre seu paciente no alto de uma torre, *CW*, 7, par. 189-90.

7. A estrutura dramática do sonho

1. *CW*, 8, par. 565.

2. Para maiores discussões a respeito deste sonho, consultar S.B. Perera (1986) *The Scapegoat Complex: toward a mythology of shadow an guilt*, Inner City Books, Toronto, p. 90.

3. Foi Jung quem primeiro chamou a atenção para a utilidade dessas categorias, *CW*, 8, parágrafos 561-5:

4. E.C. Whitmont (1989) "On dreams and dreaming", em *Dreams in Therapy*, Chiron Publication, Wilmette.

5. Para mais exemplos, ver S.B. Perera (1989) "Dream design: some operation underlying clinical dream appreciation", ibid.

8. Motivos mitológicos

1. *CW*, 8, par. 644.

2. Complexos são modalidades pessoais e parciais, de tonalidade afetiva, segundo as quais percebemos, sentimos, pensamos, comportamo-nos e vivemos.

Consultar E.C. Whitmont (1969), *The symbolic quest*, Capítulo 4; e J. Jacobi, 1959, *Complex/archetype/symbol in the psychology of C.G. Jung*. Princeton University Press, pp. 6-30.

3. *CW*, 9i, par. 271.

4. *CW*, 8, par. 404; A. Stevens, 1982, *Archetypes: a natural history of the self*, Wm. Morrow e Co., Nova York, pp. 48-61.

5. Carta de Jung para Joyce.

6. Na alquimia, essas etapas são designadas como mortificação, putrefação, desembramento ou processo de *nigredo*. Ver *CW*, 12, par. 433; *CW*, 14, par. 168, n° 164 ; cf. E. Edinger (1985) *Anatomy of the psyche: alchemical symbolism in psychotherapy*. Open Court, La Salle, Illinois, pp. 146-80.

7. J. Gebser (1985) *The ever-present origin*, pp. 36-73. G. Ujhely (1980) "Thoughts concerning the *causa finalis* of the cognitive mode inherent in

pre-oedipal psychopathology", dissertação, C.G. Jung Institute de Nova York, E.C. Whitmont (1969) *The symbolic quest*, Barrie e Rockliff, Londres e Princeton University Press, pp. 271-6.

8. Ver Capítulo 5, Associação, Explicação Amplificação.

9. Ver adiante.

10. C. Kerenyi (1976) *Dionysos: archetypal image of indestructible life*, traduzido do alemão por R. Manheim, Princeton University Press, pp. 239-40.

11. E.C. Whitmont (1987) "Archetypal and personal interaction in the clinical process", em *Archetypal processes en psychotherapy*. Chiron Publications, Wilmette, IL, pp. 1-25.

12. Para detalhes da imaginação ativa e/ou dirigida, o leitor pode recorrer à literatura existente sobre o assunto.

13. *The Mabinogion*, traduzido, com uma introdução de G. Jones e T. Jones, Everyman's Library, Dent, Londres, 1906, p. 11.

14. Na imaginação dirigida, é suficiente sugerir uma cena ou uma forma de abordagem geral, e só intervir com sugestões quando o desenvolvimento do drama fica paralizado ou foge ao controle. Essas intervenções asseguram que seja iniciativa do analisando o fator estruturador das respostas autônomas dadas pelas figuras que surgem na fantasia.

15. Sófocles: *Ifigênia em Áulis*.

16. Stanislas Grof (1975) *Realms of the human unconscious*, Viking, Nova York; e (1985) *Beyond the brain*, State University, Nova York.

17. Jung, 1940, "The psychology of the child archetype", em *CW*, 9i, Princeton University Press (1977), parágrafos 259-305.

9. Aspectos técnicos

1. O diário de sonhos é uma responsabilidade que pode apoiar o desenvolvimento durante a terapia; no entanto, alguns analisandos precisam que o terapeuta lembre de seus sonhos por eles, até que estejam prontos para empreender essa tarefa por si mesmos.

2. "General aspects of dreams psychology", *CW*, 8, par. 493.

3. *CW*, 12, par. 34.

10. Prognósticos a partir de sonhos

1. Jung (1961). *Memories, dreams, reflections*, Random House, Nova York, pp. 136-7.

2. Marie-Louise von Franz (1986). *On dreams and death*, Shambala Publications.

3. Citado em Whitmont, *The Symbolic quest*, p. 53.

4. J.W.T. Redfearn (1989). "Atomic dreams is analysands", *Dreams in Therapy*, Chiron Publications, Wilmette, IL.

11. Imagens corporais

1. *CW*, 13, par. 304-482.
2. Este sonho foi publicado em Whitmont, *The symbolic quest*, pp. 286-7.
3. Erich Neumann (1955) *The Great Mother: an analysis of the archetype*, Princeton University Press.
4. Jung, 1938-39, *Psychologische Interpretation von Kinderträume und Älterer Literatur über Träume*, setembro a maio, Zurique, Eidgenossische Technische Hochschule, p. 19.
5. E. Neumann (1954) *The origins and history of consciousness*, traduzido por R.F.C. Hull, Nova York, Harper, p. 19.
6. Segundo a lenda, a imaculada concepção de Jesus ocorreu por intermediação do Espírito Santo, que penetrou em Maria pelo ouvido.
7. Termo de E. Edinger.

12. Sonhos sobre terapia e figura do terapeuta

1. Constatamos que a maioria dos sonhos relatados em análise também tem implicações transferenciais e, às vezes, contratransferenciais.
2. S. Freud, 1912. "Dynamics of transference", em *Standard edition*. 12:97-108, 1958.
3. Cf. pp. 107, 121 acima.
4. Consultar Michael Gorkin (1987) *The uses of countertransference*". Aronson Inc., Northvale, NJ, esp. "The disclosure of countertransference", pp. 81-104.
5. Cf. também o sonho do entregador, p. 171.
6. M. Eliade (1958) *Rites and symbols of initiation: tne mysteries oj birth and rebirth*, traduzido por William Trask, Harper & Row, Nova York, pp. 50-60.
7. Jung, "The dual mother", *Symbols of transformation, CW*, 5, par. 508.
8. *CW*, 7, parágrafos 214-6.
9. Ver C. Groesbeck (1975) "The archetypal image of the wounded healer", *Journal of analytical psychology* 20:2, pp. 122-45.
10. Cf. Gorkin (1987), p. 42.
11. *CW*, 7, parágrafos 189-90.

13. Conclusão

1. Louis Ginzberg (1961). *The legends of the jews*, Simon & Schuster, Nova York, pp. 29-31.

Bibliografia

Assagioli, R. *Psychosynthesis*. Nova York. Viking Press (1965).

Bion, W.R. *Second Thoughts: selected papers on psycho-analysis*, Londres. Heinemann. Nova York. Jason Aronson (1967).

De Becker, R. *The Understanding of Dreams and their Influence on the History of Man*. Nova York. Hawthorn Books Inc., p. 84 (1968).

Deri, S.K. *Symbolization and Creativity*. Nova York. International Universities Press (1984).

Desoille, R. *The Directed Daydream*. Nova York. Psychosynthesis Research Foundation (1966).

Dieckmann, H. "On the methodology of dream interpretation", in I. Baker (ed.), *Methods of Treatment in Analytical Psychology*, Bonz. Fellbach (1980).

Edinger, E. *Anatomy of the Psyche: alchemical symbolism in psychotherapy*. La Salle. Illinois. Open Court (1985).

Eliade, M. *Rites and Symbols of Initiation: the mysteries of birth and rebirth*. Nova York. Harper and Row (1958).

Epstein, G.N. "The experience of waking dream in psychotherapy", in J.L. Fosshage and P. Olsen (eds) *Healing: Implications for Therapy*. Nova York. Human Sciences Press, pp. 137-84 (1978).

Fosshage, J.L. "The psychological function of dreams: a revised psychoanalytic perspective', *Psychoanalysis and Contemporary Thought* 6, (4) 641-69 (1983).

Fosshage, J.L. "A revised psychoanalytic approach", in J.L. Fosshage and C.A. Loew (eds) *Dream Interpretation: a comparative study*, Nova York: PMA Publishing Corp. (1987).

Fosshage, J.L. and Loew, C.A. (eds) *Dream Interpretation: a comparative study*. Nova York e Londres. Spectrum Publications (1978).

Freud, S. *The Interpretation of Dreams*. Nova York. Modern Library, Random House (1950) (1909).

Freud, S. "Dynamics of transference", in *Standard Edition*. 12:97-108, 1958 (1912).

Gebser, J. *The Ever-Present Origin*. Atenas, Ohio, Londres. Ohio University Press (1985).

Ginzberg, L. *The Legends of the Jews*. Nova York. Simon & Schuster (1961).

Glucksman, M. L. e Warner, S.L. (eds) *Dreams in New Perspective: the royal road revisited*. Nova York. Human Sciences Press (1987).

Gorkin, M. *The Uses of Countertransference*. Northvale, N.J. Jason Aronson Inc. (1987).

Groesbeck, C. "The archetypal image of the wounded healer", *Journal of Analytical Psychology* 20 (2): 122-45 (1975).

Grof, S. *Realms of the Human Unconscious*. Nova York. Viking (1975).

Grof, S. *Beyond the Brain*. Nova York State University (1985).

Haft-Pomrock, Y. "Number and myth: the archetypes in our hands", *Quadrant* 14 (2): 63-84 (1981).

Hall, J. *Clinical Uses of Dreams: Jungian interpretations and enactments*. Nova York. Grune and Stratton (1977).

Happich, Carl. *'Bildbewusstsein als Ansatzstelle psychischer Behandlung'*, *Zentralblatt für Psychotherapie* 5: 633-77 (1932).

Hillman, J. *The Dream and the Underworld*. Nova York. Harper and Row (1979).

Hobson, J.A. e McCarley, R.W., "The brain as a dream state generator: an activation-synthesis hypothesis of the dream process", *American Journal of Psychiatry* 134 (12): 1335-48 (1977).

Jacobi, J. *Complex/Archetype/Symbol in the Psychology of C.G. Jung*. Princeton, N.J.: Princeton University Press (1959).

Jung, C.J. Referências aos *Collected Works (CW)*, por volume e número do parágrafo, exceto as obras abaixo. Bollingen Series, Princeton University Press.

Jung, C.J. *'Psychologische Interpretation von Kinderträume und Älterer Literatur über Träume'*, anotações de seminário, semestre de inverno, Zurique, Eidgenossische Technische Hochschule (1938-39).

Jung, C.J. *Memories, Dreams, Reflections*. Nova York. Random House. (Também publicado em 1963 por Pantheon, Nova York (1961).

Jung, C.J. Dream Analysis: Anotações de seminário dado em 1928-1930, Princeton University Press, Princeton, N.J. (1984).

Kerenyi, C. *Dionysos: archetypal image of indestructible life* (Traduzido do alemão por R. Manheim), Princeton University Press (1976).

Khan, M.M.R. *The Privacy of the Self: papers on psychoanalytic theory and technique*. Nova York: International Universities Press (1972).

Kirsch, T.B. "The relationship of REM state to analytical psychology", *American Journal of Psychiatry* 124 (10) (Abril):1459-63 (1968).

Leuner, H. "Exper. Katathymes Bilderleben als ein klinisches Verfahren cl. Psychother", *Z. Psychother und med. Psychol*, 5: 185-202, 233-60 (1955).

Mabinogion, The. (traduzido com uma introdução de G. Jones e T. Jones.) Everyman's Library, Dent, Londres, 1906.

Mattoon, M. *Applied Dream Analysis: a Jungian approach*, Winston: Washington.

Neumann, E. *The Origins and History of Consciousness*, Nova York. Harper and Brothers (1954).

Neumann, E. *The Great Mother: an analysis of the archetype*, Princeton University Press (1955).

Neumann, E. "On the psychological meaning of ritual", *Quadrant* 9/2: 5-34 (1976).

O'Flaherty, W.D. *Dreams, Illusions, and other Realities*, Chicago e Londres. University of Chicago Press (1984).

Oxford Book of Dreams, The. Seleção por Stephen Brook, Oxford University Press (1987).

Perera, S.B. *The Scapegoat Complex: toward a mythology of shadow and guilt*, Toronto: Inner City Mooks (1986).

Perera, S.B. "Dream design: some operations underlying clinical dream appreciation", *Dreams in Analysis*, Willmette, Illinois: Chiron Publications (1989).

Perry, J.W. *Roots of Renewal in Myth and Madness*, São Francisco. Jossey-Bass (1976).

Redfearn, J.W.T. "Atomic dreams in analysands", *Dreams in Therapy*, Willmette, Illinois: Chiron Publications (1989).

Rossi, E.L. *Dreams and the Growth of Personality: expanding awareness in psychotherapy*. Nova York. Brunner Mazel (1985).

Rycroft, C. *The Innocence of Dreams*. Nova York. Pantheon (1979).

Samuels, A. *Jung and the Post-Jungians*. Londres: Routledge & Kegan Paul (1985).

Schrodinger, E. *Science and Humanism*, Cambridge University Press (1961).

Stevens, A. *Archetypes: a natural history of the self*. Nova York: Wm. Morrow and Co (1982).

Stolorow, R. e Atwood, G. "The psychoanalytic phenomenology of the dream", in *Annual of Psychoanalysis* 10:250-20 (1982).

Ujhely, G. "Thoughts concerning the *causa finalis* of the cognitive mode inherent in pre-oedipal psychopathology", C.G. Jung Institute of New York (1980).

Von Franz, M.-L. *Dreams of Themistocles and Hannibal*. Londres Guild of Pastoral Psychology, agosto, lecture 111 (1960).

Von Franz, M.-L. *On Dreams and Death: a Jungian interpretation* (transl. E.X. Kennedy e V. Brooks). Boston e Londres: Shambala Publications (1986).

Whitmont, E.C. *The Symbolic Quest*. Londres: Barrie and Rockliff, London and Princeton University Press (1969).

Whitmont, E.C. "Jungian approach", em J.L. Fosshage e C.A. Loew (eds) *Dream Interpretation: a comparative study*. Nova York e Londres: Spectrum Publications, pp. 53-77 (1978).

Whitmont, E.C. "Archetypal and personal interaction in the clinical process", in *Archetypal Processes in Psychotherapy*. Wilmette, Illinois: Chiron Publications (1987).

Whitmont, E.C. "On dreams and dreaming", in *Dreams in Therapy*. Willmette, Illinois: Chiron Publications (1989).

Winnicott, D.W. *Playing and Reality*. Nova York. Basic Books, Inc. (1971).

www.gruposummus.com.br